U0896241

皮书系列

皮书系列

广视角·全方位·多品种

皮书系列

皮书系列

皮书系列

皮书系列

皮书系列为“十二五”国家重点图书出版规划项目

皮书系列

皮书系列

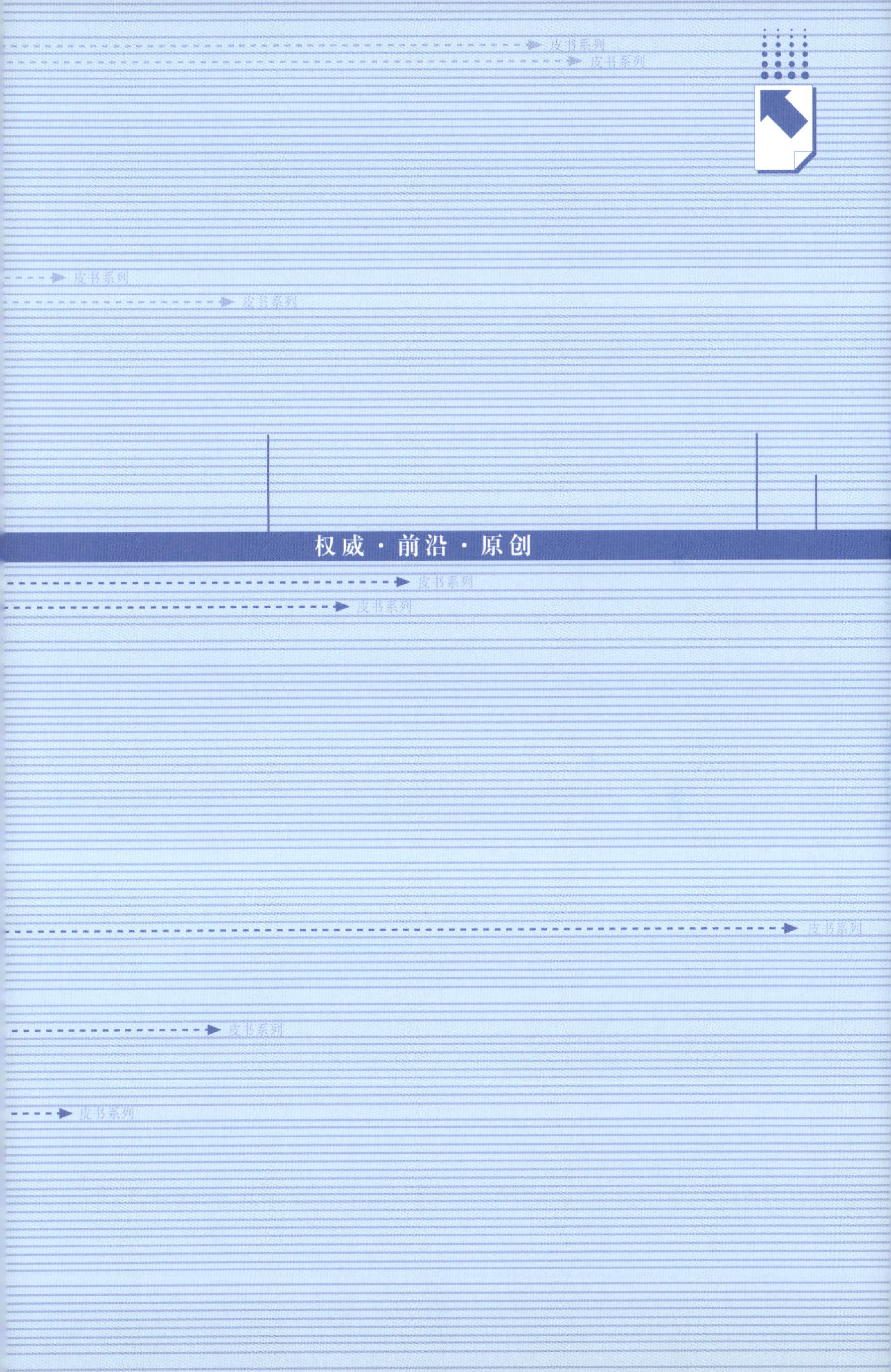
皮书系列
皮书系列
皮书系列
皮书系列
权威·前沿·原创
皮书系列
皮书系列
皮书系列
皮书系列
皮书系列

总　编／潘世伟

上海文化发展报告（2012）

ANNUAL REPORT ON CULTURAL DEVELOPMENT OF SHANGHAI (2012)

转型发展与上海文化建设

主　编／蒯大申

社会科学文献出版社
SOCIAL SCIENCES ACADEMIC PRESS (CHINA)

图书在版编目(CIP)数据

上海文化发展报告. 2012：转型发展与上海文化建设/蒯大申主编. —北京：社会科学文献出版社，2012. 1
（上海蓝皮书）
ISBN 978 - 7 - 5097 - 3031 - 7

Ⅰ. ①上… Ⅱ. ①蒯… Ⅲ. ①文化事业 - 研究报告 - 上海市 - 2012 Ⅳ. ①G127. 51

中国版本图书馆 CIP 数据核字（2011）第 269764 号

上海蓝皮书
上海文化发展报告（2012）
——转型发展与上海文化建设

主　　编 / 蒯大申

出 版 人 / 谢寿光
出 版 者 / 社会科学文献出版社
地　　址 / 北京市西城区北三环中路甲 29 号院 3 号楼华龙大厦
邮政编码 / 100029

责任部门 / 皮书出版中心（010）59367127　　责任编辑 / 桂　芳
电子信箱 / pishubu@ ssap. cn　　责任校对 / 刘佳雨
项目统筹 / 姚冬梅　　责任印制 / 岳　阳
总 经 销 / 社会科学文献出版社发行部（010）59367081　59367089
读者服务 / 读者服务中心（010）59367028

印　　装 / 北京季蜂印刷有限公司
开　　本 / 787mm × 1092mm　1/16　　印　　张 / 20. 5
版　　次 / 2012 年 1 月第 1 版　　字　　数 / 354 千字
印　　次 / 2012 年 1 月第 1 次印刷
书　　号 / ISBN 978 - 7 - 5097 - 3031 - 7
定　　价 / 59. 00 元

上海蓝皮书编委会

《上海文化发展报告（2012）》编委会

摘　要

《上海文化发展报告（2012）》以“转型发展与上海文化建设”为主题，聚焦上海文化建设与“创新驱动、转型发展”这一重大战略任务的内在关联，在准确把握2011年上海文化建设发展最新态势的基础上，分析总结上海文化建设的新经验和新问题，预测展望上海文化发展的未来趋势，进而指出文化建设对上海转型发展各个层面的助推作用，以及上海文化科学发展的路径和方向。全书内容分为四大部分，分别为总报告、转型发展的文化驱动、上海文化的科学发展、个案研究，同时还附录了2010年上海文化发展的主要统计数据。

“总报告”从纪念建党90周年和辛亥革命100周年、公共文化服务、文化创意产业、国际文化交流、文艺原创能力等几个方面，回顾总结了2011年上海文化建设所取得的主要成绩，并围绕“以文化之力助推上海转型发展”的主题，系统分析了文化建设与创新驱动、转型发展的内在依存关系，文化建设面临的新形势、新要求，助推转型发展的各个层面及如何保障上海文化的科学发展。“转型发展的文化驱动”围绕上海国际文化大都市建设、文化产业的空间集聚和创新发展、文化改革的顶层设计、服务经济与文化产业的关系等问题，较为全面地分析了上海文化建设对转型发展的内在驱动。“上海文化的科学发展”聚焦文化发展方式的转型，从文化产业发展与文化消费需求增长的关系、上海公共文化服务体系建设、财税政策的进一步完善、文化园区建设等几个方面，提出了实现上海文化科学发展的相关路径与建议。“个案研究”在国内外大量文化建设个案分析的基础上，总结提炼出未来上海文化发展可资借鉴的经验和思路，既有上海本土的个案，包括对徐汇区终身学习网和浦东文化产业的调研，同时又比较分析了不同城市和国家的文化建设与转型发展的关系，包括对多个国际文化大都市的解读，北美公益文化设施的调研以及关于伦敦、香港和日本文化政策、文化战略的深入思考。本年度蓝皮书首次获准发布上一年度上海文化发展的主要统计数据，以期更好地服务于上海文化建设和相关研究。

摘 要

Abstract

Culture is a significant source for national cohension and creativity, and is also an important factor which influences national and regional development and competitiveness. Shanghai is at a crucial stage of reform during the 12th Five-Year Plan period. To realize its goal of "innovation-driven transformation and development", culture plays an important role in promoting, supporting and leading such a development goal. Taking this into consideration, Shanghai municipal government set up a strategic goal for Shanghai to become an international cultural metropolis, which is supplementary to and interacts with the goal of "Four Centers". *Shanghai Cultural Development Report 2012* with the theme "Transformation and Development of Shanghai's Culture", focuses on the inner link between Shanghai's cultural development and the strategic task of "innovation-driven transformation and development" and interprets the new opportunities, challenges, and requirements such a task has brought to Shanghai. Based on a thorough understanding of the latest situation of Shanghai's cultural development in 2011, it analyses and summarizes the experiences and problems newly emerged, forecasts the future development trend, and points out the boost power that culture has on different dimensions of Shanghai's transformation, as well as the measures and directions of scientific development of Shanghai's culture. The content of this book consists of four parts: General Report, The Cultural Drive for Transformation and Development, The Scientific Development of Culture in Shanghai, and Case Studies. The book also has an appendix: Cultural Development Data of Shanghai 2010.

General Report covers several aspects, from commemorating CPC's 90th Anniversary, the Revolution of 1911's 100th Anniversary, to public culture services, cultural creative industries, international cultural communication, literary and artistic creativity, etc. It reviews and summarizes the main cultural achievements in Shanghai in 2011, focuses on the theme of Using the power of culture to support Shanghai's transformation, and systematically analyses the inner link between culture, innovation-driven and transformation, the current situation and demands that cultural development is facing up, the various boost powers that will drive the transformation, and how to guarantee the scientific development of culture in Shanghai. The Culture Drive for

Transformation and Development centers on Shanghai's development as an international cultural metropolis, the congregation and innovation of Shanghai's cultural industry, the top-level design of Shanghai's cultural reform, the relationship between service economy and cultural industries, etc. , and analyses culture's inner drive for economic transformation.

Culture's Scientific Development in Shanghai focuses on the restructuring of cultural development, studies the relationship between the development of cultural industry and the growth of cultural consumption, the construction of Shanghai's public culture service system, the improving of fiscal policy, cultural industry park's construction, etc. , and puts forward some measures and suggestions for scientific development of culture. Case Studies, based on a large number of culture development experiences home and abroad, summarizes the experiences and strategies that can be useful to Shanghai's future cultural development. This involves the investigations of cases from Shanghai, such as Xuhui District's Community Education website, Pudong New District's cultural industries, as well as comparisons and analyses of the relationship between cultural development and transformation in different cities and countries, such as the interpretation of ' cultural metropolis ', the investigation on North America's public culture facilities, in depth studies on cultural policies and strategies in London, Hong Kong and Japan. For the first time, the bluebook gets the permission to publish last year's key development data regarding Shanghai's culture development, to better serve Shanghai's culture development and related studies.

The contributors of this book are experts and researchers from Shanghai Academy of Social Sciences, Shanghai Normal University, Yunnan Academy of Social Sciences, Fudan University, Tongji University, the Administration of Culture/Radio/Film and TV of Shanghai Municipality, Pudong Media Group.

目录

BⅠ 总报告

BⅡ 转型发展的文化驱动

BⅢ 上海文化的科学发展

BⅣ 个案研究

BⅤ 附录

CONTENTS

Ⓑ I General Report

Ⓑ II The Cultural Drive for Transformation and Development

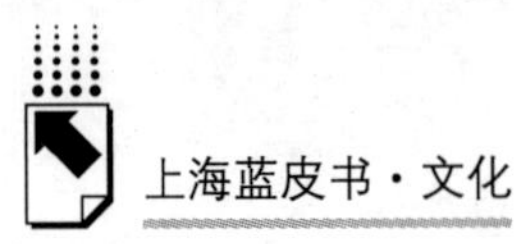

BⅢ The Scientific Development of Culture in Shanghai

BⅣ Case Studies

B V Appendix

总 报 告

General Report

B.1
以文化之力助推上海转型发展

郑崇选*

摘　要：“十二五”时期乃至更长的时间内，“创新驱动、转型发展”的要求将贯穿于上海经济社会发展的各个环节，同时，“创新驱动、转型发展”对上海文化建设也提出了更高更迫切的要求。2011年是“十二五”开局之年，围绕“创新驱动、转型发展”的发展主线，上海在文化建设各个层面都进行了一系列重大部署。一年来，上海文化建设在价值观建设、文化体制改革、文化产业发展、公共文化服务、文化产品原创与国际文化交流等方面都取得丰硕成果，实现了“十二五”文化建设的良好开局。文化建设与上海的转型发展相互依存、相互推动，文化建设提供社会和谐发展的精神基础，推动上海城市发展动力转型，为上海转型营造良好的外部环境，同时也是经济发展方式转型的重要战略选择。“十二五”期间，上海要全面深入贯彻党的十七届六中全会精神，继续深化文化体制改革，进一步解放和发展文化生产力，以文化建设大力推动上海的转型发展。

关键词：“十二五”　创新驱动　转型发展　文化建设　国际文化大都市

---

* 郑崇选，上海社会科学院文学研究所副研究员，《上海文化发展报告》执行编委，主要研究领域为当代中国文化的理论与实践。

2011作为“十二五”的开局之年，也是上海进入“后世博”发展阶段的第一年，具有承上启下的重要作用，围绕“创新驱动、转型发展”的发展主线，上海在文化建设的各个层面都进行了一系列重大部署，在《上海市国民经济和社会发展第十二个五年规划纲要》中明确提出要“加快建设更具活力、富有效率、更加开放、充满魅力的国际文化大都市”。

2011年10月，适逢党的十七届六中全会召开。十七届六中全会审议通过了《中共中央关于深化文化体制改革、推动社会主义文化大发展大繁荣若干重大问题的决定》，提出了新形势下推进文化改革发展的指导思想、重要方针、目标任务、政策举措，这是今后一个时期指导我国文化改革发展、建设社会主义文化强国的纲领性文件。

一 2011年上海文化发展回顾

一年来，上海文化建设在各个领域继续向前推进，在价值观建设、文化体制改革、文化产业发展、公共文化服务、文化产品原创与国际文化交流等方面都取得丰硕成果，实现了“十二五”文化建设的良好开局。

（一）纪念建党90周年和辛亥革命100周年

2011年，中国共产党在引领中华民族实现伟大复兴的征程上，迎来了自己的90周年华诞。历史经验告诉我们，没有中国共产党就没有新中国，就没有中国特色社会主义。2011年也是辛亥革命100周年，辛亥革命结束了中国长达两千年之久的君主专制制度，是一次伟大的革命。重大的历史节点给文艺创作和文艺活动提供了重大机遇和丰富的题材，社会各界都在以不同的形式组织开展纪念活动。

3月至6月上旬，第七届“阳光·大地”全市党团员优秀歌曲展演活动全面展开。

4月28日，第28届“上海之春”国际音乐节举办，本届音乐节开幕音乐会以“中国共产党成立90周年、辛亥革命100周年”为主题，上演了管弦乐序曲《中国序曲》、混声合唱《雨后彩虹》、竹笛与管弦乐《野草》、交响曲——大合唱《英雄的诗篇》等4部优秀作品及交响诗《英雄儿女》等。

5月21日开始至7月9日，“东方名家名剧月”启动，共计14台26场“红色演出”，包括话剧、芭蕾、歌剧、交响乐、京剧、越剧、黄梅戏等十几种艺术门类。其中有《红色娘子军》、《洪湖赤卫队》、《杜鹃山》等经典剧目，也有近年来新编的现代题材剧目，如总政歌舞团的《铁道游击队》，总政话剧团的《生命档案》、《毛泽东在西柏坡的畅想》，上海京剧院的《映山红》等。

6月16日至7月15日，以90年来90名优秀中共党员的感人事迹为主线的“我们共产党人——上海市纪念中国共产党成立90周年大型主题展览”在上海展览中心展出。在为期一个月的展览中，据不完全统计，共有51.1万人次到场参观，逾700万人次通过阅读书籍、登录互联网等途径参与各项活动。6月21日至7月30日，“在党的旗帜指引下高歌猛进——纪念中国共产党成立90周年上海舞台艺术成就回顾展”在上海市群众艺术馆展出。560余张图片记录了建党90年来上海舞台的灿烂时刻，涵盖了各个历史时期上海文艺的重大事件、重要人物和重要剧目，其中不少是首次与公众见面。

6月26日至7月10日，“咱们共产党人——庆祝中国共产党成立90周年特展”展出，展览以中国共产党历史上优秀人物为题，邀请了一批当前艺术名家进行创作。120件人物画，让120位载入中国革命史册的共产党人的形象重新变得“鲜活”，极具艺术想象力和感染力。6月26日，“马克思主义传播在中国”特别展览在上海图书馆揭幕。6月28日至7月10日，“红色的起点·永远的丰碑——上海纪念中国共产党成立90周年美术作品特展”在上海展览中心隆重开幕。此次画展展出的120余件作品有绘画、雕塑和装置，其中最引人注目的是首次亮相的“上海历史文脉美术创作工程”首批完成的25件力作。6月底，上海书城举办“人间正道是沧桑——中国共产党建党90周年大型主题书展”。上海世纪出版集团有60多种、总计约2100万字的献礼书集中推出。

6月29日，上海市庆祝中国共产党成立90周年大会在世博中心隆重举行。会议强调，在新形势下，要继承和发扬党的优良传统，坚持党的全心全意为人民服务的宗旨，坚定走中国特色社会主义道路的信念，坚持科学发展、和谐发展，以改革创新精神不断加强党的自身建设，为上海加快实现“四个率先”、加快建设“四个中心”和社会主义现代化国际大都市，为建设中国特色社会主义伟大事业和实现中华民族伟大复兴而努力奋斗。

7月2日，上海广播电视台电视新闻中心制作的5集大型电视纪录片《誓言》在新闻综合频道开播。全片分为《赤子之心》、《热血长城》、《人间正道》、《民族脊梁》、《复兴征程》五集。7 月 3 日，由中外名人文化产业集团、中共上海市委宣传部等共同出品，多家影视单位联合摄制的电视剧《革命人永远是年轻》的播映典礼在京举行。该剧被国家广电总局选为庆祝建党 90 周年优秀电视剧向全国电视台推荐，并于 7 月 5 日起在央视一套黄金时间播出。

10 月 9 日，“纪念辛亥百年美术作品展”在上海展览中心揭幕，70 位画家创作的 100 件与纪念辛亥革命 100 周年相关的主题性作品参展。

（二）公共文化服务运行机制不断完善

“十一五”期间，上海认真落实中央要求，实施了广播电视村村通、文化资源信息共享、乡镇综合文化站、农村公益电影放映和农家书屋等国家重大文化工程，建立了公共图书馆设施网络、公共博物馆（纪念馆）设施网络、社区文化活动中心网络，建立了公共文化服务内容的支撑体系，推动群众文化活动蓬勃发展。全市已基本建成比较完备的公共文化服务体系，在促进上海经济社会又好又快发展中发挥了积极作用。上海逐步形成了以东方宣教中心、东方讲坛、东方信息苑为代表的“连锁化营运、菜单化服务、品牌化运作”的公共文化服务运行机制。同时，上海服务公众的“文化门槛”也不断降低。以服务半径计算，上海的“15 分钟公共文化服务圈”已基本建成，200 多家社区文化活动中心、5245 个村或社区综合文化活动室星罗棋布，让更多百姓享受到了文化实惠。

2 月 18 日，上海正式向社会公布了部分公共文化场所“无障碍、零门槛”免费开放时间表：2011 年上半年内，上海市的美术馆、公共图书馆、文化馆（站）将全面实现“无障碍、零门槛”。其中，在刘海粟美术馆几年前就向公众免费开放的基础上，上海美术馆于 3 月 5 日起实行基本展览免费开放；上海图书馆在已实行普通阅览证办证、验证和寄包、自修室使用等服务免费的基础上，从 2 月 17 日起取消参考阅览证办证费、验证费和电子阅览室上网费；各区县图书馆则从 3 月 1 日起全面取消上网费；上海各文化馆（站）在 7 月 1 日前，实现基本文化服务项目免费。

4 月 12 日，上海市公共文化建设工作会议召开。会议提出，要把加快构建覆盖城乡的公共文化服务体系作为当前和今后一段时期推进文化体制改革工作的重要任务来抓。要进一步加强责任意识、资源共享意识和不断创新意识，加快发

展公共文化服务，保障和改善文化民生，加强思想教育和引领，增强城市文化软实力。

从7月1日起，全市203家社区文化中心全部实现基本服务免费。社区文化中心此次免费的服务项目有8类，包括书报刊借阅、时政法制科普教育、群众文艺演出、数字文化信息服务、公共文化资源配送和流动服务、体育健身项目、青少年校外活动以及电话续借、办证、续证、物品寄存等便民服务。其中，比较突出的是，以前普遍要收费的乒乓球、篮球、羽毛球等健身项目也在免费之列。社区居民还可通过团队预约等形式免费使用公共空间场地，用于开展公益性文化活动。

9月28日，第13届中国上海国际艺术节群文活动项目公布。200多项近3000场演出和展览活动在10月覆盖上海城乡，让更多的市民大众参与艺术节，以农民工为主体的百万外来务工人员也成了实现文化共享的重点对象，超过300万人参与本届艺术节。“十一”黄金周期间，上海全市和各区县在室外举办的免费公益文化活动达到1018场，平均每天超过145场。2011年国庆群文主打广场文化活动，参与对象以社区群众、农村居民以及农民工为主。

9月7日，2011年上海市社区文化活动中心绩效评估工作动员大会在上海社科国际创新基地召开。本次绩效评估工作由市委宣传部牵头，市文广局组织实施，委托上海东方公共文化评估中心开展，其任务是对全市近170个社区文化活动中心进行绩效评估，整个评估工作在年底顺利完成。

11月13日，上海“十二五”期间重大文化设施项目建设情况新闻通气会举行。据通气会透露，一批重大文化设施建设项目将在上海展开，中华艺术宫、上海当代艺术博物馆、上海世博会博物馆、上海儿童艺术剧场、虹桥国际舞蹈中心等已确定今明两年开工。此外，纳入“十二五”规划正在筹备的项目有上海图书馆二期、中国近现代新闻出版博物馆等。“十二五”期间，上海还将市区联手、以区为主，大力推进区（县）“三馆”（图书馆、博物馆、文化馆）和特色项目建设，如上海航天博物馆（闵行区）、奉贤南上海文化中心、青浦文化演艺中心、虹口中共“四大”纪念馆、松江广富林遗址文化展示馆等。

（三）文化创意产业继续发展

上海市统计局公布的数据显示，2010年，上海文化创意产业从业人员为108.94万人；实现总产出5499.03亿元，增加值1673.79亿元，比上年增长

15.6%，高于全市 GDP 增幅 5.3 个百分点；占上海生产总值的比重为 9.75%，已非常接近支柱产业的标准；对上海经济增长的贡献率达到 14%。文化创意产业从业人员超过百万，达到 108.94 万人。① 根据已经发布的《上海市文化创意产业发展"十二五"规划》，到 2015 年，上海文化创意产业占全市生产总值的比重将达到 12% 左右，战略支柱产业的作用更加明显。

2 月 28 日，上海张江文化产业园区被正式命名为第三批"国家级文化产业示范园区"。相比其他文化产业园区多采取"文化旅游、遗产传承"的发展模式，张江文化产业园区是一个以科技研发、金融支持、创新服务为特色的文化产业园区。通过搭建多重服务平台集聚龙头企业，实现规模效应。园区内汇集了网络游戏、动漫、数字、新媒体等文化类企业 380 家。就产值而言，张江拥有全国网络游戏产业 20% 的份额，动漫产业占上海的 70%，数字内容产业占全国的 10%。张江文化产业园区搭建了上海动漫研发公共服务、上海东方惠金投融资和担保服务、上海文化产权交易所、上海动漫产业促进会等功能平台，成立了华人文化产业投资基金，先后集聚国内外风险投资 50 亿元。

4 月 2 日，上海市文化创意产业工作推进会议召开。会议提出要统一思想、提高认识、明确责任，形成合力，大力推进上海文化创意产业的发展。根据通报的《上海市文化创意产业发展"十二五"规划》，"十二五"期间，上海文化创意产业在大力推动传统产业转型升级、积极培育新兴业态健康发展的前提下，重点发展媒体业、艺术业、工业设计业、时尚产业、建筑设计业、网络信息业、软件业、咨询服务业、广告会展业、休闲娱乐业等十大产业领域，形成"一轴、两河、多圈"的文化创意产业空间布局。

6 月 15 日，国家新闻出版总署和上海市人民政府部市合作第四次联席会议举行。据统计，2010 年，上海数字出版产业实现销售收入 220 亿元，同比增长近 20%。其中，上海传统出版领域数字出版实现销售收入约 8.3 亿元，同比增长近 20%。会议指出，上海新闻出版业要以部市合作为契机，充分发挥政府产业政策的导向和引领作用，引导各类社会资本、人才等聚焦数字出版，实施重大项目带动战略，以新闻出版产业园区和基地建设为抓手，努力培育和打造一批有影响的龙头企业。

---

① 数据来自上海市统计局、上海市委宣传部编《2011 上海文化概览》。

6月，上海世纪出版集团和上海文艺出版集团“强强联合”，改革重组为全国规模最大的出版“航母”。此次重组是上海贯彻中央要求，进一步深化文化体制改革的重大步骤；是适应全球出版业发展趋势，进一步提升上海出版实力和竞争力的战略部署；是做大做强上海文化产业，建设社会主义文化大都市的重要举措。重组的目的是进一步发挥上海出版企业的特色和优势，做强做大国有重点出版企业，力争建设成为跨地区、跨国界，以内容提供为主体，涵盖所有出版领域，技术手段先进，在国际上具有较高知名度，在国内有重要影响力的现代大型综合性出版集团。

8月28日，上海文化产权交易所品牌交易中心在上海揭牌，该交易中心由上海文化产权交易所与工信部中小企业发展促进中心、北京大学中国产权与PE市场发展研究机构等合建。品牌交易中心将为品牌企业提供品牌价值评估、品牌知识产权保护，以及品牌买卖、转让、合作等方面的专业服务。该交易中心的成立标志着上海文化产权交易所在无形资产评估定价、文化产权交易、文化金融创新方面的新进展。

8月17日至23日，以“我爱读书，我爱生活——传承经典，谱写辉煌”为主题的2011上海书展暨“书香中国”上海周取得圆满成功。本届书展是其升格为国家级重大文化活动后的首次举办，在保持和强化“全国”概念、“首发”概念、“大家”概念的基础上，充分展示了建党90周年以来出版业的辉煌成就，在营造书香阅读氛围、构建专业交流平台、打造团购馆配高地、坚持文化惠民、提升服务质量、不断扩大书展影响力、做好安全保障等方面作出了卓有成效的努力和工作；创造了参展规模最大、文化活动最多、入场人次最多、销售收入最高的历史记录，实现了社会效益和经济效益的双丰收。

9月23日，历经六年重建的上海文化广场拉开了人们期待已久的大幕。文化广场的开幕大戏是世界当红音乐剧巨星联袂献演的《极致百老汇》。文化广场定位于引进、吸收、原创的方针，孵化音乐剧原创表演，开发音乐剧产业链，建成音乐剧展演中心、交流普及中心和制作中心，发展音乐剧产业，打造国内以音乐剧为核心的艺术产品演出场所。

近年来，整体转企改制让濒临绝境的上海电影制片厂重新挺立在中国电影产业的潮头。其麾下联合院线在全国47个城市拥有126家影院和404块银幕，2010年全年票房超过了10亿元。上影除了开拓电影产业链的下游——票房外，也开始回归过去的优势领域，挺进产业链上游和起点——拍电影。另外，11 万平方米的上海电影集团总部大楼和 1.5 万平方米的上海电影博物馆已在建设中，车墩影视基地二期将扩大到650 亩；上影还参与了同济大学电影学院的办学，积极打造属于自己的编、导、演培养体系。

10 月 28 日，东方网拓展电子商务系列发布会暨“在上海”网上商城开通仪式举行。一个脱胎于东方网母公司又迥异于新闻网站的全新电子商务平台——东方网旗下“在上海”电子商城正式上线。按照东方网的战略构想，到“十二五”期末，东方网将建成一个集“在上海”商城门户、垂直电子商务网站和电子商务公共服务平台于一体的战略矩阵，力争成为国内网络贸易的示范品牌。

（四）文化“走出去”能力日益提高

近年来，上海已在新闻出版、广播影视、文化艺术、数字出版等领域集聚了一批具有“走出去”能力的文化企业，并在国际贸易中实现文化贸易顺差：每 1 元文化贸易的进口额，对应着 2 元的文化贸易出口额。即使在 2009 年国际金融危机的负面影响下，上海文化产品国际贸易仍实现顺差 45.5 亿美元。①

上海市文广局 2011 年启动“上海对外文化资源”项目建设和实施“上海文化使者”计划，依托上海之春国际音乐节、上海国际电影节、上海电视节、中国上海国际艺术节等平台开展文化演艺活动。2010 年依托世博会的主线，全市赴国（境）外文化交流项目 268 批、2565 人次。

4 月 28 日至 5 月 20 日，第 28 届“上海之春”国际音乐节举办，来自中国、美国、俄罗斯、意大利等 10 多个国家的 35 台音乐会集中呈现。与以往相比，本届音乐节，更富原创性、艺术性、国际性、多样性、参与性，音乐节成为推动国内原创音乐作品创作、推介优秀音乐作品、扶持优秀音乐人才的重要平台。

6 月 2 日，上海国际文化服务贸易论坛暨上海国际文化服务贸易平台项目签约仪式在北京举行，围绕以“走出去”方式促进文化服务贸易“跨越式”发展的议题，共谋良策。作为践行文化“走出去”国家战略的重大举措，上海国际文化服务贸易平台在国内率先建立，选址外高桥保税区，利用“境内关外”特殊优势，建起国内第一家“政府推动、企业运作”的公共服务平台，在双向互

① 新华社：《山东、上海、辽宁、重庆文化体制改革硕果累累》，2011 年 4 月 29 日新华网。

动中为中国文化产品“走出去”作“先行先试”的探索。自2008年建立以来，平台特殊的财税政策，已吸引国内外61家文化企业入驻，涵盖了媒体出版、产权交易、数字移动、游戏动漫、演艺娱乐、影视制作、展览展示、服务贸易、文化交流等主流文化领域，注册资本共计7.8亿元。

6月6日至10日，第17届上海电视节举行，涵盖白玉兰奖评选、国际影视节目市场和国际新媒体与广播影视设备市场、亚洲动画创投会、白玉兰论坛等主体活动，大学生电视节、电视连续剧互联网观众票选等特别活动。本届上海电视节吸引了来自30多个国家及地区的影视制作公司参加展会，同时还举办了多个行业论坛。

6月11日，第14届上海国际电影节开幕。作为中国与世界之间的一座“电影之桥”，借助世博成果转化效应和中国电影文化快速发展，上海国际电影节立足于发掘自身优势，努力把上海国际电影节打造成为亚洲乃至全球著名的文化节庆品牌。本届电影节，来自102个国家和地区的1519部影片报名竞逐“金爵奖”，300多名中外电影人亮相开幕式。6月19日第14届上海国际电影节在上海大剧院圆满落幕。土耳其影片《伤不起的女人》获得最佳影片奖，该片男主角赛武凯特·埃穆拉成为新晋影帝。国产影片此次获得肯定：韩杰执导的《HELLO！树先生》赢得评委会奖和最佳导演奖；章明编导的《郎在对门唱山歌》获得最佳编剧、最佳音乐以及最佳女主角三项大奖；泰国电影《星期五杀手》获评委会奖和最佳摄影奖。本届电影节共有24家指定影院，并创下235场以上的满座纪录。

作为上海市对外文化交流重要载体的“上海之窗”，截至2011年6月底，已先后在全球6大洲37个国家和地区的63家境外合作机构开设，累计赠书3.5万余册。“上海之窗”由上海图书馆策划并实施，以向海外图书机构捐书方式介绍中国，是“中国图书对外推广计划”的一个组成部分，满足了大量境外读者关注中国、了解中国、学习中文的愿望。从今年开始，通过“e卡通”网络平台，境外“上海之窗”的图书查询系统与上海图书馆馆藏图书系统实现了数字资源共享。

7月11日，为期5天的第七届中国国际动漫游戏博览会在上海世博园区中国馆落幕。在获得海内外动漫产业领军企业广泛好评的同时，也成为全年龄卡通迷的动漫嘉年华，吸引24.4万人次参观。本届博览会的规格、规模、国际化和专业性等均超越以往6届，展会正向“中国第一、亚洲领先、世界知名”的方向大步迈进。

8月5日至28日，第七届上海国际儿童戏剧节举办。韩国的《布莱梅的乐队》、中国和澳大利亚合作的《垃圾大变身》、中国和瑞典合作的《咸鱼的烦恼》、济南儿艺的《假话国历险记》、中福会儿艺的《金色美人鱼》、中国台湾和上海合作的《小可可流浪记》与《我家也有外星人》等7台儿童大戏轮番登场。之前，上海国际儿童戏剧节已经成功举办了6届，20多个国家和地区的儿童剧院和木偶剧团在上海演出了近40台精彩剧目。

从9月10日到10月30日，2011上海国际旅游节举办。除了突出经典、展现庆典两大特点外，本届旅游节紧扣国家旅游局“2011中华文化游”的主题，深度挖掘上海城市文化的精髓，为上海市民和旅游者提供了丰富多彩的文化旅游盛宴，进一步提升了上海旅游节庆活动的文化内涵，使得走出去的文化不但有传统的，也有现代的，充分展现上海特色。

9月14日至18日，第十五届上海艺博会在上海世贸商城举办，这也是2011年中国上海国际艺术节的特别品牌活动。本届艺博会在规模上继续“领跑”亚洲各大艺术品交易盛会，展会面积仍保持在24000平方米，来自美国、德国、法国、日本、韩国等12个国家的155家画廊前来参展。全场约有数千件油画、国画、版画、雕塑、水彩、摄影、装置、陶瓷等作品参与交易。

9月15日至18日，“2011上海设计奖·上海设计展活动”在上海世博中心举办。这是继上海“设计之都”冠誉之后，上海在设计领域的首个国际性展示与评奖活动。本次展览分“设计——成就城市品牌”、“国际著名设计师邀请展”、“中国元素智创未来”三大主题。其中，“设计——成就城市品牌”遴选上海区域具有影响力和代表性的优秀品牌，演绎设计与品牌、品牌与城市、设计与城市发展背后的故事；“国际著名设计师邀请展”邀请主要来自10个“设计之都”城市的著名设计师参展，把国际顶尖设计成果聚集到上海，助推上海“设计之都”的思考和发展；“中国元素智创未来”遴选运用中国典型元素展示当代概念的优秀设计作品。展览旨在推进创意设计事业的一流品牌，挖掘和培育一流设计师。

10月18日和19日，国际艺术节交易会在上海展览中心举行，有30多个国家和地区的艺术演出机构、演出公司参会。自1999年以来，艺术节交易会共吸

引1000余个海内外演艺机构参加。每届交易会上，都有一批演艺项目在这个平台上达成合作意向。经过12年的运作，它成为众多海外演出机构首次走进中国演出市场、结识各国演艺界同行的“捷径”，更是中国文化走出去的一个重要的“起飞平台”。

10月18日，第十三届中国上海国际艺术节拉开帷幕。本届艺术节的主题为“艺术的交流，心灵的相约”，内容分为舞台演出、展览博览、群文活动、演出交易会、论坛、国内外文化周和节中节系列等六大板块。入选的剧目共50台，其中境外27台、境内23台。本届艺术节共有原创新作剧（节）目21台，比例达到42%，凸显了探索创新精神。

（五）文艺原创全面活跃

近年来，随着上海文化体制改革逐步向纵深推进以及文化部门一系列扶持鼓励文化精品工程的实施，上海文化产品创作生产取得了丰硕的成果，上海文艺原创乏力的状况获得了很大的改变。2011年，上海共有5部影视作品入选中宣部庆祝建党90周年、纪念辛亥革命100周年影视创作重点项目，分别是电影《西藏的天空》、《辛亥革命》和电视剧《开天辟地》、《大波》、《开国》。这些作品在力求准确把握和表现重大历史事件、人物及其背景的同时，关注人物的理想情操，关注历史事件的现实启发意义。

1月29日，上海文艺创作和重大文化活动颁奖仪式举行，46部文艺作品和36位艺术家获得奖励。滑稽表演艺术家杨华生、连环画家贺友直、文学翻译家草婴获得上海文艺家终身荣誉奖。京剧《成败萧何》、昆剧《长生殿》、木偶剧《卖火柴的小女孩》、杂技《腾跃——跳板》、电影《建国大业》、电视连续剧《我的青春谁做主》、电视连续剧《媳妇的美好时代》、电视连续剧《张小五的春天》和小说《非常小子马鸣加精选本》等9部作品入选上海文艺创作精品；木偶剧《华山神童》等18部作品入选上海文艺创作优品；音乐话剧《瞬间不是永远》等11个项目入选上海文艺创作优秀单项成果奖；电影《和谐中国》等8部作品入选上海文艺创作特别奖。蔡正仁等10位艺术家获得上海文艺家荣誉奖，张静娴等23位艺术家获得上海文艺工作者2010年度荣誉奖。

2月，上海文化发展基金会与上海银行签署了一项总体授信额度为10亿元的合作协议，用以扶持上海影视和演艺界的优秀原创剧目，主要是支持列入国家

和本市重大文艺创作项目的重点作品。

3月1日，上海文艺人才基金理事会2010年度表彰颁奖大会在上海图书馆举行。上海文艺人才基金理事会向64位获奖者颁发了获奖证书。会议决定，2011年该基金将提高资助对象的层次，向紧缺人才、高层次人才聚焦，重点资助在一线工作的文化人才，加大对原创人才的资助力度；并逐步增多资助对象的类别，向多领域人才辐射，推出“新锐导演计划”、“青年成才计划”、“造星计划”等。

6月15日，建党90周年献礼剧《开天辟地》在央视一套开播，这是近年来上海电视剧在重大革命历史题材创作上的一次突破，获得了艺术界、党史研究界的高度认可。在《开天辟地》播出前后，包括动画电影《西柏坡》、电视剧《新四军女兵》、《焦裕禄》、《革命人永远是年轻》等在内的一批上海原创主旋律影视作品陆续在银幕和荧屏亮相，展示了上海纪念建党90周年主抓、主创优秀文艺作品的丰硕成果。

6月23日至7月3日，真实反映陈云一心为民高尚品格的原创献礼大型话剧《共和国掌柜》在上海话剧艺术中心上演，同时也拉开了上话制作出品的“艺术人文·2011中国当代原创话剧作品演出季”的序幕。

7月11日，《妈妈咪呀!》中文版首演于上海大剧院。3个月的时间内，剧组在上海、北京两地已完成100场次的演出，创下了4500万元的票房。《妈妈咪呀》中文版创造了国内音乐剧市场的多项纪录。世界经典音乐剧《妈妈咪呀!》来自伦敦西区，作为全球第14个语言版本，中文版采用了“国际版权、中国制造”的模式。《妈妈咪呀!》中文版的推出和成功，意味着中国已经从重金引进西方原版音乐剧演出的第一阶段，进入到经典音乐剧版权合作的第二阶段。

从9月25日至10月10日，上海文广演艺集团所属院团、剧场、演出公司共推出36台剧目、188场文艺演出，在上海各大剧场集中呈现。其中，为纪念辛亥革命100周年，上海评弹团创排了原创中篇评弹《上海光复记》，以评弹形式讲述了一个为辛亥革命作出杰出贡献的革命先驱陈其美的故事。

11月11日，杂技芭蕾《天鹅湖》的“姐妹篇”《胡桃夹子·海上梦》在上海文化广场举行了全球首演。这是一部颇具浪漫主义色彩的杂技芭蕾剧，选取了柴可夫斯基三大名作之一——《胡桃夹子》为蓝本，将杂技、舞蹈、魔术等融为一体。目前，该剧已签订五年欧洲巡演的合同。

二 上海经济社会转型对文化建设的新要求

城市的转型发展是一个非常复杂的系统工程。对上海这样的超大型城市来说，在自身长期的发展过程中已经形成较为稳固且容易依赖的发展模式，其转型的困难程度更大。然而，转型发展又是上海不得不面对的一个紧迫课题，是突破新阶段发展瓶颈的必由之路。我们必须清醒地看到，在传统发展模式的主导下，上海经济社会的可持续发展面临不少瓶颈制约和突出问题，“资源环境约束趋紧，商务成本攀升，高层次人才缺乏，创新创业活力不足；城市管理和城市安全任务艰巨，城乡区域发展协调性有待增强；常住人口总量快速增长，人口老龄化程度加剧，基本公共服务和社会保障压力加大，收入分配差距较大，群体利益诉求日趋多样、协调难度增加，社会矛盾增多；体制机制瓶颈更加凸显，改革任务更加艰巨。”① 以粗放式、外延型为特征的发展模式已不可持续，发展转型迫在眉睫。

联合国教科文组织提出：“发展最终应以文化概念来定义，文化的繁荣是发展的最高目标。”20 世纪 80 年代兴起的全球新的发展理念认为：发展不是一个简单的经济范畴，它同时也应是一个社会范畴和人文范畴；经济发展是社会发展的手段，而不是社会发展的唯一目标，更不是终极目标。缺乏人文和社会发展指标的经济增长，已不是现代社会追求的目标。政治发展、社会发展、文化（精神文明、信念、道德、价值观等）发展都应是“发展”范畴的题中应有之义。从文化对于城市转型的巨大推动作用而言，大力进行文化建设的重要性不仅意味着城市形象、城市精神的整体提升，同时也意味着经济增长方式的巨大变化，要充分认识到文化建设对于上海转变经济发展方式、调整产业结构、促进社会和谐稳定、满足人民群众日益增长的文化需求的重要意义。《上海市国民经济和社会发展第十二个五年规划纲要》明确提出，“加快建设更具活力、更有效率、更加开放、充满魅力的国际文化大都市”，“国际文化大都市”目标的提出是党的十七届六中全会文化强国战略在上海文化发展中的具体体现，将和“四个中心”建设一起共同推动上海“四个率

---

① 引自《上海市国民经济和社会发展第十二个五年规划纲要》。

先”的实现。

以党的十七届六中全会的召开为标志，我国的文化发展改革进入了一个新阶段，对于上海来说，深化改革、推动文化大发展大繁荣更成为当务之急。加快建设“四个中心”和实现社会主义国际大都市的目标，要求我们把建设社会主义国际文化大都市作为重要的战略任务；“创新驱动、转型发展”的艰巨进程，要求大力发挥社会主义文化尤其是社会主义核心价值体系对于全民创新能力和社会凝聚力的提升作用；人民群众日益增长的精神文化需求，要求公共文化服务体系建设进一步产生广泛惠及百姓的社会效果；争取“四个率先”的责任使命，也要求文化产业在上海的整体发展转型中成为重要的支柱性产业，所有这一切都要求我们准确把握中央政策的精髓，科学把握上海文化发展和繁荣的规律，扎实地推进上海文化建设。

三　文化建设助推上海转型发展的各个层面

（一）文化建设提供社会和谐发展的精神基础

中国社会主义市场经济体制的建立创造了令世界瞩目的发展奇迹。然而，当我们赞叹中国所取得的惊人经济成就时，我们不得不面对文化建设滞后所带来的精神和道德滑坡，社会的某些领域道德失范、诚信缺失，一些社会成员人生观、价值观扭曲的状况，经济社会的进一步健康发展迫切需要在全社会凝聚文化认同，重塑核心价值观的引领作用。2010 年 8 月份，《人民论坛》杂志联合人民网、新浪网、腾讯网、人民论坛网进行了网络调查，网络调查人数 7866 人；同时，人民论坛杂志书面调查了 1450 人，这次调查的主题就是“主流文化怎么了”。人们对于主流文化的态度究竟如何呢？本次采访调查结果显示，35.3% 的受调查者选择了“喜欢，心向往之”，45.6% 的受调查者选择了“厌恶，有意规避”，15.5% 的受调查者选择了“没有主流的概念，会比较喜欢跟风”，2.6% 的受调查者选择了“不好说”。针对“您认为主流文化边缘化现象是否严重”的问题，55.7% 的受调查者表示“严重”或“比较严重”，其中 21.2% 的受调查者选择了“严重”，34.5% 的受调查者选择“比较严重”；另外有 26.3% 的受调查者表示“一般”；9.7% 的受调查者表示“不严重”；还有 8.3% 的受调查者“说不

清楚”。① 这样的调研结果虽然不具有全面的代表性，然而也从一个侧面说明了主流文化的某种缺失。当代中国文化价值观建设所存在的诸多问题同样在上海有突出的表现。随着上海经济的持续快速发展，上海传统的社会结构发生了巨大的变化：一是外来人口为主的移民问题日渐突出，在没有解决好自身城乡二元结构问题的时候，又增添了本地人和外地人之间的“新二元结构”问题。二是利益的多元化和社会的分层化，使得社会需求的类型、内容和形式更加丰富。如何在市场经济的条件下调整意识形态建设，并使主流意识形态成为大多数人的自觉信仰和认同的核心价值观，成为上海文化建设所要解决的时代课题。

面对上海社会结构所出现的新特征及其带来的严峻挑战，“十二五”期间的上海城市转型必须要通过文化建设源源不断地提供经济社会发展的精神动力，大力推进社会主义核心价值体系建设，并把核心价值体系具体化为上海的城市精神，满足各个群体的精神文化需求，进而提升广大市民对于城市精神的文化认同。文化是整个经济社会发展的灵魂，而价值取向就是文化的灵魂。11 月 11 日开幕的九届上海市委第十六次全会提出要积极倡导“公正、包容、责任、诚信”的价值取向，充分结合了上海文化传统和当前发展实际，是对如何更好地践行社会主义核心价值体系的具体阐释和凝练概括，具有很强的针对性，便于理解，易于传播，对于促进社会和谐发展将产生深远影响，将与“海纳百川、追求卓越、开明睿智、大气谦和”的城市精神一起，共同转化为推动城市发展的强大动力。同时，近年来，上海高度重视公共文化服务体系建设，将其作为上海打造国际文化大都市的重要方面，作为保障文化民生的重要举措，积极探索基层文化活动管理新机制新办法，让公共文化设施硬件充分运转。公共文化服务体系的初步构建，让更多的市民享受到了文化实惠，体现了社会主义以人为本的本质性、制度性要求，而文化民生与社会治理相互促进，共同凝聚为普通市民对核心价值的文化认同。

（二）文化建设推动上海城市发展动力转型

改革开放之后的上海，得益于国家层面的一系列优惠政策，特别是关于投资

① 人民论坛问卷调查中心：《“主流文化怎么了”问卷调查分析报告》，《人民论坛》2010 年第 24 期。

方面的有利条件，吸引到了国内外大量的投资，此前被计划经济体制所束缚的城市发展潜力得到了前所未有的释放，经济增长速度一直在全国遥遥领先。“1992年以后，上海吸引了来自美国超过1200亿美元的FDI（外商直接投资），其中，2006年FDI达到146亿美元，占中国吸引外资总额的23%。流入上海的外资比流入任何其他发展中国家的外资的总额还多，例如，其总数是印度吸引外资总额的两倍。”① 曾有人说，在1990年代中期，上海成为世界上最大的建筑工地，世界上几乎一半的起重机都在这里工作。发展到现在，就物质形态的城市外观而言，上海可以媲美乃至有所超越于世界上其他的国际大都市。但是，以投资驱动为主要发展动力的上海经济再也难以维持其高速运转。虽然从全国层面来看，“十二五”时期依然是一个快速城市化的时期，投资驱动依然是很多省市经济发展的主要动力，然而上海的城市化发展显然已经超越了这个阶段，开始进入后工业发展阶段，更早遇到中国其他城市所没有面临的很多问题，工业化阶段所依赖的土地、环境、劳动力、投资等物质性资源都已成为制约因素，在这样的背景下，上海的可持续发展必须寻找新的动力机制，从物质性资源依赖逐渐过渡到依赖知识、创意、技术、文化等非物质资源的开发利用，也就是必须完成从投资驱动到创新驱动的转变。达沃斯论坛发布的世界经济论坛全球竞争力研究报告把各个国家及城市分为“要素驱动”、“效率驱动”和“创新驱动”三个发展阶段，“创新驱动”被视为国家或城市发展的最高境界。“十二五”期间，上海果断地选择了“创新驱动”的路径来实现“转型发展”的目标。上海市市长国际企业家咨询会委员也认为，以上海现有的条件，完全可以进入“创新驱动”阶段，进而带动其他城市乃至地区的发展。

创新动力的形成需要长期的培育过程，尤其需要创新文化氛围的培育。创新是一个民族进步的灵魂，是一个国家兴旺发达的不竭动力，同时也是一个城市永葆生机的源泉。自近代以来，上海就一直是西方文化输入中国的窗口，中西文化最先在这里相遇、碰撞，许多新的思想和文化在这里孕育，然后再向全国传播。改革开放之后，得政策优惠之先机，上海经济社会发展更是在各个领域都不断有创新的思想、理念、思路和举措，推动上海维持着长期高速的发展。但是，创新

---

① 陈向明、周振华主编《上海崛起：一座全球大都市中的国家战略与地方变革》，上海人民出版社，2009，第1页。

乏力的问题仍在困扰上海。创新动力的不足当然与国家层面的政策推进密切相关，但同时与整个社会文化氛围也有密不可分的关系。当下上海文化精神中的某些缺陷正在成为阻碍创新的重要制约因素，比如文化思想的保守、创新动力的不足、物质消费的强调等，都成为各个领域求新求变的阻力。基于此，如果要实现上海发展动力的彻底转型，就必须首先在全市范围营造鼓励创新、包容创新的文化氛围，形成良好的文化生态环境，让生活于此、工作于此的每一个人都能在日常生活中感受到一种自由、开放、包容、平等的文化氛围。

2011 年，白宫发表的《美国创新战略报告》提出，美国未来发展的关键就是保持创新能力的不断提高，并指出创新是“个人或组织机构产生新的想法并将它们付诸实施的过程”，而产生“新的想法”的必要前提之一就是有一个充分包容“新想法”的创新文化氛围。提高自主创新能力，需要有推崇创新、鼓励创新的文化基础和文化氛围。创新文化是自主创新活动之“魂”，是其理念先导与文化支撑。创新文化的核心是激励创新、鼓励探索、包容个性、宽容失败。创新产生于适宜的文化氛围里，成长于公众理解和支持的社会环境中。凡创新成果多的地方，往往拥有良好的创新性环境，特别是有着尊重个性、崇尚创造、团队协作、宽容失败的创新氛围。如果仅仅是增加大量的科技人员，仅仅投资于科技基础设施，而没有适宜科技发展，适宜创新能力不断提高、创造力不断涌现、创新活动自觉开展的文化基础，就不可能涌现出大量的创新成果。国际上对于创新要素有个公认的“3T”之说，分别是技术、人才和包容，显然，包容就是创新需要的文化环境。

考察发展方式转型比较成功的国家和地区后发现，文化建设在发展动力机制的转换方面发挥了巨大的作用。香港颁布了一系列促进经济转型的文化政策，采取各种措施，激发民间的文化活力，大力推动文化创意产业发展，使香港实现了从单纯依赖转口贸易到发展知识经济的城市新变革。伦敦在 2004 年、2010 年先后两次出台“市长文化战略”，对伦敦城市文化发展的理念及战略重点进行了阐述与安排，与伦敦城市经济转型有着密切的联系，不仅从文化角度强调了创意产业对引领城市活力的作用，更在“创意产业是伦敦核心产业”的战略目标指引下，将创意产业的发展作为最明确的经济目标，力争为城市经济转型奠定长期的基础。日本在经济发展处于严重困境之时，提出“文化产业立国”的国家战略，积极开展产业结构调整、强化文化产业软实力、推进文化体制与政策的建设，取得了明显的成效。上海近几年文化建设所取得的成绩对上海的发展方式转型也带来了重要的推动作用，文化体制改革基本任务的完成，大大解放了文化生产力，文化创意产业在国民生产总值中的比重越来越大；同时，公共文化服务体系的初步建成，为普通市民提供了较为充足的公共文化服务，以文化事业助力社会治理，使转型发展有了良好的文化氛围。

（三）文化建设是城市经济发展方式转型的重要战略选择

上海未来的产业发展重点就是发展高端化、集约化的服务经济，通过推动第二、第三产业的融合发展，重点发展现代服务经济。实际上，实现传统工业经济向服务经济转型、投资拉动向创新拉动转型，是近年来上海持续努力的重点工作之一，但至今也没有真正转过来，以服务经济为主的产业结构尚不稳定，现代服务业长期徘徊在50%～60%左右，难以实现大幅度、连续性的增长。这其中的关键因素在于我们还没有寻找到一个能够融合多种产业发展的新业态，从而形成产业结构转型的新引擎。而要想真正实现经济结构向服务化、高端化、集约化方向转型，就必须加大非物质生产的驱动力来创造立体化的发展新空间，归根结底，这些都得靠文化的力量。在服务经济主导的产业阶段，非物质性的生产要素正在成为创新的主要源泉，而非物质生产要素天然就与文化创造紧密相连。一方面，智力资本的规模和创意的数量，更多地受到文化环境的制约，即人们的文化素养水平、价值观念、文化形态、道德信仰等对于创新的增长有直接的决定作用；另一方面，智力资本和创意的不断推动，也会引发文化形态、文化消费、文化生产的变革，相对于工业化社会的增长模式，文化与经济的共生演进导致了经济社会发展方式的重大转变，文化与经济的融合正在成为全球产业发展的主要方向。在推动上海经济发展方式的转型过程中，我们必须顺应这一全球范围的产业发展方向，努力创造各种条件加速推进文化与经济的进一步融合，而融合的主要方式就是要大力加强文化产业在经济发展中的比重，以文化产业的发展带动产业结构的转型。文化产业以创意为源头，是一种科技含量高、资源能源消耗低、环境污染小、知识密集的绿色产业，在增加就业、扩大消费、拉动内需中发挥着越来越重要的作用。文化建设不仅对经济增长的直接贡献越来越大，而且对提升经济发展质量的作用日益突出。在经济发展为文化发展创造物质条件的同时，文化建设也为经济发展提供强大的精神动力。

关于文化产业的重要地位和作用，从国家层面来讲，已经有了清晰认识。党的十六大以来，文化事业和文化产业的区分为文化产业的发展提供了坚实的理论基础，发展文化产业是社会主义市场条件下满足人民多样化精神文化需求的重要途径，同时也是经济产业结构调整的重要支点。文化产业本身就是最重要的非物质生产部门和现代服务业的组成部分，其对多种服务产业的整合和自身强大的扩散功能直接引发现代服务产业链的形成。首先，文化产业具有强大的产业整合功能，按照我国关于文化产业的分类，文化产业包括核心层、相关层和外围层，有数十个子产业门类。比如，一个好的创意题材，可以通过电影、电视剧、动画、形象产品、音乐、出版等多种文化产品得以表现，美国迪斯尼娱乐帝国的建立就是一个很好的例子。近年来，上海的一些文化产业门类也初显产业的整合效应，如新型媒体产业的长足发展，以新媒体作为各类产业整合的平台，将创意资源与文化产品紧密结合，既促生了多种新颖的文化形态，又实现了自身的经济效益。其次，文化产业的发展还可以促进人力资本的投资和培训，文化产品的生产和消费不仅具有经济效益，同时也具有天然的教育功能，好的文化产品，在带来巨大经济效益的同时，还可在消费的过程中发挥不同程度的教育效用。最后，文化产业对于人文资源的开发主要是依靠文化传统所形成的人文符号形象，不仅边际成本为零，其对文化传统的保护和传承也有很大的促进作用。

随着上海市民生活水平的提高和消费能力的提升，非物质精神消费必将成为人们现代生活方式的核心内容，大力发展文化创意产业是实现上海转型发展的重要战略选择和突破口之一。上海的文化创意产业近几年来一直呈现平稳发展的态势，对国民经济生产总值的贡献越来越大。2011 年 4 月 2 日，上海召开了文化创意工作推进大会，提出要努力把文化创意产业打造成上海的支柱产业，并发布《上海市文化创意产业发展“十二五”规划》，在规划中指出：“文化创意产业在大力推动传统产业转型升级、积极培育新兴业态健康发展的前提下，重点发展媒体业、艺术业、工业设计业、时尚产业、建筑设计业、网络信息业、软件业、咨询服务业、广告会展业、休闲娱乐业等十大产业领域，形成‘一轴、两河、多圈’的文化创意产业空间布局，到 2015 年文化创意产业增加值要占全市生产总值的比重达到 12%左右。”统计显示，“十一五”期间，上海文化产业增加值年均递增约 12. 03%，其中 2010 年文化产业总产出为 3335. 44 亿元，增加值近 1000 亿元。文化领域所创造的经济总量与上海稳步推进的文化建设息息相关。上海市

统计局发布的数据显示，2010 年，上海文化创意产业从业人员 108.94 万人，产业对上海经济增长的贡献率达 14%，上海文化创意产业对于上海转型发展的巨大推动作用愈加明显。①

（四）文化建设是提升城市对外影响力的最佳载体

党的十七届六中全会第一次明确提出，我们要建设社会主义文化强国，进一步提升国家文化软实力，提高中华文化的凝聚力、感召力和影响力。文化软实力的建设是一个国家经济初具实力之后的必然选择，也是增强对外影响力的必然要求。具体到上海的转型发展，城市文化软实力建设是上海形成自身独特竞争优势并保持可持续发展的内在动力，只有具备了广泛的对外文化影响力，上海的未来发展才能有良好的外部环境。城市文化软实力的影响主要表现为一个城市凭借其城市精神、文化传统、市民素养、文化政策所体现出的凝聚力、包容力，以及通过文化产品、文化品牌、城市形象、价值理念所产生的影响力、感召力和渗透力。考察一些国际著名的大都市后发现，其对外影响力的一个很重要的构成就是文化层面的强大辐射力，纽约、巴黎、伦敦等无不具有自身独特的文化优势，这些文化优势对城市的整体支撑比经济实力更加内在和恒久。

作为中国最大体量的超大型城市之一，上海理应担当起代表国家参与全球竞争的重任。从国内的省市竞争的格局来看，中央对上海提出“四个率先”的要求，就意味着上海要在各个方面走在全国的前列，以自身的发展引领中国城市化的进程。从区域发展的角度来看，上海作为长三角城市群唯一的核心城市，不仅要关心自身的发展，更要在长三角城市群的发展中扮演重要的角色，在对长三角持续不断的辐射中，使长三角城市群成为全球最有活力的城市发展区域。所有这些使命和要求，对上海的未来发展都提供了更为广阔的发展视野，上海不仅要通过“四个中心”的建设进一步巩固自身的经济地位，更要通过文化建设提升对外的文化影响力。

当前，通过文化建设提升上海对外文化影响力最主要的任务应该是进一步扩展上海文化的内涵，使上海成为各类优秀文化资源的集成和整合平台。首先，上海要充分发挥“红色文化”的优势，唤醒上海的“红色基因”，洋溢红色激情，

---

① 许晓青、孙丽萍：《上海：迈向国际文化大都市》，2011 年 10 月 10 日《解放日报》。

为上海文化的再辉煌提供一个坚实的精神与价值支点。其次，上海还应该进一步挖掘优秀传统文化资源，加强对传统文化的研究、挖掘和保护力度，做好文化典籍整理工作，注重民间艺术、民间手艺等非物质文化遗产的传承保护，特别应在城市拆迁和改造中注重保护文化遗址和民族特色。同时，要广泛开展优秀传统文化的宣传教育，让更多人了解、尊重、喜爱优秀传统文化，争取使上海成为全国传统文化资源整合、传承与互动交流的大平台。

近年来，上海在文化上的影响力日渐扩大。世博会开幕前夕，上海跻身全球“创意城市网络”，并被联合国教科文组织授予“设计之都”称号。从“引进来”到“走出去”，中国文化的创造力在上海这片热土上不断生根发芽，不断追求着民族文化的自觉、自信、自强。众多打上“上海出品”烙印的舞台作品成为中国文化“走出去”的排头兵。多媒体杂技剧《ERA——时空之旅》实现了“不出国门，赚取外汇”的好票房成绩。2011 年下半年，在上海、广州、北京等地巡演近百场的中文版音乐剧《妈妈咪呀》开启了中国音乐剧的全新时代，受到欧美主流媒体关注。上海京剧院运用“中国元素”改编莎翁名著，推出新编京剧《王子复仇记》，继在欧洲地区获得好评后，再度成为爱丁堡国际艺术节上最受瞩目的“明星”。不仅仅是在舞台上，在荧屏、银幕和文学作品中，“上海出品”也正在成为中国文化走向世界舞台的一股活跃力量。上海文化在全球大舞台上的精彩亮相，一点一点提升着上海的影响力，为上海的转型发展提供了良好的外部环境。

四 贯彻落实十七届六中全会精神，推动上海文化科学发展

（一）全面深入贯彻十七届六中全会精神

在我国进入迫切需要深化改革开放、加快转变经济发展方式的攻坚时期，党的十七届六中全会以文化改革发展为主题，吹响了建设社会主义文化强国的号角，是中国文化发展史上的一个重要的里程碑。全会全面总结我国文化改革的丰富实践和宝贵经验，科学分析了文化建设的新形势新要求。对文化发展规律的每一次新探索，都将是推动社会进步的重要力量，也是对人类科学发展理念的不断深化。如果说 69 年前召开的延安文艺座谈会实现了文化发展为什么的重大突破，

提出了“文化为人民服务”的社会主义文化发展方向，那么，在国际国内局势发生重大改变背景下所召开的十七届六中全会，则在文化发展改革“该走什么路”、“朝着什么样的目标迈进”、“如何提高人民的文化福祉”等重大战略问题上指明了方向，其意义与延安文艺座谈会可以说具有同等的重要性。以此次全会的召开为标志，我国文化改革发展进入了一个新的阶段，“坚持中国特色社会主义文化发展道路、努力建设社会主义文化强国”的战略思想，到2020年文化改革发展的阶段目标，为我们描绘了一幅文化大发展大繁荣的宏伟蓝图。从指导思想到重要方针，从目标任务到政策举措，全会作出的推进新形势下文化改革发展的一系列战略部署，具有很强的政治性、战略性、指导性，是当前和今后一个时期指导我国文化发展的纲领性文件，必将深刻影响中国文化发展的未来愿景。

在此背景下，上海文化建设必须深入贯彻十七届六中全会的精神，从各个层面建立与全会精神相适应的文化体制框架，紧密结合上海建设国际文化大都市的现状，进一步认清上海文化改革发展的形势、要求和路径，着力分析和破解文化建设所面临的突出矛盾和问题。上海在全国文化发展大局中具有重要地位，中央不仅对上海率先转变经济发展方式寄予厚望，同时也明确要求上海走在发展社会主义先进文化的前列。因此，在贯彻十七届六中全会精神的过程中，不仅要创新文化发展的有效体制机制，促进上海文化生产力的充分解放，使上海成为促进中国文化走出去、提升中国文化软实力的重要平台；更为重要的是上海的文化发展要在社会主义核心价值体系建设中有更大的作为，继承这座城市曾经在我国社会主义建设过程中所创造的深入人心的主流价值观与文化精神，在新的文化起点上，将其凝聚建构为广大市民所认同和自愿践行的城市价值和城市精神，真正使“兴国之魂”在上海这片曾经的红色热土上再次焕发出社会主义文化的灿烂光辉。

（二）在文化自觉的基础上，重新认识文化建设的地位、功能和价值

作为中国文化发展史上一个重要里程碑，党的十七届六中全会的一个鲜明特点就是彰显文化自觉。全会立足战略全局谋划文化建设，适应时代要求推进文化改革发展，充分体现了对文化地位和作用的深刻认识、对文化发展规律的正确把

握、对发展文化之历史责任的主动担当。在很长的时段内，文化建设之所以被经济发展所遮蔽，一个非常重要的原因就是我们没有随着时代的发展建立起相应的文化自觉。刘云山同志在《文化自觉，文化自信，文化自强》一文中指出："文化自觉是文化繁荣发展的思想基础和先决条件"，"是否具有高度的文化自觉，不仅关系到文化自身的振兴和繁荣，而且决定着一个民族、一个政党的前途命运。"在未来的上海文化建设中，是否具有充分的文化自觉将决定其文化发展的方向和内涵。

具备了高度的文化自觉，以党的十七届六中全会为契机，我们还应该站在新的起点上，重新理解文化建设的地位、功能和价值。很多时候，我们把文化建设仅仅看做是促进其他工作的手段，强调的是它的服务功能。改革开放之前，高度统一的计划经济体制背景下，文化建设主要是为了加强政治意识形态宣传，是作为政治建设的一个部门而存在的。随着市场经济体制的建立，文化建设在以经济建设为中心的背景下，很长时间是被忽视和遮蔽的。即便是进入 21 世纪之后，文化建设虽然得到了很大的重视，但大多是出于改善投资条件、推动经济增长的目的，所谓"文化搭台，经济唱戏"正是文化建设从属地位的一个形象比喻，而这样的文化理念其实具有很大的片面性，是对文化的无知和藐视。近两年类似的观念虽然已经比较淡化，但用经济思维去进行文化建设依然是很多政府部门潜在的工作逻辑，在这种逻辑支配下，必然会注重文化建设的 GDP 转化，强调文化产业的发展，忽视文化的公益性特质和精神价值属性。

文化建设有其自身的特殊规律，我们不能用其他领域的规律或经验去规定文化建设的道路。如果一味地把文化当成工具来利用，就会从本质上破坏文化，从长远来看文化就会衰败；只有对文化怀有健全的心态，把文化当成文化对待，才能有文化的健康发展。科学发展观是以人为本的发展观念，我们不能一谈到科学发展就简单地指向经济建设，文化建设同样要遵循科学发展的道路，文化发展最终不是为了追逐更多经济利益，而是为了人自身的发展，它是一定社会形态下人的生活方式的具体表现。文化作为人类精神价值的体现，其基本功能在于满足人的精神文化需求，从而促进人的全面发展。我们大力加强文化建设，出发点和落脚点都应该是人本身，从这个角度来讲，文化建设本身就是目的而非手段。

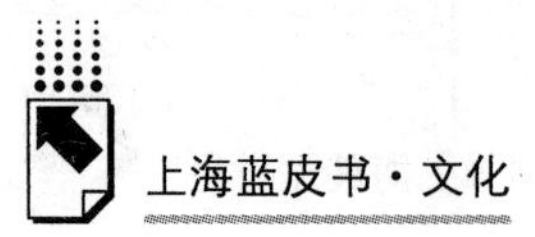

（三）充分发挥人民群众的文化创造力，不断满足人民群众的文化精神需求

文化之为文化，从源头上说，它是普通民众生活实践中土生土长的东西。人民生于斯，长于斯，所以才把某种独特的文化形态认同为自己共同的家园。从某种意义上来说，亲身参与社会实践的人民大众更能敏锐地感受到时代的脉搏，对时代脉搏的敏锐感受也更能激发他们的表达欲望和实践意愿。事实上，在社会主义市场经济条件下的文化建设中，我们更应该把文化创造的权利、评价的权利、选择的权利交给人民群众。全心全意为人民服务，这是中国化马克思主义的根本价值取向。人民群众的主体地位，人民群众创造历史的实践，人民群众的根本利益，及其一切经济的和政治的、历史的和现实的、物质的和精神的联系和发展，都应当成为文化生产的主要研究对象或表现对象，这就要求我们的文化创作生产者尊重他们的地位、了解他们的生活、体察他们的感情。当下的文化生产中存在一种脱离人民群众的不良倾向，在资本逻辑的控制下，为了实现资本增值的最大化，一些文化工作者和文化生产单位往往把主要的受众对准极少部分占有大量物质财富的人群，认为只要满足了他们的文化需求就能在市场的竞争中赚取更多的利润。于是，本应丰富多元的文化市场上充斥了精神贫血、思想空虚、与普通群众真实生活相距甚远的文化泡沫，这样的文化生产不仅无助于社会主义核心价值的传播，相反还催生了诸多的精神危机。

政府在文化建设中固然发挥了很重要的作用，特别是其对文化建设的组织和管理功能，以及对文化发展内容和方向的引领作用，都是其他力量不可能达到的。但是在文化创造和生产领域，政府不应该是唯一的动力，更不应该也不可能包办一切。文化是人类生活的样式和样法，体现在人民群众的日常生活方式和一言一行中，优秀的文化产品必然是对社会生活的艺术升华。文化的发展及其对人类生活的影响遵循着自己的规律，往往表现为民间自下而上的生发和渗透。经过多年持续的高速发展，上海市民的生活水平已经有很大的提升，目前人均 GDP 已超过 1 万美元，市民对文化生活有了极大的需求，普通市民自己参与文化创造的积极性也空前高涨。在此背景下，要在广泛深入调研的基础上，进一步健全上海的公共文化服务体系，特别是要重点关注那些文化消费能力较弱的人群，包括农民工、下岗失业工人、残疾人、老年人等群体的文化需求。要在“以人为本”

和“和谐社会”的命题下，使各个群体都能享受到自身需要的公共文化服务。同时，更为重要的是要创造条件、创新机制，大力支持人民群众自发组织的各类文化活动，提供充足的活动空间和场所，制定长效可行的推动机制，为上海国际文化大都市的建设提供源源不断、多样繁荣的民间动力。

（四）继续深化文化体制改革，进一步解放和发展文化生产力

文化体制改革是一项综合性、系统性极强的社会工程，对其复杂性，我们应该有充分的认识。这种复杂性突出表现在文化体制改革要涉及社会发展的各个层面，包括思想意识形态建设、各个行业和领域以及具体的文化企事业单位等。因此，文化体制改革的深化必须切实改变文化建设在宣传文化系统内部封闭运行的老办法，改变就文化抓文化的狭隘思路，把文化体制改革工作放在全局的视野中加以思考和定位，更加主动地联起手来，发挥各方优势，各个部门通力合作，共同推进，把文化体制改革摆在各项工作的重要位置，建立以各级党委政府为基础平台的更高层次的改革领导协调机制，并制定和落实相应的考核、评价和问责制度。

体制改革是解放和发展文化生产力的关键所在，要在“十一五”期间上海文化体制改革所取得的成绩的基础上，继续改革不适应文化发展的体制性因素，为国际文化大都市建设提供一个健康的体制环境。“十二五”期间，我国的政治建设、社会建设都将会有新的进展，文化体制改革要积极吸收相关的改革成果，并使之融入文化体制改革的进程当中，激发全社会各种力量参与文化建设的积极性。文化体制改革要时刻贯彻以人为本的科学发展观，特别是要纠正单纯强调文化发展工具论的片面性，使文化发展真正成为转变经济发展方式的有力支撑。在政府层面，要有效地完善市场法制机制，完善文化管理体制，加强相关文化部门的协调性和统一性。经营性的文化企业，要在转企改制的基础上，建立现代企业制度和现代产权制度，真正成为市场主体，同时也要强调社会效益和经济效益的统一，不能为了规模和产值的扩大，忽略了文化本身的精神价值。要特别关注国有和民营的共同发展问题，在增强国有文化单位发展活力和市场竞争力的同时，大力支持各类社会民营资本参与文化建设，逐步解除社会资本进入文化建设的各种制约性因素。要大力培育宽容多元的文化生态环境，为各类健康的文化产品的生产提供一个良好的社会文化环境，进一步提高上海

文化的原创力。

文化是民族凝聚力和创造力的重要源泉，是决定国家和地区发展水平和综合竞争力的重要因素。“十二五”期间，上海正处在改革发展的关键时期，要实现创新驱动、转型发展，急需文化建设的支撑、推动和引领。中共上海市九届市委十六次全会审议并通过了《中共上海市委关于贯彻〈中共中央关于深化文化体制改革推动社会主义文化大发展大繁荣若干重大问题的决定〉的实施意见》，全面部署了推动上海文化改革发展的各项任务措施，并提出到2020年基本建成“文化要素集聚、文化生态良好、文化事业繁荣、文化产业发达、文化创新活跃、文化英才荟萃、文化交流频繁、文化生活多彩的国际文化大都市”。在“十二五”开局之年，上海建设国际文化大都市的宏伟蓝图正从容展开，上海的发展从来没有像今天这样强烈呼唤着文化力量的崛起，我们也将以高度的文化自觉承担起推进国际文化大都市建设的历史使命和时代要求。

转型发展的文化驱动

The Cultural Drive for Transformation and Development

B.2

转型发展对上海国际文化大都市建设的新要求

蒯大申*

摘　要：《上海市国民经济和社会发展第十二个五年规划纲要》提出的建设“国际文化大都市”的战略目标，凝聚了上海几代人的梦想，成为迄今为止上海社会各界认同度最高的文化发展目标。面对“十二五”时期上海发展方式转型的历史任务，上海的文化建设对确保上海率先实现经济发展方式转变、促进经济社会全面协调可持续发展的特殊作用显得更为突出。创新驱动、转型发展需要营造有利于创新型人才涌现的社会文化环境，培育尊重创新、鼓励创新的良好文化氛围，需要在全社会形成尊重、保护知识产权的观念和制度环境。上海的国际文化大都市建设也因此被赋予新的更为丰富的内涵。

关键词：创新驱动　转型发展　国际文化大都市建设

* 蒯大申，上海社会科学院文学研究所副所长、研究员、博士生导师；国家公共文化服务体系建设专家委员会副主任。

《上海市国民经济和社会发展第十二个五年规划纲要》（2011 年 1 月 21 日上海市第十三届人民代表大会第四次会议批准）提出了“加快建设更具活力、富有效率、更加开放、充满魅力的国际文化大都市”的奋斗目标。建设国际文化大都市，是上海文化建设的总目标，也是上海社会主义现代化国际大都市建设的题中应有之义。

从世纪之交“国际文化交流中心”发展目标的提出，到如今“国际文化大都市”战略目标的确立，充分反映了进入 21 世纪后上海这座城市在文化建设上新的发展雄心和更高的追求。2000 年 10 月 14 日，中共上海市委七届七次全会通过了《关于制定上海市国民经济和社会发展第十个五年计划的建议》。该建议提出：“按照建设有中国特色社会主义文化的要求，大力发展面向新世纪的文化事业，努力把上海建成国际文化交流中心之一。”“国际文化交流中心”的战略目标，强调了上海广泛的国际联系和城市发展的国际背景，强调了与“现代化国际大都市”总目标的匹配，强调了上海这座城市特别应该发挥的国际文化交流功能，但国际文化交流并不能涵盖上海所有的城市文化功能，这个发展目标的不够完满性是显而易见的。

2004 年制定的《上海文化发展纲要（2004～2010）》提出上海到 2010 年文化发展的总体目标是：“建设文明城市，建设学习型社会，建设国际文化交流中心，努力走在发展社会主义先进文化的前列。构建与国际经济、金融、贸易和航运中心相匹配的城市文化新格局，建设与社会主义市场经济体制相衔接的城市文化新体制，形成与服务市民、服务全国的任务要求相适应的城市文化新特色，达到与上海率先全面建成小康社会和率先基本实现现代化、建设现代化国际大都市的奋斗目标相协调的城市文化新水平。”与“国际文化交流中心之一”的发展目标相比，这个“总体目标”要求更加全面、内涵更为丰富。

2007 年 5 月 24 日，习近平同志在中国共产党上海市第九次代表大会上的报告中明确提出：“努力把上海建设成为文化要素集聚、文化事业繁荣、文化产业发达、文化创新活跃的文化大都市，不断满足人民群众多层次、多方面、多样性的精神文化需求，不断增强城市软实力。”建设“文化大都市”目标的提出，体现了上海文化发展新的历史要求。

《上海市国民经济和社会发展第十二个五年规划纲要》凝聚了上海几代人的梦想，规划提出了“加快建设更具活力、富有效率、更加开放、充满魅力的国

际文化大都市”的战略目标。[①] 可以说，这是迄今为止上海社会各界认同度最高的文化发展目标。

一　转型发展：上海国际文化大都市建设的背景

《上海市国民经济和社会发展第十二个五年规划纲要》对上海未来发展所面临的国际、国内形势以及所面临的重大机遇和严峻挑战作了全面的、科学的深刻分析，在此基础上该规划纲要提出：“创新驱动、转型发展，是上海在更高起点上推动科学发展的必由之路。”并要求把创新贯穿于上海经济社会发展各个环节和全过程。[②]

（一）创新驱动、转型发展是上海科学发展的必由之路

“创新驱动、转型发展”，凝聚了全市人民的共识，表达了上海在新的发展阶段所作出的历史性选择。为切实推动上海的创新驱动、转型发展，《上海市国民经济和社会发展第十二个五年规划纲要》号召全市各条战线都要着力推进制度创新、科技创新、管理创新、文化创新，充分发挥科技作为第一生产力的作用，切实增强自主创新能力，使科技进步和创新成为上海转型发展的重要支撑；要全面贯彻人才是第一资源的要求，坚持人力资源优先开发和教育优先发展，壮大创新创业人才队伍，使城市转型发展真正建立在人力资源优势充分发挥、创新创业活力竞相迸发的基础上；要切实摆脱习惯思维的束缚，放下过去的成绩、包袱，更新发展理念，实现体制机制、领导方式和工作方法的重大转变，坚定不移地调结构、促转型，更加注重提高质量和效益，着力提高发展的全面性、协调性和可持续性。[③]

（二）上海文化建设对发展方式转型具有重要作用

面对“十二五”时期上海发展方式转型的历史任务，上海的文化建设对确保上海率先实现经济发展方式转变、促进经济社会全面协调可持续发展的特殊作

① 参见《上海市国民经济和社会发展第十二个五年规划纲要》。

② 参见《上海市国民经济和社会发展第十二个五年规划纲要》。

③ 参见《上海市国民经济和社会发展第十二个五年规划纲要》。

用显得更为突出。社会主义核心价值体系建设，将把社会主义核心价值内化为市民的自觉追求；“海纳百川、追求卓越、开明睿智、大气谦和”的城市精神将融入市民的思想观念、行为规范；不断推进的社会公德、职业道德、家庭美德和个人品德建设，将不断拓展群众性精神文明创建活动，倡导社会文明风尚；覆盖城乡、惠及全民的公共文化服务体系建设，将为维护公民基本文化权益、实现公共文化服务均等化提供制度性保障。文化建设将为上海“四个中心”建设和实现“四个率先”提供精神动力、智力支持和思想保证。[①] 同时，以创意为源头，以内容为核心，资源消耗低、环境污染小，市场需求强、发展潜力大，同时具有广泛的产业关联度，对国民经济各部门具有很强的拉动作用的文化产业，将充分发挥在“保增长、扩内需、调结构、促改革、增就业、惠民生”中的重要作用。“十二五”时期，上海将把加快发展文化产业作为转变经济发展方式的重要任务，把满足人民日益增长的多样化、多层次、多方面的精神文化需求作为扩大内需的重要部分，促进文化事业、文化产业又好又快发展，更好地发挥文化建设在推动科学发展、促进社会和谐中的重要作用。

（三）上海文化建设肩负重要历史使命

作为中国改革开放的前沿和窗口，作为国际文化交流中心城市，上海在全国文化发展大局中具有重要地位。“十二五”期间，中央不仅对上海率先转变经济发展方式寄予厚望，同时也多次要求上海在发展社会主义先进文化方面走在全国前列；在探索文化科学发展、加快文化产业发展和深化文化体制改革等方面探索新路，积累经验；在发扬世博精神、吸收利用世博会展示的先进理念和技术成果、充分发挥世博效应、谋划后世博发展方面开拓创新，作出贡献。中央制定的“四个中心”建设国家战略和长三角区域发展规划，确定浦东综合配套改革试点和上海为全国第一批文化体制改革综合性试点地区，对上海加快经济社会转型和进一步加快文化建设给予了强有力的支持。面对中央对上海的殷切期望，上海应振奋精神，勇于实践，为探索中国特色社会主义文化发展道路、增强国家文化软实力作出应有贡献，这是上海应该承担的时代责任和历史使命。

---

① 参见《上海市国民经济和社会发展第十二个五年规划纲要》。

二 转型发展需要怎样的文化条件?

“创新驱动”的核心要义，是要切实增强自主创新能力，使科技进步和创新成为上海转型发展的重要支撑，使城市转型发展真正建立在人力资源优势充分发挥、创新创业活力竞相迸发的基础上。而“转型发展”的核心要义，是要把产业结构调整作为转型发展的主攻方向，努力形成以知识经济和服务经济为主的产业结构。

按“经济合作与发展组织（OECD）”的定义，知识经济是“以知识为基础的经济”的简称。所谓知识经济，主要是指当代发达国家的经济的知识密集度不断提高，知识密集度高的产业在产业结构中的比重上升，知识对经济增长的贡献日益加大。知识经济的核心是科技，关键是人才，基础是教育。而以现代服务业为基础的服务经济是知识经济的主体，目前，发达国家服务业对 GDP 和就业的贡献的增长主要源于金融、保险、房地产、商务服务业、专业服务业和信息服务业等领域，这类服务业都属于知识技术密集型的现代服务业。

然而，创新驱动首先取决于知识存量及其增长率，知识增长又依赖于人力资本投资。无论是知识经济还是服务经济，都绝不仅仅意味着技术和经济方面的问题。它涉及道德、文化、观念，以及体制和政治结构。国际经验一再证明，落后国家所缺乏的不仅是知识，更缺乏将知识转化为生产力的能力。这种能力不仅取决于自然科学技术水平和创新能力，也取决于制度创新、文化适应、知识管理、社会组织等能力，或者说，也取决于社会是否具有更完善的创新激励机制和更高的管理水平。它要求知识型社会、创新型社会和创新型文化的形成，这意味着整个经济、政治、文化、社会结构的真正变革。

（一）营造有利于创新型人才涌现的社会文化环境

一个国家、一个地区的科学知识能够较快增长，使之成为科学创新的中心，需要有三个基本条件：①国家经济的发展和社会的进步；②一个分散化的有自组织能力的科研和知识创新体制；③社会对科学的热情以及思想和学术的自由环境。社会文化环境对一个国家、一个地区、一个城市的创新能力的培育和成长起着至关重要的作用。

温家宝总理2011年5月28日在中国科学技术协会第八次全国代表大会的报告中指出，科技不仅是知识和技能，更是一种文化、一种精神。一个具有科学精神的民族，才是真正有生机、有希望的民族。要进行知识创新，就要有能够从事知识创新的人才，这些人才必须具有从事创造性事业的世界观、人生观、价值观，具有从事创造性工作的科学文化、思想道德、精神心理素质和气质。这就需要有利于创造型人才成长和脱颖而出的社会政治条件、精神文化氛围、教育制度、研究开发体制。只有把知识创新工程首先理解为创新人才的培养工程，理解为综合的社会系统工程，才能为知识经济、服务经济的形成和持续发展提供源源不断的创造型人才和新思想、新知识、新产品。

创造性知识是人的创造性思维的结晶，是人的大脑的产物。但任何人都不是一个孤立的人，总是生活在特定的社会关系中。历史和现实都充分证明：人的大脑是否能够独立自主、精神焕发地进行创造性思维，从而相应地产生创造性知识，是有条件的。也就是说，它首先同人们所处的大环境、人们所赖以生存的社会经济条件有着直接的联系。在巴克利（O. E. Buckley）任贝尔实验室的第二任总裁期间，该实验室发明了晶体管，并在二战期间对美国雷达的研发和研制作出约90%的贡献。巴克利曾指出，“挫伤科学精神的一种肯定方法是企图从上面指导研究。所有成功的工业研究指导都知道这一点，并从经验得知研究指导必须永远不要做的是指导研究，他也不能允许任何督导部指导研究。成功的研究是探索的头脑自己寻找到真正的方向。目标设定后，由建立的团队做它的部分工作，供给他们设施，并给予追求和探索的自由……找到并沿着自己的研究趋向进行”。①创造性思维不同于一般思维，往往表现为具有超常性（不墨守成规）、富有个性（独出心裁）、富有开拓精神和独创性。而要使真正具有上述特征的创造性思维得以自由驰骋，从而使创造性知识得以源源不断地涌现，实在是有赖于有一个与此相适应的社会文化环境。只有提供这样一个社会文化环境，才能有效激发每个人的创造性思维，为社会提供无穷无尽的精神产品和智慧源泉。

（二）培育尊重创新、鼓励创新的良好文化氛围

尊重创新、鼓励创新的良好文化氛围，是知识型社会、创新型社会形成的必

---

① 阎康年：《中外科技创新文化环境对比》，2011年1月10日《科学时报》。

要条件。要在全社会形成尊重知识、尊重人才、尊重劳动、尊重创造的氛围。这样的文化氛围主要由全社会提倡和推崇的热爱科学和真理的文化、鼓励竞争的文化、尊重和保护具有个性及差异性的文化、宽容失败的文化所构成。

1. 热爱科学和真理的文化

科学技术事业的真谛在于追求真理。充分开放的环境，不断更新的知识，要求我们必须永远保持一个在真理面前人人平等的社会文化氛围。营造有利于原始创新的文化环境，需要在全社会倡导追求真理、热爱科学的精神和态度，培育勇于创新、追求真理、鼓励竞争、崇尚合作的良好文化风尚。

2. 鼓励探索、宽容失败的文化

创新是在做前人所没有做过的事情，需要创新主体潜能的充分释放。提倡鼓励探索的文化，就必须大力提倡敢于创新、敢为人先、勇于竞争的文化。美国经济学家斯蒂格利茨在他的著作《经济学》中说："人们是厌恶风险的，而我们的经济却还需要鼓励冒险。新的冒险事业是有风险的，但他们是经济增长的动力。"适宜创新的环境还需要在全社会提倡宽容失败的文化。2010 年，深圳曾评出最有影响力的十大观念，"鼓励创新、宽容失败"榜上有名。走前人没有走过的路是需要承担巨大风险的，失败是创新途中常见的事情。当大家都能心平气和地看待失败和失败者，能够一如既往地支持失败者的继续努力，失败者也就不必背负沉重的负担，反而更能坚持创新、勇于创新。允许失败，不仅是对人的尊重、对人的解放，更能极大地释放人的创造力，让创新人才迸发出前所未有的活力。

3. 尊重和保护具有个性及差异性的文化

创新人才的脱颖而出需要尊重个性、尊重差异、鼓励创新、保障创新、促进创新的社会文化环境。这样的文化环境能够充分包容不同个性、容忍不同观点，为优秀人才特别是年轻的创新型人才施展才干提供更多机会。具有创新思维能力的杰出人才，往往具有特立独行的坚毅性格。在学习和生活中，会提出自己独到的观点，敢于坚持与众不同的意见，甚至会做一些超越常规之事。敢作敢为，不害怕被孤立或受到家人亲友的谴责。遭遇失败也不会轻言放弃，而是要坚持做出结果。

爱因斯坦是在近代科学史上作出巨大贡献的物理学家，但是他曾经在大学入学考试中失利，他的中学老师也并不认为他是一个优秀学生。爱因斯坦在 1955

年3月（他去世前一个月）回忆他1896～1900年在苏黎世工业大学的学生生活时曾说："我很快发现，我能成为一个有中等成绩的学生也就该心满意足了。要做一个好学生，必须有能力去很轻快地理解所学习的东西；要心甘情愿地把精力完全集中于人们所教给你的那些东西上；要遵守纪律，把课堂上讲解的东西笔记下来，然后自觉地做好作业。遗憾的是，我发现这一切特征正是我最为欠缺的。"[①] 爱因斯坦的这段回忆从一个侧面指出了培养创新型人才所需要的教育环境和文化环境。传统教育重视向学生传授知识，但忽略了培养学生创新思维能力必须尊重他们的个性和特点，必须保护他们的兴趣和好奇心，在评价方式上切忌采用简单划一的方式。创新没有固定模式，创新人才更是千差万别，有的甚至是偏才、怪才。只有在包容个性的环境里，人们才感到宽松自在，也才会有灵感、有创意、有突破。

（三）全社会形成尊重、保护知识产权的观念和制度环境

知识产权制度是开发和利用知识资源的基本制度。知识产权制度通过合理确定人们对于知识及其他信息的权利，调整人们在创造、运用知识和信息过程中产生的利益关系，激励创新，推动经济发展和社会进步。随着知识经济和经济全球化的深入发展，知识产权日益成为国家发展的战略性资源和国际竞争力的核心要素，成为建设创新型国家的重要支撑和掌握发展主动权的关键。[②] 因此，当今世界，各国越来越重视知识产权问题，越来越重视鼓励创新，越来越把知识产权保护问题视为关系到在竞争日益激烈的科技、经济领域占据和保持国际竞争优势、促进自身发展的重大战略问题。而发达国家更是把创新看做推动经济发展的主要动力，充分利用知识产权制度维护其竞争优势。

上海要实现创新驱动、转型发展的历史性转变，就一定要采取有力措施，普及知识产权保护的知识，大力宣传专利制度在科技创新、文化创新过程中的作用，推动在全社会形成尊重和保护知识产权的观念。知识产权法是确认、保护和利用著作权、工业产权以及其他智力成果专有权利的一种法律制度。它鼓励和保护智力创造活动，促进智力成果推广应用，因此，对知识产权的保护，不仅对创

① 转引自朱清时《如何培养学生的创新素质》，《大学化学》2000年第4期。
② 参见《国家知识产权战略纲要》（2008年6月）。

作者来说很重要，对整个社会的进步也起着巨大的作用。从这个意义上说，保护知识产权是中国经济实现转型和升级的先决条件。

三　文化建设推动创新驱动、转型发展

“十二五”时期，上海的国际文化大都市建设与以往相比，具有新的时代背景。创新驱动、转型发展的要求，将贯穿于上海“十二五”时期乃至更长历史阶段和上海经济社会发展的各个环节，这个要求也将成为上海国际文化大都市建设的新要求。因此，上海的国际文化大都市建设也将被赋予新的更为丰富的内涵。

（一）知识城市

国际上把一个有目的、有计划地培育知识、鼓励创新的城市，称为知识城市（Knowledge City）。这是20世纪90年代以来发达国家为应对工业化、城市化进程中所出现的环境污染、资源枯竭、就业紧张、社会隔离等问题，顺应世界知识经济发展潮流而提出的一种新型城市概念。随着信息技术的迅猛发展、知识经济的迅速崛起和经济全球化的日益深入，在许多发达国家和地区，城市发展模式正在从依赖资本、劳动力、资源禀赋等资源型要素逐步转向依赖人才、制度、文化、创新等知识型要素。由于越来越依赖知识和创新，城市经济社会发展的动力机制和发展模式正在发生改变，知识型生产活动将主导许多城市的发展道路。

知识城市是21世纪城市可持续发展过程中的一种全新理念，是人类对物质城市认识的又一次飞跃，是对城市发展方向的一种描述。它突破了城市传统的空间理论，把视角聚焦在城市的知识基础、知识创新、知识产业等领域。其本质是用知识化的手段来处理、分析和管理整个城市，促进城市的人流、物流、资金流、信息流、知识流的流动与协调。

创新必须来自社会所有层面，知识城市的形成是城市创新驱动、转型发展的结果。就发展动力而言，知识城市以创新为动力，不断增强自主创新能力，以科技进步和制度创新、管理创新、文化创新为重要支撑。就产业结构而言，“以知识为基础”的第三产业和服务经济在知识城市的经济结构中占有主导地位，知识城市的产业结构向高附加值的知识型产业演进，以文化创意产业为主导的知识型服务经济对城市经济的贡献率不断提高。世界上的文化大都市无一不是文化创

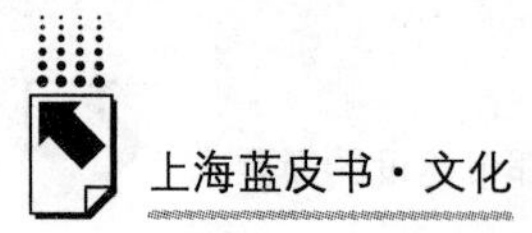

新力极其活跃的创新中心，国际文化大都市建设将大大提升上海的文化创造力、文化辐射力和文化影响力，为上海早日跻身于世界成功知识城市之列作出贡献。

（二）智慧城市

智慧城市是知识城市的基础，也是21世纪国际文化大都市的基础。知识经济时代的国际大都市必然以高效、便捷、开放的网络化、数字化城市为技术支撑。以数字化、网络化、智能化为主要特征的智慧城市，注重城市的开放性和信息资源的整合性，为知识生产、知识交流、知识共享、知识服务构建良好的基础设施和应用服务平台。数字信息技术和网络技术的应用与普及，将带来文化生产、文化传播和文化创新的重大革命。先进的信息技术与发达的文化传媒不仅服务于政府、企业和各类社会组织，也给广大市民提供了更加平等、更加高效的接受教育、参加培训、享受优质公共服务、参与文化创造和国际文化交流的机会。这便在无形中提高了整个城市的文化资本含量，为城市的经济转型和文化创新提供了智力资源储备，为更好地实现经济发展方式转变奠定了坚实基础。

2011年9月7日，《上海市推进智慧城市建设2011～2013年行动计划》正式发布，明确要用三年的时间，把上海建设成为一座智能化、现代化、数字化、网络化的“智慧城市”。第一目标，建成国际化的、具有世界先进水平的通信基础设施；第二，在此基础上形成丰富的“智慧城市”应用服务，满足上海经济社会发展，以及城市管理、民生服务的各项需求；第三，以“智慧城市”建设为契机，推进上海新一代通信技术、产业体系的发展；第四，区域网络的信息安全得到进一步保障。创建面向未来的智慧城市，推动信息技术与城市发展全面深入融合，是上海“十二五”规划中的一项重要任务，也是上海国际文化大都市建设应该努力开拓的一个重要领域。

（三）学习型城市

创新驱动、转型发展，需要在全社会培育浓厚的创新文化氛围。一个人从大学毕业后，也可能从事所学专业的工作，也可能从事与所学专业不同的工作。随着科学技术的突飞猛进和知识经济时代的到来，不论是哪一种情况，都有接受继续教育的必要。社会的每一个成员，都必须不断学习新知识、新技术，树立新观念、新思想，掌握新方法、新手段，都必须不断地接受继续教育。终身学习将成

为时代的潮流。

努力构建终身教育体系，统筹各类文化教育资源，构筑良好的教育服务网络和服务平台，为全体市民和全体劳动者提供多样化的学习渠道，增强市民的创新意识，提高市民的科学素养和人文素养，使整个城市真正成为一座学习型城市，是上海“十二五”时期创新驱动、转型发展的迫切要求，也是上海国际文化大都市建设的重要任务。“十二五”期间，上海应更加注重提升城市的文化内涵和知识含量，保障广大市民参与文化活动的权利，充分发挥公共图书馆、博物馆、美术馆网络和社区文化服务网络的学习平台作用，让每个人都有平等地获得思想和知识的机会。广泛开展群众性文化活动，不断提高公共文化活动的群众参与度和自我管理能力，不断提高公共文化服务体系的服务质量和水平，努力将城市公共文化空间打造成整个城市的文化创新引擎和全体市民的文化创新空间，为全社会科学发展、创新发展提供浓厚文化氛围和广泛的社会基础。

（四）宜居城市

未来中国的沿海城市能否率先实现经济社会发展方式的转型、成为中国经济发展的新引擎，就在于这些城市能否成为充满创新活力的、具有高生活质量的宜居城市。“生活质量”概念不同于“生活水平”、“福利水平”等概念，它是影响人民生活品质的所有条件——经济发展、社会公平、科教卫生、文化氛围、生态环境、国际交往、社会治安等相互作用的综合结果。它不但反映一个国家或地区的经济社会发展水平，而且还反映人们的精神文化生活质量。

由于知识成为经济和社会发展最重要的资源，创新人才便成为竞争合作的决定性因素。人们必然会如同农业时代追求土地、工业经济时代追求资本那样去追求知识。知识产权的价值将显著提高，创新人才将成为国与国之间、企业间争夺的最重要资源。创新人才的全球竞争，要求一个区域、一个城市尽力为企业家、各类专业人员、各类创意人群和劳动者创造一个他们安居乐业的地方，因此，高品质的宜居生活环境就日益成为一个区域、一个城市综合竞争力的重要组成部分。良好的自然生态环境，宜人的景观、住宅和交通，优良的教育、医疗，良好的法制环境，社会安全和谐，固然是一座宜居城市的必要条件，高素质的市民、较高的城市文明程度、完善的文化艺术基础设施、丰富多样的文化娱乐生活和社区生活、开放包容的多元文化氛围、鲜明的文化特色和深厚的历史文化传统，也同样是一座具有国际竞争力的宜居城市必要的文化内涵。随着世界范围内经济发展方式的转型，文化资源和智力资源的再分配将成为国际竞争新的焦点，只有那些能够创造"创造者阶层"的生活方式和生活质量的城市，才能吸引"创造者阶层"聚集，才能成为思想、艺术和创意的集聚地，才可能迎来后工业时代的繁荣。

上海的国际文化大都市并不是可以单方面建成的，它必然与上海创新驱动、转型发展的发展主线紧密相连，与上海探索特大城市科学发展新路的要求紧密相连，与上海加快推进"四个率先"、建设"四个中心"和社会主义现代化国际大都市的总体目标紧密相连。这一文化建设新的战略目标的确立，体现了时代对上海文化发展的新要求，体现了上海在新的历史条件下一种面向世界、面向未来的文化自觉。

B.3

上海文化产业的空间集聚与创新发展

花　建*

摘　要： 文化产业的集聚发展，就是特定的空间区域内，以一个主导产业为核心，吸引大量彼此联系密切的企业群和相关机构在空间集聚，集聚大量的产业要素，从而形成可持续竞争优势。上海文化产业集聚发展的趋势，是以新型城市化的发展为依托，顺应国际化大都市向紧凑型、精明型、智慧型发展的趋势，不但要考虑宏观布局，而且要突出创新效益，使得上海宝贵的空间资源，向最有创新活力、最有市场前景、最有辐射潜力、最能够代表上海水平和国家意志的组团和项目集聚，使得空间资源、项目资源、政策资源、市场资源等获得最有效的空间配置，把"企业集聚"和"空间集合"发展成为"创新集群"和"活力组团"。

关键词： 上海文化产业　空间集聚　创新发展　多样模式

一　集聚的趋势——全球的潮流

联合国教科文组织认为："文化产业就是按照工业标准，生产、再生产、储存以及分配文化产品和服务的一系列活动"。① 文化产业为了获得规模化的优势，必然在发展过程中，逐步集聚在服务优良、交通便利、资源富集、靠近市场的空间区域内，以一个主导产业为核心，吸引大量彼此联系密切的企业群和相关机构集聚，聚合大量的产业要素，从而形成可持续的竞争优势。各种形态的文化产业

---

* 花建，上海社会科学院文学研究所研究员，上海社会科学院文化产业研究中心主任，长期从事文化产业、创意经济、文化战略与地区综合发展的研究和规划设计。

① 联合国贸发会议等五大机构联合编写《创意经济报告2008》，三辰影库出版社，2008。

集聚区是它们的物质载体，规范化的文化产业园区是它们的管理形态，具有规模优势的产业集群是它们发展的高级形态。而一个城市或者地区从宏观上引导文化产业集聚，优化配置各种资源和政策，以提升产业发展的速度和规模，就构成了文化产业集聚发展的基本战略。

文化产业的集聚主体是文化产业的集群。这些集群是一个有机的文化与经济活动的整体。它们的内部不仅包括围绕一个特定行业所集聚的企业群，而且还包括相关的政府机构、商会、协会、院校、科研机构、金融机构、中介机构等。它们之间形成了相互联系的共生关系，比单个的企业和机构拥有更为多样和广泛的经济能量和社会网络，还包括各种活跃的文化活动和交流项目，以及由此产生的辐射力和凝聚力，从而形成产业集群的实体构成和核心活力。

文化产业的集聚发展，不是一个固定的模式和僵化的目标，也不拘泥于单一的路径，而是一个动态变化的过程，会经历一个从初级到高级不断递进的阶段。从 20 世纪中叶以来，在全球文化产业版图上，形成了十多个大规模的文化产业集群，包括：洛杉矶的影视娱乐产业集群、纽约的设计媒体和娱乐产业集群、斯坦福—硅谷的软件网络和数码内容产业集群、伦敦的设计媒体和娱乐产业集群、东京的动漫媒体印刷产业集群等。它们形成国际级的规模和优势，对全球文化产业形成了举足轻重的影响。

而近年来，在国际上引起广泛关注的一个焦点是：在 21 世纪全球化、数字化、网络化的背景下，文化产业是仍然需要集聚发展呢，还是更趋离散化了呢？大量研究成果证明：数字化、智能化和全球化的潮流没有使得文化产业的空间集聚完全过时，相反，这一潮流促进文化产业集群在有战略意义的中心城市和优良区域加强了集聚。与此相适应的是，产业集聚的形态也在不断创新，重点是顺应知识经济时代文化生产的特点，推动产业组织结构和空间形态进行重组，扩大对全球的辐射能力，利用全球化的金融、信息、贸易等网络，汲取各国的文化资源，大量输出文化产品和文化服务。

例如根据李天铎等学者的研究：洛杉矶的影视娱乐产业集群就是一个不断集聚和提升的过程。早期的洛杉矶电影产业集群，是在工业经济时代的福特主义背景上形成的。它以标准型的大型企业为主轴，以厂房机件为工具，用劳工去技能化（deskilling）的线性流程，大批量地生产标准化的产品，创造了巨大的产量和极高的效率。从 1990 年代以后，好莱坞的影视娱乐产业集群，已经成为后工业

化时代的后福特主义（post-Fordism）的产物，正如美国加州大学洛杉矶分校的艾伦·司各特教授所说："今日好莱坞是一个大规模、多面向、产制文化并销售文化的复合体"①。它与工业化时代的福特主义流水线模式大不相同，而是一个以比较利益（comparative advantages）为准则，以网络化分工、柔性化组合、跨行业整合的生产模式，更加针对小群化、分众型、流行性、全球化的市场（niche market），这样的集聚模式更像一堆保龄球，更加灵活和多变，依托服务外包，形成一个不断碎片化、不断去中心化、不断重组和聚合的发展过程和区域模型。由于它适应了全球化和网络化时代的技术和经济活动，所以反而能够管控更广大范围内的文化资源和电影生产活动，成为一个总部经济型的全球电影产业中心（见图1）。

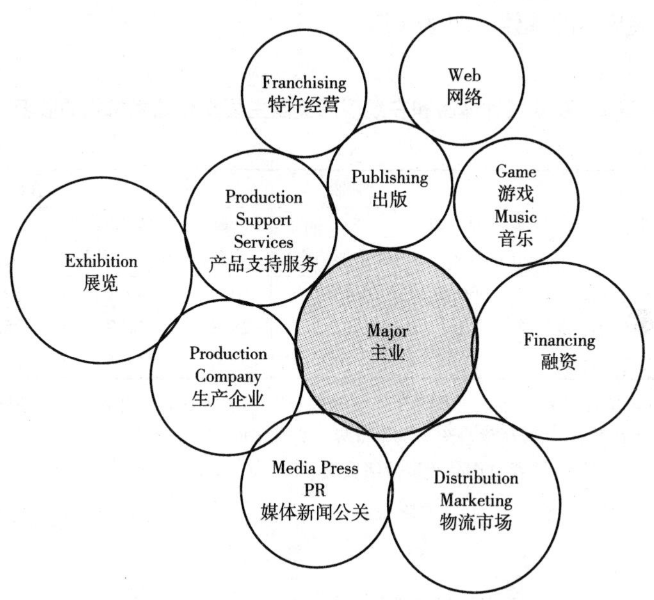

图1　灵活组合的好莱坞电影娱乐产业集群

资料来源：李天铎著《文化园区：梦幻工厂或是创意集中营?》，载向勇主编《北大讲坛：全球视野下的产业融合与文化振兴》，金城出版社，2011。

① 艾伦·司各特：《好莱坞电影创制与发行的地缘新图像》，李天铎编著《文化创意产业读本——创意管理与文化经济》，远流出版事业股份有限公司，2011。

而英国著名的研究机构——英国国家科技和艺术基金会在2010年所做的一项大规模研究《文化创新——对艺术和文化组织的创新所做的经济分析》[①] 表明：英国伦敦集聚着一大批著名文化艺术机构，如英国国家大剧院、泰特艺术中心、泰特现代艺术馆等开发了大量数字化服务，通过在线服务联系了海内外的广大观众，这样做并没有造成艺术馆大量现场观众的流失，“伴随着科学技术的进步，数字技术增加了艺术和文化组织克服物质场地局限的可能性，因此使更多的观众可以接触到艺术。但是数字技术也开发出发展艺术模式的新路径，创造新的经济和文化价值来源，刺激新的商业模式”。甚至有50%的网络访客从网站上观看了泰特艺术展览之后，愿意在线向泰特艺术中心捐献！所以该项研究的结论是：在数字化时代，在伦敦这样的国际化大都市，仍然需要大型文化和艺术机构的实体性集聚，它们与数字化的网络完全可以形成适度的相辅相成，为大都市的文化活力提供基本的载体（见表1）。

表1　观众实地体验和在线观摩英国主要文化艺术机构的收获

单位：%

预期/收获	画廊			在线		
	预　期（单方面因素）	预　期（主要因素）	实际收获	预　期（单方面因素）	预　期（主要因素）	实际收获*
提高对当代艺术的认知	66.1	45.7	50.3	49.1	19.0	34.9
拥有一段身临其境的体验**	29.7	12.2	28.2	21.9	5.6	18.3
拥有一段激动人心的体验***	30.4	10.9	52.6	17.6	2.4	39.6

* 该比例是由调查对象回答“非常同意”或“同意”来描述有关结果的每一项预期。

** 有调查对象表示：“我仿佛身陷另一个世界，忘却了时间。”

*** 有调查对象表示：“我对作品产生情绪反应。”

二　集聚的基础——产业结构的优化

改革开放以来，上海城市的发展，经历了一个从工业中心城市向国际化大都市，再向世界城市不断迈进的历史过程。上海明确了四个中心的定位，获得了国家层面的肯定；上海确立了“世界城市”目标，把先进制造业和现代服务业作

① NESTA：*Cultural Innovation-An Economic Analysis of Innovation in Arts and Cultural Organizations*, 2010.

为两大战略发展重点，并且以建设“世博之城”和“创意之都”为重大机遇，推动文化产业成为现代服务经济的重要组成部分，成为焕发城市活力、吸引知识性劳动者和国际产业要素集聚的关键要素。上海文化产业的发展过程受到三大动力机制的有力拉动，显示了政府引导作用和市场动力机制的双重驱动：①经济转型战略的引导，上海把文化产业作为产业升级和创新驱动的重要组成部分；②文化生产力的发展需求，上海注重文化和科技相结合的创新，为产业发展提供了强大的动力；③新型城市化的功能提升需要，上海把文化产业作为加强现代服务业，吸引中高端产业要素，特别是知识型劳动者和优秀人才集聚的重要基础。

“十一五”期间，上海文化产业的规模获得了前所未有的发展，而且质量和能级稳步提升。与一些省市文化建设指标的大起大落相比较，上海文化产业增加值从2000年占地区生产总值的5%左右，稳步上升到2010年的5.67%，明显高于全国文化产业增加值占GDP 2.75%的水平，文化产业增加值从2004年的441.4亿元，上升到了2010年的973.57亿元（见图2），约占全国文化产业增加值11052亿元的1/11，每年增加值的增幅约在14%左右。

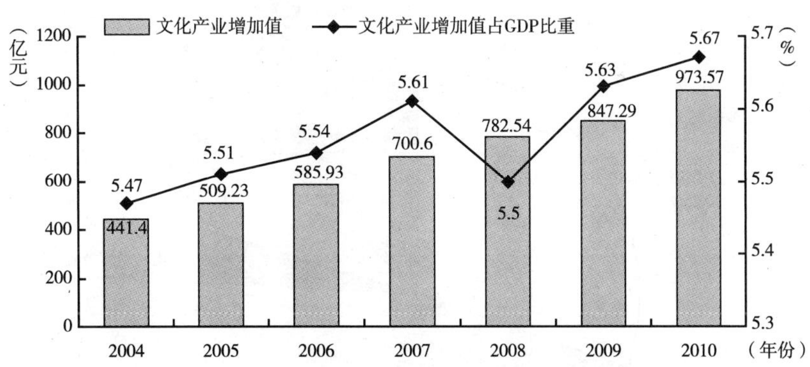

图2 上海文化产业增加值的增长（2004～2010年）*

说明：根据2011年9月22日上海市政府专题新闻发布会的《2010年上海文化创意产业发展情况和统计数据》和2005～2010年上海市政府公布的有关数据绘制。

上海在打造国际航运中心、贸易中心、金融中心和经济中心的过程中，作为全球公认和广泛关注的“创意之都”、“世博之城”，发展文化产业的资源优势和制约条件都非常明显：上海利用江海交汇、世界大港的地缘优势，汇聚了大量的中高端产业要素，包括资金、技术、人才、项目和品牌等，国际化程度和城市生活品质都比较高，通过密集的金融、信息、物流、交通网络等，与长三角城市群及周边地区形成了密切的联系。与此同时，作为大都市，上海的空间有限，生产和生活的成本比较高，因此，上海不可能去发展占地空间大、消耗不可再生资源特别是土地和能源比较多、投入产出效率比较低的文化产业门类，上海必须集中发展科技含量高、创意含量高、投入产出高、集约程度高，并且体现国家文化发展战略的重点领域和重大项目，不断优化文化产业的结构，特别要在核心服务业方面壮大自己的优势。

“十一五”期间，上海优化文化产业结构取得了明显成效。2010 年上海文化服务业增加值为 703. 29 亿元，其中，新闻服务业、出版发行和版权服务增加值合计为 89. 94 亿元，占 12. 78%，比 2009 年增长 36. 94%；广播、电视、电影服务业增加值为 53. 22 亿元，占 7. 57%，比 2009 年增长 22. 60%；文化艺术服务业增加值为 26. 52 亿元，占 3. 77%，比 2009 年增长 16. 78%；网络文化服务业增加值为 150. 16 亿元，占 21. 35%，比 2009 年增长 15. 52%；文化休闲娱乐服务业增加值为 170. 71 亿元，占 24. 27%，比 2009 年增长 14. 57%；其他文化服务业增加值为 212. 74 亿元，占 30. 25%，比 2009 年增长 54. 06%（见图 3）。这四大板块

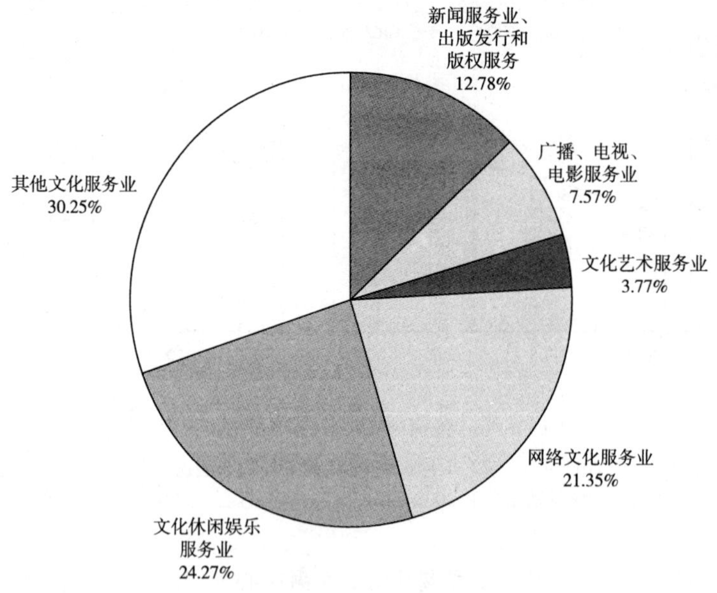

图 3　2010 年上海文化服务业的结构*

说明：根据 2011 年 9 月 22 日上海市政府专题新闻发布会的《2010 年上海文化创意产业发展情况和统计数据》等绘制。

集中在核心文化内容的开发上，包括了科技含量比较高的网络文化服务业、广电影视服务业等，也突出了适应大都市文化消费生活需要的文化娱乐演艺业。2010年上海文化服务业增加值与相关文化服务业增加值之比约为7∶3，即文化服务业增加值占文化产业增加值的72.27%，相关文化服务业增加值占文化产业增加值的27.73%，以往两者之比都在6∶4左右。这一变化说明上海文化产业的结构在逐步优化。

有鉴于此，上海文化产业的空间布局和集聚特点，与纽约、洛杉矶、伦敦、香港等国际化城市大不相同。香港的土地面积为1103万平方公里，人口660多万，创意产业包括11个门类、30800多家企业、17万就业人员，以中小企业为主，集中在水岸沿线和中轴线地带。伦敦作为世界城市，其4万多家创意产业企业大多分布在大伦敦都市区的32个区的五大部分中的东伦敦（工业区和工人住宅区）、南区（工商业和住宅混合区）、港口（伦敦塔桥至泰晤士河河口之间的地区），而纽约市是世界金融中心和第一大都会，它的面积为1214平方公里，下辖五个区，根据美国2010年最新的人口普查结果，纽约市区人口为918万余人，大纽约都会区人口有1988多万。纽约主要的文化机构和文化产业集群，以曼哈顿为中心，沿主要大道和水岸线分布，如第五大道两侧密布着大都市博物馆、古根海姆艺术博物馆、惠特曼现代艺术博物馆等文化设施，麦迪逊大道是全球广告业的中心，百老汇大街与时代广场周边是美国演艺业和娱乐业的中心等。

“十一五”以来，上海文化产业集聚发展的趋势，是以新型城市化的发展为依托，顺应国际化大都市向紧凑型、精明型、智慧型发展的趋势，形成一种“花心+花环”和“主线+组团”的格局。它以“大张江”和“大虹桥”为两大引擎，打造上海东、西两个新的文化产业空间增长极，配合上海世博园的建设和“后世博”战略，结合虹桥—浦东空港、黄浦江、中环线三条现代服务业集聚带的布局，结合商业副中心和郊区新城的建设，推动以文化产业园区、创意产业集聚区为主要形态的产业组团建设，逐步容纳和吸引更大规模的文化生产力，这样具有上海特色的空间集聚格局，具有可分可合的弹性，既可以通过物理空间而形成实体项目的相对集聚，又可以通过数字网络而形成文化单元的离散辐射，促进文化生产力的提升。

所谓“花心”是指上海文化产业中的生活服务业部分，过去主要集中在600多平方公里的市中心区。由于上海的文化休闲、演艺娱乐、会议展览、影视放映等，对基础设施、科技服务、工商市场、消费人口、会展节庆、文化氛围等的依赖性比较大，对历史上形成的文化消费氛围和区域人文传统的依赖性也比较大，由此上海主要的市属文化机构和市属文化产业集团，包括东方传媒集团 SMG、上海电影集团、上海世纪出版集团、文艺出版集团、上海世博集团、文汇新民联合报业集团、解放日报集团等，在过去的 10 年间主要集中在市中心区。特别是 2010 年上海世博会开发了占地 5.28 平方公里的世博园，在黄浦江两岸集聚了一大批文化会展、演艺和娱乐设施及项目，进一步提高了文化服务业在市中心区的集聚度。

所谓“花环”，是近年来，在内环线和中环线两侧，犹如长藤结瓜、编织“花环”，因其其厂房和空间比较大，上海主要的文化产业园区和创意产业集聚区逐步集中于此，形成了新兴文化产业板块的集聚地带，犹如一个充满生机和活力的花环层层展开。上海的 86 家创意产业集聚区，15 家市级文化产业园区、15 家创意产业示范集聚区，大部分集中在内环线和中环线地带，这里过去是市区和郊区的结合部，也是上海主要的工厂区和高等院校、科研机构、高新产业园区最为集中的地区，还是上海与长三角城市群联系最紧密的交通连接点。这里有上海的 2000 多万平方米老厂房，被称为远东最大的工业遗产群落，因而这些新的文化生产力基地，可以利用较大的空间和相对便宜的房租，形成比较集中的产业集群，而且依托上海的科技园区、大学城、工业园区、城郊中心镇等，还可以获得科技、工业、教育等资源配置的有利条件。

所谓“主线”实际上是三条线：“一轴”沿横贯中心城区东西向的城市文化轴线，依托大虹桥—虹桥交通枢纽港的建设，从西郊的会展休闲演艺娱乐集聚带，沿延安路高架的中轴线，横贯上海市中心区，一直延伸到浦东新区的大张江—张江文化产业园区，形成绵延近百公里的文化集聚和文化产业带。“两河”，就是利用苏州河、黄浦江两岸沿线丰富的工业遗存资源，加强政府对两河沿线规划布局的引导，因地制宜形成东西、南北绵延贯穿的滨江文化长廊，逐步开发黄浦江两岸近 2000 万平方米的老工业厂房，形成以老厂房、老街区、老民居为载体的园区，结合外滩源、南外滩综合开发项目等，打造融都市生活、休闲时尚、文化创意、演艺娱乐、主题观光等多种文化功能于一体的沿岸文化服务业集聚带。

所谓“多组团”，就是依托主要的文化产业园区和创意产业集聚区，特别是多个国家级的文化产业和创意产业发展基地，以主要的产业公共服务平台为依

托，吸引一大批文化产业的企业、院校、科研机构、行业协会、服务机构等聚集于此，配合良好的基础服务设施，开发数字出版、网络视频、动漫游戏、影视制作、国际文化贸易等一大批新兴的文化产业项目，体现“园区规划、功能定位、物理空间、配套政策、组织管理和综合评价”等六个方面的示范作用。这正如英国国家科技和艺术基金会一份名为《创意集群和创新》的研究报告所指出的，在全球化和数字化的今天，我们仍然对文化和创意产业的集群充满着期待和肯定，那首先是因为它们能够焕发出比一般企业和文化机构远为强大的创新活力。①

三　集聚的导向——为创新配置空间

面对21世纪的新十年，上海文化产业的空间集聚，不但要考虑宏观布局，而且要突出创新效益，使得上海宝贵的空间资源，向最有创新活力、最有市场前景、最有辐射潜力、最能够代表上海水平和国家意志的组团和项目集聚，使得空间资源、项目资源、政策资源、市场资源等获得最有效的空间配置，把“企业集聚”和“空间集合”发展成为“创新集群”和“活力组团”。

从创新项目的空间资源配置上看，上海要加强国家部委与上海市的合作，通过建设多个“国”字头的重大项目和基地，为文化产业空间集聚提供有吸引力的“磁石”和“沃土”。这些重点项目，并不限于一个具体的园区或者基地，而可以“一花多瓣”即一项目多园区的形式，有的采用跨区分布的方法，服从于产业链的打造和产业集群的建设，使得文化生产力形成既集聚又扩散的组合形态，这在一定意义上体现了后工业化时代离散型、虚拟型、灵活化的产业集聚和空间利用方式，也适应了上海作为国际大都市向周边地区提供大量文化服务的功能定位。这些重点项目，一方面依托了国内外文化市场的需求，更重要的是体现了政府和市场双重推动，突出了国家部委与上海市的合作，通过引入“国”字头的重大项目和基地，利用国家赋予上海浦东创新示范区的优惠政策，加强产业要素的集聚，形成鲜明的品牌效应。

第一，建设国家动漫游戏产业示范区。要依托文化部和上海市的合作，成立国家级动漫游戏技术研究和应用示范工程中心，支持国家级中外动漫产业交流论

---

① NESTA：*Creative Clusters and Innovation——Putting Creativity on the Map*，2010.

坛建设运行。随着中国国际数码互动娱乐产品展览会和中国国际动漫游戏博览会暨卡通总动员（上海）在海内外的品牌影响力和要素吸引力越来越大，要进一步发挥大型国际会展对产业集聚的促进作用，采用一区多园的形态，在张江文化产业园、华东师大、金桥、大场、多媒体产业园等形成多个动漫游戏产业的集聚区，在全国率先形成集研发、孵化、产业化及产业推进管理于一体，产业组织最密集、产品原创最丰富、产业链最完整、多园区格局的国家级动漫游戏产业示范区，使上海成为国际动漫游戏原创中心、技术创新中心和生产运营中心。

第二，建设国家数字出版基地。数字化出版是中国出版产业未来的发展方向，是产业集聚度高、辐射力强的产业高地，也是上海要全力发展的科技含量较高、体现节能和环保的重点领域。要依托新闻出版总署与上海市的合作，以电子书等重点工程带动国家数字出版基地建设，依托张江文化产业园、上海图书馆、外高桥等集聚区，通过鼓励各出版企业购买数字版权，建立数字出版资源数据库。依托张江国家数字出版基地探索建立国家电子书工程技术标准。依托上海图书馆建立上海数字出版大型数据存储托管平台。依托上海文化产权交易所建立数字版权交易平台。依托新华E店等建立开放的B2B、B2C数字出版内容电子商务平台。针对拥有手持移动终端阅读器的庞大群体，实施提供数字内容借阅服务的电子书图书馆工程。探索电子书包应用。通过市场细分，针对碎片化阅读、长时间阅读、专业阅读、课本课件阅读等研发不同种类手持电子阅读器。

第三，建设国家音乐产业基地，推动中国音乐产业获得大幅度的提升。上海是中国现代音乐产业的摇篮和重镇，从1920年代开始，EMI百代公司就在上海建立了亚洲最早的唱片双重基地。然而从20世纪末以来，在稳步发展的全球音乐产业市场上，特别是数字音乐快速发展的大背景下，中国大陆由于音乐产量太少而处在边缘化的位置。上海应该为扭转中国音乐产业的弱势而作出重大贡献，而建设国家音乐产业基地正是一个重要的突破口。上海要借鉴纽约、伦敦等发展音乐产业的经验，通过“一基地、多园区”的建设模式，把主体部分定位于徐汇区滨江地区，总面积可达20万平方米，把音乐制作中心定位于虹口区辽宁路地区，引进国内外的音乐创意、制作、经纪、代理、咨询、教育、营销等机构，打造“东方音乐梦工厂”，建成若干个以原创内容为核心、产业链完整的音乐产业集聚区，每年创作、生产一批有影响力的中国原创音乐作品和产品，形成音乐出版、生产的海派新特色和国际竞争力，使上海成为中国主要的音乐作品创作、

演出、出版、体验中心和音乐产品生产、销售中心。

第四，建设国家级网络视听产业基地。网络视听和互动服务产业，是近年来快速发展的一个新兴产业，具有科技含量高、市场辐射广、产业集约度高的优势，也是上海起步较早、在国际上具有领先优势的新兴产业。上海要积极推动与广电总局的合作，依托紫竹园区大力建设中国（上海）网络视听产业基地，与徐汇数字娱乐中心（网络文化产业类）、普陀天地网络数字内容产业基地（网络文化产业类）等相互呼应，发挥基地在打造网络视听产业链方面的孵化作用和集聚效应，探索网络视听节目新业务、新模式及新技术，孵化和扶持网络视听节目生产、制作、交易、播出、运营等新兴企业，通过提供财税资金、网络基础设施、专项基金、人力资源和生活设施等配套优惠政策，建立网络视听产业投资基金和内容产业创作基金，培育处于网络视听产业核心地位的网络视听运营商（包括世界级网络视听运营商），形成年产值50亿元的网络视听产业基地。

第五，实施上海电影产业振兴工程。上海是中国电影的摇篮和重镇，上影集团凭转型发展的良好业绩进入了中国文化企业30强，但是上海的电影产业与国际化大都市的定位和实力仍然不完全相匹配，上海要以构建国际化电影生产大基地和大市场为目标，以电影产业的“源头”与“码头”并重，依托已有的和建设中的上影集团、车墩影视基地、东海影视基地、东方好莱坞（临港新城）等，与张江的动漫公共服务平台等联动，使上海逐步形成电影企业集聚、产业链完整、具有国际影响力的电影产业基地，提升上海电影产业的综合竞争力，逐步形成200～300部电影和电视片的年拍摄制作能力。争取在“十二五”期间，上海主导生产的影片年产量保持在30部左右，合作拍摄的在20部左右，每年打造若干部在全国市场居于领先地位的精品力作。

第五，建设国家级绿色创意印刷产业示范园区。在21世纪倡导节能减排、低碳经济的大背景下，文化产业以跨界发展、价值渗透、产业联动的特色，正在发展绿色产业的过程中，发挥越来越大的作用。发展绿色创意印刷产业，正是一个创意、文化、科技、环保相结合的亮点，具有广泛的示范和引导作用。上海要利用市郊空间较大、交通便利、易于辐射长三角的优势，建设绿色创意印刷产业示范园区，吸引具有先进印制水平、绿色环保、经济规模和效益突出的骨干印刷企业和技术创新型企业、专业化配套企业和相关产业链的企业入驻。通过政策引导和扶持，推动绿色印刷的产业化、集聚化、高端化、组织化发展，成为接纳国际绿色印刷和服务外包转移的重要承载地、成为国内首个国家级绿色印刷产业示范区，推动国家环保印刷标准和国家绿色印刷园区准入标准的制订。园区建成后要实现绿色印刷产业链整合、成长型印刷企业孵化、印刷数字化技术创新、印刷高端人才培育、印刷业务国际交流等五大服务功能。

第七，打造环人民广场文化演艺娱乐集聚区。建设东方百老汇，始终是上海发展演艺娱乐产业的一个愿景。而人民广场周边，具有发展娱乐演艺产业的悠久文脉和优良条件，是把文脉、人气和商机相结合的最佳地段。要依托上海大剧院、兰心大剧院、上海音乐厅、上海商城剧场、上海博物馆、上海现代艺术馆等，形成富有海派文化特色的演艺娱乐集聚区，盘活原大世界等区域内既有的演艺娱乐设施，进一步提高标志性剧场的集聚度，与上海国际艺术节等相呼应，推出长演不衰、各具特色、中西合璧、吸引大批中外观众的文化演出节目，促进“文商旅”的联动，形成国际上大都市演出市场的格局。

第八，建设迪斯尼项目（一期）。建设上海迪斯尼，是推动上海动漫娱乐媒体和旅游产业与国际接轨、吸收国际著名主题公园经验、促进上海文化创新的重要项目。其重点是带动动画影视制作，形成“环迪斯尼娱乐商圈”。为配合迪斯尼落户，环迪斯尼区域将布局宾馆酒店、旅游集散中心及民俗文化娱乐项目等配套设施。向南、向东沿城际快速干道，规划功能性商业设施，包括奥特莱斯、精品酒店等大型项目，形成以迪斯尼乐园为核心的上海国际旅游度假区。

四　集聚的效益——推动模式多样化

未来十年上海文化产业的空间集聚发展，必然是一个更加注重效益、规模和品牌的过程，也是一个更加体现国际化、数字化、网络化优势的过程，是一个更加凸显新型城市化的紧凑型、精明型、智慧型特色的过程。

上海将在一定程度上走纽约、伦敦、洛杉矶等国际化大都市在文化产业集聚方面走过的道路，即形成多个大规模、多面向、开发内容并推动大规模文化产品和文化服务贸易的产业综合体，不仅要求数量的扩大，更要求质量的提升，不但要形成垂直分工体系与创新组团的网络，而且要吸引文化产业的集团总部、业务中心、高等院校、科研机构等，形成管理海内外文化资源的高端平台和总部基地。这就要求上海把握好三大基本规律，因势利导地推动文化产业的集聚发展（见图4）。

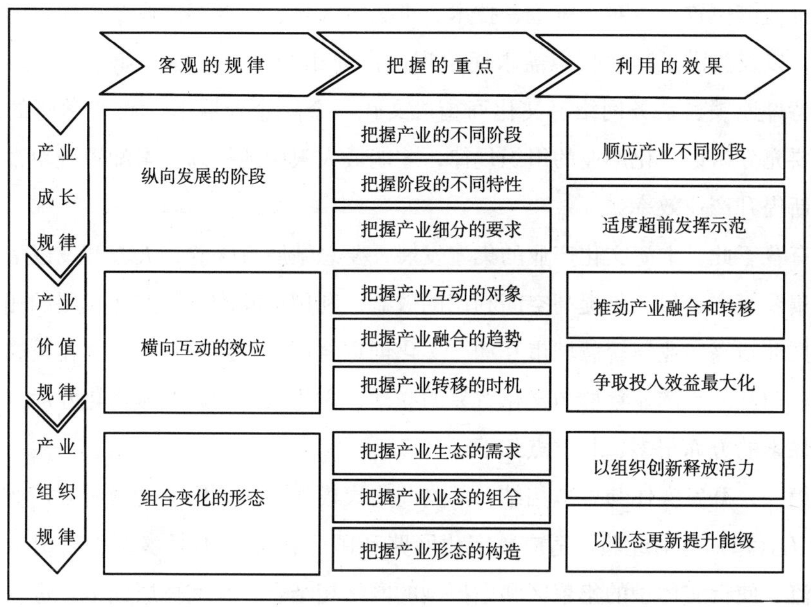

图4　文化产业集聚发展的三大规律

第一，产业成长规律，即把握产业的纵向发展趋势，也就是文化产业从萌芽、成长到成熟、转移、衰落的整个过程。在21世纪全球化和数字化的背景下，文化产业的成长规律突出表现在：文化的细分产业不断涌现，数字游戏、数字音乐、网络服务等新兴产业超常规增长，传统产业如书店业、出版业、演艺业等正面临转型升级的挑战。唯有充分认识文化产业的成长基本规律，才能把握新兴产业和细分产业的发展机遇，在不同的阶段明确发展什么、投资什么，大胆地淘汰什么，果断地转移什么。第二，产业价值规律，即把握产业的横向发展趋势，也就是产业发展中的分解、融合、转移和集聚特点。文化产业具有与金融、制造、通信、电脑、网络、商贸、旅游等产业"跨界融合"的特点，正所谓：小球撞大球，鸡蛋碰石头。它们之间融则为和，分则为零；流通则旺，分隔则衰；而远距离跨界"杂交"更会带来意想不到的市场，如借助于无线移动载体的版权服务产业等。要充分认识文化产业的价值规律，才能促进产业间的横向拉动和融合、推动文化业态创新、做好产业空间布局，有助于形成文化产业的规模经济和范围经济，以产业价值的最大化为动向。第三，产业组织规律，即把握产业运行的可控机理，也就是文化产业的不同门类、不同企业在不同的发展阶段以及在不同的价值链位置上，对于资金、技术、市场、人才、服务等产业要素配置的不同需求，以及为满足这些特定需求而出现的产业组织形态，如产业集群、产业园区、特许连锁、票务网络、文化商街、文化—金融企业联盟、政产学研的组合等。要充分认识文化产业的组织规律，才能最大限度地提高要素配置效率，以业态创新提升产业效率。

有鉴于此，上海文化产业的集聚发展，要总结原有经验，大方开发以下多种空间集聚模式，目的是提高空间利用的效益，利用空间配置与产业发展的相互关联，推动新兴产业与智慧城市互动、文化创意与科技创新的互动、文化设施与会展节庆的互动、产业集群与文化贸易的联动、文化服务与新型城市化互动。该领域要探索的方面很多，其重点如下。

第一，开发实体与虚拟相结合的空间集聚模式，提炼国家动漫游戏产业振兴基地（上海）等的经验，适应数字化网路和国际化大都市紧凑型、精明型发展的潮流，使得实体型的集聚区和虚拟型的网络相结合。在实体层面上，进一步发挥文化创意产业园区的辐射带动效应，促进产业载体从园区向街区、城区不断拓展，形成“多圈”格局。在虚拟层面上，还应深化制度建设，加强金融支持和知识产权保护，培育新型的文化生产力。依托这样的空间集聚模式，上海不但可向长三角和周边地区输出各类文化产业的要素，包括资金、创意、项目等，而且可以吸引周边地区甚至海内外的文化新鲜血液源源不断地输入。

第二，探索以科技型产业港为基础的空间集聚模式，贯彻落实“科教兴市”战略，提炼张江文化产业园等的经验，以“创意科技、创新服务、创业精神”为核心理念，以科技优势、政策优势、服务优势、人才优势形成培育文化产业的优势，利用浦东新区政府发布的《关于推进张江核心园建设国家自主创新示范区的若干配套政策》等政策，在人才集聚、财税支持、金融服务、管理创新等方面给予文化产业更大的支持，包括设立以国家为主导、规模为5亿元的“代持股专项资金”；发挥国资创投的引导功能，国资创投可根据项目情况以“成本加利息”方式退出，建立以市场为导向的人才评价标准。汇聚海内外高层次创新人才等，形成国家级的高端科技型文化产品开发中心、专业化的文化产品和产业要素交易中心、领先型的文化产业体制和机制创新基地。

第三，开发依托大型会展和交易平台的空间集聚模式，结合中国国际动漫游戏博览会（上海）等大型项目和服务平台，提供全国领先的文化产权和项目交

易模式，进一步做好动漫游戏产权交易平台，推进上海会展业包括上海国际艺术节、上海艺术博览会等诸多专业会展项目，向国际化、专业化、品牌化、信息化发展，提升会展服务质量和服务规模，吸引更多的国内外文化产业要素在上海集聚，使上海成为与东京、香港、新加坡并驾齐驱的亚太地区会展中心城市之一。

第四，开发集群联动的文化产业空间集聚模式，借鉴长宁多媒体产业园、中国出版蓝桥创意产业园、新华文化创新科技园等的经验，把内容研发机构、版权发行机构、高等院校、科研单位、政府部门等的力量整合起来。适应上海发展先进制造业和现代服务业、新型城市化的需求，通过全产业链的打造，加快文化产业集聚对相关产业的联动和提升作用。要在文化产业园区内建设发展一批提供技术研发、信息咨询、投融资、知识产权、人才培训、展示交易、成果转化、合作交流服务的公共服务平台和企业孵化器。要以具有引领性的文化创新项目，集聚相关企业，嵌入国际文化产业链，引进国内外的创意、制作、经纪、代理、咨询教育等机构，形成以原创内容为核心，从上游开发到下游衍生产品的产业链，使上海成为21世纪亚太地区最有影响的文化产品创作、演出、出版、生产、销售中心之一，形成中国文化走向世界的蓝水良港。

第五，开发以大型主题公园带动文化旅游项目的模式，借鉴国际大型主题公园的经验，通过上海迪斯尼（一期）、松江欢乐谷等主题公园，带动相关动画影视制作、休闲娱乐旅游产业提升能级，扩大规模。事实证明：大型主题公园的产业集聚效应和联动作用具有很大的弹性，必须处理好“源头”和“联动”两者之间的辩证关系。在主题公园的大量基础设施建设完成后，要持续地投入内容开发和软件建设，使得主题公园成为一个不断萌生和展示新颖文化主题和内容的活力之源，吸引海内外的旅游者和投资者产生持续的期待感，如此才能聚拢大量的人气，吸引相关的旅游、会展、餐饮、商贸等项目集聚，发展多层次的休闲娱乐消费市场，形成“创意—旅游—商务—休闲”的互动效果。

第六，探索以新型庄园和文化农家为载体形成创意旅游集聚区的模式。“田园城市”是人类城市化过程中一个经典的探索主题。100年前，英国社会改革家埃比尼泽·霍华德在《明日的田园城市》中提出著名的“田园城市”理念。这既是人类自工业革命以来对城市化的一种反思，也是对20世纪城市规划的一种理论指导，它的核心为“自然之美、社会公正、城乡一体”。从2010年上海世博会的成果，特别是“最佳城市实践区”的案例来看，经典的“田园城市”理想观念已经被注入新的内涵：①生态型的生产模式；②绿色化的职业生活；③高品质的文化创造和享受。上海广阔的郊区，从临港到崇明，从滨海到淀山湖，应该在这方面有更大的作为，包括提炼枫泾镇金山中国农民画村、南汇新场民间技艺文化创意基地的经验，吸引各地农民画的代表机构、艺术家和作品在上海郊区落户，集合有利于农民画事业发展的关键要素，开发本地原生态民间文化技艺，突出“传承、融合、创新”的特色。把发展文化产业与现代田园城市、江南诗意文化、中华耕读传统、绿色生态产业结合起来，开发上海文化产业空间集聚的又一种新模式和新亮点，使得上海文化产业在质量和能级上跨上新的台阶。

B.4

上海文化改革顶层设计研究

巫志南*

摘　要：当前以及今后一段时期，上海文化体制改革进入到一个新的阶段。上海需按照党的十七大、十七届五中全会和六中全会关于“推动社会主义文化大发展大繁荣”的精神，立足于时代的高起点，紧密结合上海国际文化大都市建设的特点、规律和实践，围绕文化体制改革“顶层设计”这一新一轮改革的战略重点，分析和破解文化体制改革面临的突出矛盾和问题。重点在“大文化”体制机制创新、率先建成公共文化服务体系、多元融合推动文化产业成为支柱性产业、探索文化立法等方面继续走在全国改革发展的前列。

关键词：文化体制　文化改革　文化大都市　公共文化服务　文化产业

改革开放以来，我国文化体制改革在经济体制改革的推动下持续向纵深发展。按照中央的部署和要求，上海积极探索文化体制改革的方法和路径，认真研究制定并实施文化体制改革综合试点方案及深化改革方案。三十多年来，上海文化体制改革不断深化，在研究改革、宣传改革、落实改革、以创新促进改革等多方面一直走在全国前列，特别是在文艺、出版、电影、广播电视等领域体制改革方面，不断取得重大成就，为实现文化领域的科学发展、推进国际文化大都市建设提供了创新动力和体制保障。

当前以及今后一段时期，文化体制改革进入一个新的阶段，改革的任务更艰巨、更复杂、层次更高。如果说，以往文化体制改革围绕“与社会主义市场经

* 巫志南，上海社会科学院文学所研究员，长期从事文化政策、文化规划制定、重大文化项目策划等研究工作。

济体制相适应”，经历了恢复性改革、适应性改革阶段，那么，当前和今后这段时期的文化体制改革将跨入全面创新和全面发挥文化引领发展功能的新时期；如果说，以往文化体制改革更多地在基层改革的摸索中前行，在通过局部性改革来调整和提高整个文化体系运转的有效性，那么，当前和今后这段时期的文化体制改革将进入以“顶层设计”和“总体调整”为特征的新阶段；如果说，以往文化体制改革是以盘活用好宣传文化系统的内部文化资源、理顺宣传文化系统的内部关系、兼顾社会力量进入文化发展领域为工作重心，那么，当前和今后这段时期的文化体制改革将被全面纳入中国特色社会主义事业发展的总体布局和体制框架之中，将在经济建设、政治建设、文化建设和社会建设“四位一体”的层面，作为中国特色社会主义建设和发展总体制之重要内容而被设计、安排和发挥作用，将成为全社会关注、支持和参与的重点改革领域。

因而，当前正处在我国文化体制改革十分关键的历史性节点。作为改革开放前沿、国家文化体制改革发展的重要试验田，上海应当在这个重要的节点，更好地担负起文化体制改革探索和创新的历史责任。为此，本研究在科学发展观的指导下，按照党的十七大、十七届五中全会和六中全会关于“推动社会主义文化大发展大繁荣”的精神，立足于时代的高起点，紧密结合上海文化大都市建设的特点、规律和实践，围绕文化体制改革“顶层设计”这一新一轮改革的战略重点，着力分析和破解文化体制改革面临的突出矛盾和问题，广泛吸收和借鉴国内外文化创新成果，力求形成为上海国际文化大都市建设提供更为有效的体制支撑的系统性研究成果，也为中国特色社会主义文化体制的创新和建设提供参考。

一　文化改革内涵及其分类

（一）文化改革内涵

就中国文化发展的现实情况看，文化改革的重点在文化体制改革。所谓体制，即体系与制度，是组织体系与相关制度的集合。文化体制是指整个文化领域的组织体系以及该组织体系赖以相互联结和整体运行的制度。文化体制任何时候都不是孤立存在和运行的，就现阶段我国的实际情况而言，文化体制作为整个中国特色社会主义体制之一部分，由上下层级关系、内部组织结构及相关要素构

成，层级、组织和要素之间按照一定的权力、利益或制度关系相互联结、相互作用，发挥出文化体制的整体功能。

文化改革是指紧密结合经济社会发展变化，以文化体制改革为重点，对原有文化发展领域或多或少存在的与宏观环境、经济社会发展现实不适应、不配套、不兼容的地方进行调整和创新，重点对原有体制进行全面或局部的改革或调整，推动文化在新的历史条件下有效地发挥出应有功能，使之更好地适应经济社会的发展需要。

（二）文化改革分类

文化改革的内容分为宏观、中观和微观三个层面。宏观层面文化改革主要指以党的文化发展方针政策为指引，从宏观层面对文化发展的宗旨和方式确立，文化领域重要政策法规和法律的研究制定，文化总体发展战略选择和规划编制，文化发展宏观环境的治理和改善，维护文化市场健康运行的制度建设等作出调整、改革和创新，以及文化发展面临的全局性矛盾和问题的研究解决。宏观层面文化改革重在调节文化领域党委、政府、社会、主体、市场之间的结构状况与相互关系。

中观层面文化改革是将党的文化发展方针政策具体落实在战略部署、资源配置、人事安排、主体区分、重点布局、行业管理等方面。中观层面文化体制改革主要涉及核心领域的重要文化资源的配置、重点文化领域的干部人事制度建设、对公益性文化事业与经营性文化产业的正确区分、文化行业管理运行方式和规则调整、文化产业领域开放发展格局的营造等。中观层面文化体制改革重在调节文化领域战略与策略、重点与一般、决策与执行、形态与功能、保障与供给、公益与市场、事业与企业、社会与市场等相互关系。

微观层面文化改革主要指文化发展各类主体内部运行机制改革，运行机制是整个体制的有机组成部分，是体制效率的终端和表达。微观层面文化体制改革涉及公共财政和政策保障支持机制、公共文化服务绩效考核机制、国有文化企业现代企业制度建设、国有文化事业机构内部管理制度改革、文化行业组织运行机制改革。微观层面文化体制改革重在调节各类文化主体组织内部形态、功能、模式以及各部分相互关系。

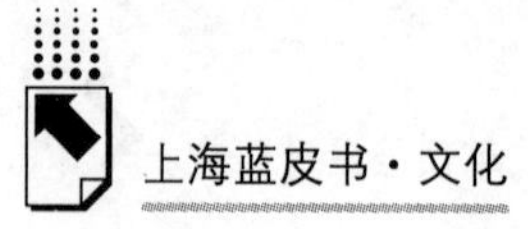

（三）文化改革的阶段性重点

在当前以及今后一段时期的文化体制改革的操作层面，具体可划分6类文化改革的重点领域，即：宏观文化指导和管理体制改革，提升文化软实力体制改革，公共文化服务体系建设的运行体制改革和机制创新，促进文化产业发展的体制改革和机制创新，文化市场管理的运行体制改革和各类文化主体内部的运行机制创新。深化这些重点领域的文化改革的目的在于：按照文化领域实现科学发展的目标要求，进一步理顺中国特色社会主义文化发展体制，加强宏观政策指导和调控，破除一切阻碍文化发展的体制弊端，解放和发展文化生产力，让全社会有利于文化发展的能力和活力充分涌流，全面推动社会主义文化大发展大繁荣。

二　当前上海文化领域改革特点分析

当前以及今后一段时期上海文化领域的改革，既是上海文化大都市建设的重点领域，也是全国文化建设与经济建设、政治建设和社会建设协调发展的重要实践，既要落实上海创新驱动、转型发展的总体战略部署，更要按照中央“推动社会主义文化大发展大繁荣”的要求，不折不扣地完成中央对文化改革提出的各项任务。为此，必须在中央的文化改革要求、上海的总体战略部署、上海国际文化大都市特点和规律等决定性因素所组成的正确坐标上，确定上海文化改革的方位和特点。

（一）与时俱进贯彻落实中央文化改革新精神新要求

我国的文化改革是一个与时俱进的过程，是一个不断与经济社会的快速发展相适应的过程，是需要为文化繁荣发展、文化软实力提升持续提供核心动力的过程。截至2010年，上海已经很好地完成了中央在“十一五”期间部署的各项阶段性改革任务，但文化改革并非就此止步，而是要在新的起点上，贯彻落实好中央文化改革的一系列新精神、新要求、新举措。

从党的十七大召开至今，中央在2005年“文化体制改革目标任务”的基础上，提出一系列更具有长期性、战略性和全局性的重要论断，这些重要论断已经成为指导上海“十二五”以及更长时期文改工作的新精神和新要求。与时俱进

地贯彻落实中央关于文化改革的新精神新要求，应当成为上海文化领域深化改革创新、实现科学发展的显著特点。

1. 从战略高度加深对深化文化改革意义的认识

2007 年 10 月，党的十七大从战略高度阐述了深化文化改革的重要意义，提出了“推动社会主义文化大发展大繁荣”、“提高国家文化软实力”、“在时代的高起点上推动文化内容形式、体制机制、传播手段创新，解放和发展文化生产力”、“深化文化体制改革，完善扶持公益性文化事业、发展文化产业、鼓励文化创新的政策”、“坚持把发展公益性文化事业作为保障人民基本文化权益的主要途径”、“实施重大文化产业项目带动战略，加快文化产业基地和区域性特色文化产业群建设，培育文化产业骨干企业和战略投资者，繁荣文化市场，增强国际竞争力”等一系列更具有长期性、战略性、全局性的新目标新任务。

2010 年 7 月 23 日中共中央政治局第 22 次集体学习时，胡锦涛同志指出，文化是民族凝聚力和创造力的重要源泉，是综合国力竞争中的重要因素，是经济社会发展的重要支撑。深化文化体制改革，是党中央作出的关系我国经济社会发展全局的重大决策。改革开放以来，我国文化建设加快步伐、文化日益繁荣，开创了中国特色社会主义文化建设新局面。综合观察当前国际国内形势，我国文化建设面临许多有利条件，同时也面临着严峻挑战。深入推进文化体制改革，推动文化建设和经济建设、政治建设、社会建设的协调发展，已成为实现科学发展的必然要求。

党的十七届六中全会从“文化强国”的战略高度，进一步对文化体制改革作出新的部署：加快推进文化体制改革，建立健全党委领导、政府管理、行业自律、社会监督、企事业单位依法运营的文化管理体制和富有活力的文化产品生产经营机制，发挥市场在文化资源配置中的积极作用，创新文化走出去模式，为文化繁荣发展提供强大动力。

根据上述中央精神，上海下一步文化改革工作应当从“实现科学发展”、深化“四位一体”、提升“综合国力”的战略高度加深认识、统一思想、立足全局、形成合力、协调推进。

2. 准确把握推进文化改革的原则、目标和要求

胡锦涛同志在中共中央政治局第 22 次集体学习时指出，深入推进文化体制改革，必须以邓小平理论和“三个代表”重要思想为指导，深入贯彻落实科学发展观，坚持社会主义先进文化前进方向，坚持文化事业和文化产业协调发展，遵循社会主义精神文明建设的特点和规律，适应社会主义市场经济的发展要求，以发展为主题，以体制机制创新为重点，以满足人民群众精神文化需求为出发点和落脚点，着力构建充满活力、富有效率、更加开放、有利于文化科学发展的体制机制，繁荣发展社会主义文化，不断增强我国文化软实力和国际竞争力。

党的十七届六中全会提出了到2020年文化改革发展的奋斗目标：社会主义核心价值体系建设深入推进，良好思想道德风尚进一步弘扬，公民素质明显提高；适应人民需要的文化产品更加丰富，精品力作不断涌现；文化事业全面繁荣，覆盖全社会的公共文化服务体系基本建立，努力实现基本公共文化服务均等化；文化产业成为国民经济支柱性产业，整体实力和国际竞争力显著增强，公有制为主体、多种所有制共同发展的文化产业格局全面形成；文化管理体制和文化产品生产经营机制充满活力、富有效率，以民族文化为主体、吸收外来有益文化、推动中华文化走向世界的文化开放格局进一步完善；高素质文化人才队伍发展壮大，文化繁荣发展的人才保障更加有力。

根据上述原则、目标和要求，上海下一步文化改革工作应当更加注重有利于文化科学发展的体制机制创新，更加注重文化领域的扩大开放，更加注重面向世界提高文化软实力和国际竞争力。

3. 高度重视落实文化改革阶段性工作重点

2010年10月，党的十七届五中全会对“十二五”时期文化发展和文化改革工作作出了部署，指出“文化是一个民族的精神和灵魂，是国家发展和民族振兴的强大力量。要推动文化大发展大繁荣、提升国家文化软实力，坚持社会主义先进文化前进方向，提高全民族文明素质，推进文化创新，深化文化体制改革，增强文化发展活力，繁荣发展文化事业和文化产业，满足人民群众不断增长的精神文化需求，基本建成公共文化服务体系，推动文化产业成为国民经济支柱性产业，充分发挥文化引导社会、教育人民、推动发展的功能，建设中华民族共有精神家园，增强民族凝聚力和创造力。”党的十七届六中全会进一步强调“文化引领时代风气之先，是最需要创新的领域。”

根据上述部署，上海下一步文化改革工作应当把“文化创新”放在更加重要的位置，把增强“活力”作为促进繁荣的重要抓手，把“基本建成公共文化服务体系，推动文化产业成为国民经济支柱性产业”作为文化领域改革发展的

刚性指标。

4. 及时调整深化文化改革的领导体制和工作机制

胡锦涛同志在中共中央政治局第22次集体学习时还强调指出，各级党委和政府要把文化体制改革和文化建设摆在全局工作的重要位置，纳入经济社会发展的总体规划，建立健全领导体制和工作机制，坚持一手抓繁荣、一手抓管理，牢牢把握文化发展主动权。要深入研究人民群众对文化建设的新要求新期待，深入研究文化发展的特点和规律，努力提高推动文化科学发展的能力。要加强文化战线领导班子建设，加强文化事业和文化产业人才培养，为深化文化体制改革和文化建设提供有力的组织保证和人才保障。要充分调动广大文化工作者和各方面的积极性、主动性、创造性，确保文化体制改革和文化建设各项工作扎实推进、取得成效。

按照胡锦涛同志的指示精神，上海市需要进一步加强对文化改革工作的领导，把文化改革工作摆在党委和政府的全局工作的重要位置，进一步健全推进文化改革的工作机制；加强文化改革的顶层设计研究、管理制度研究、运行机制研究和人才队伍研究。

（二）立足国家、定位上海文化改革新坐标新思路

从全国的观点看，上海在全国有比较特殊的地位和重要性。一是上海经济社会发展的基础条件好，在“推动社会主义文化大发展大繁荣”方面上海的条件明显优于全国平均水平。二是上海的区位优势明显，位于国家改革开放的前沿，城市国际化程度高，在学习借鉴国际先进经验方面具有很大的便利性。三是上海技术实力雄厚，拥有多所国内一流、国际知名的高等院校和科研机构，高端人才资源积累丰厚、优质人力资源供给丰沛。四是上海是我国重要的国际文化交流中心，具有海纳百川、兼容并蓄的历史底蕴、社会特征和文化容量，国际交流能力较强、社会创新氛围浓郁。因此，客观地说，上海在文化改革、创新和发展方面，应当比其他城市作出更大、更突出、更特殊的贡献。

1. 率先探索“大文化”发展顶层体制架构

自20世纪八九十年代至今，世界各发达国家越来越重视文化、创意对经济社会发展的巨大作用，英国把发展创意产业作为国家战略，日本提出“动漫立国”，韩国将动漫、游戏和影视作为支柱产业，美国致力于将文化产品和服务推

向全球。在这个新的时代，人的智力作用的重要性、文化及其产品和服务的重要性，逐步超过了土地、矿产、石油以及廉价劳动力。

20 世纪 90 年代以来，随着科学技术的进步，世界全面进入信息化时代。这一趋势发展至今，已进展到全面数字化、网络化阶段，并且这一进程仍将长期持续、不断深化。

在这一科技与创意协同作用、功能叠加，广泛作用于经济社会各领域的时代大背景下，文化已经不再囿于原来相对孤立和狭小的领域。“小文化”在当今时代所表现出的相互割裂、资源分散、同质竞争、重复建设等弊端，已经无法适应时代发展的新要求。全面信息化和数字网络技术，已将文化、信息、通信、网络、广电、出版不仅在社会功能上推向“合流”，也在经济形态上推向“兼容”，特别是数字网络技术支撑下的“全媒体”发展，已经实质性地打通了多领域、多门类的边界。在这种情况下，体制上规定的原有边界，一定意义上是作为障碍或瓶颈而存在的。

顺势而为推进“大文化”发展，有利于集中资源、整合力量、破除瓶颈、形成合力。上海的文化与科技、创意深度融合，处于全国前列；高科技文化产业、具有都市特色的文化创意产业已经成为城市经济社会发展的重要动力，党委、政府在促进“智慧城市”建设和产业“多元融合”方面所做的体制性突破，可以视为建立“大文化”顶层体制架构的新的起点。

2. 率先启动面向全社会开放发展的制度设计

上海文化改革关键在于以科学发展观为指导，按照科学发展的要求审视以往和当今文化建设方面的理念、观点、方法、路径，切实把文化改革的出发点和立足点转移到“以人为本”、关注民生、保障好和实现好人民群众的基本文化权益方面，转移到支持和推动发展方式转型方面，转移到增强文化软实力和扩大国际影响力和感召力方面，转移到积极利用上海国际大都市特定环境和条件为社会主义文化大发展大繁荣探索新路径、创造新成就。

文化观念的改革是首要条件，但是制度建设必须及时跟进，制度建设是确保上海文化改革不走回头路、确保文化改革成就长期发挥作用，确保文化改革稳步深入的重要条件。结合上海文化改革的特点，可以进一步在人民群众的基本文化权益保障、“大文化”发展的制度架构、保障公共文化服务体系建设运行、推动文化产业快速发展方面加强制度设计研究，为全国的文化改革继续探路，积累经

验、提供示范。

3. 率先构建较为完善的公共文化服务体系

“十五”期末，上海就在全国率先启动了公共文化服务体系建设，“十一五”时期上海公共文化服务基础设施方面获得长足发展，基本形成覆盖全市的公共文化服务设施网络。时至今日，上海公共文化服务体系已经达到“基本建成”的程度，但是从中央的要求和上海人民群众的实际需求看，还存在一些显著问题，离“率先完善”还有相当距离。例如设施网络建设方面还存在不均衡的现象，“软件建设”明显滞后于设施建设，公共财力对于全市公共文化服务体系建设的保障还未形成稳定的制度，基层公共文化服务队伍还需要根据新的发展要求进行培训和提升，社会力量参与公共文化服务的相关制度还有待进一步完善，支持和引导群众自我发展、自我管理、自编自演、自创自办、自娱自乐方面的工作还需要大力加强。上海建设公共文化服务体系，具有在全国“率先”建成的基础条件，关键在于切实完善转变观念、改革体制、创新机制、扩大开放、用好干部、引导监督、制度建设等重要环节。

4. 率先形成中国文化走向世界的重要基地

推动中国文化走向世界，上海具有最有利的区位优势、基础条件和操作环境，是国家实施“中国文化‘走出去’”战略的重要基地。

“十一五”期间，上海围绕推动中国文化走向世界，实施了“3 在”工程：一是“在港出口”，利用外高桥保税区“境内关外”的特殊政策优势，构建了“外高桥文化服务贸易平台”，为各类文化出口企业有效提供了“一揽子”配套服务；二是“在线出口”，大力发展依托互联网出口的各类文化信息服务产业，网络游戏等产业走在了全国前列；三是“在地出口”，积极促进文化与旅游融合发展，构建富有特色的文化旅游基地，吸引境外游客观光和消费。“3 在”工程有效扩大了文化服务贸易，使上海连续多年保持较大额度的文化进出口顺差。

然而，总体上看，上海作为推动中国文化出口的“主力型”基地还未成型，主力领域、主力机构、主力园区、主力业态还十分缺乏，相关体制、政策和机制还不配套。这些方面，在上海迪斯尼乐园建设快速推进的背景下，就显得更为欠缺，该领域的文化改革要求更显迫切。

上海迪斯尼乐园建设从表面上看具有一定的“西方文化入侵”色彩，其实正是中国文化走向世界的大好契机。一方面，上海迪斯尼乐园产生的巨大人流、信息流、商品流、资金流，是立足上海、面向世界传播中国元素，建设和发展中国特色的现代文化旅游和休闲娱乐产业的极好基础；另一方面，上海迪斯尼乐园形成的国际化、多产业、高密度集聚形态，同时也将成为面向全国发展中国特色文化产业的基础平台。因而，上海有必要加强有关“中国元素”的大型服务产业基地建设，一方面形成面向国内的大规模“中国元素”产业化集聚，另一方面，加快推进有关面向国际人流、上海及长三角外籍人士的大型综合性高端文化服务产业项目建设。

5. 率先实现文化产业成为国民经济支柱性产业

在中央关于“推动社会主义文化大发展大繁荣”、“提升国家文化软实力”和“推动文化产业成为国民经济支柱性产业”的精神指引下，上海深入贯彻落实科学发展观，紧密围绕建设国际文化大都市的发展目标，加快推动文化产业快速健康发展。按国家统计局“文化及相关产业”统计口径和可比价格计算，“十一五”期间，上海文化产业增加值年均递增 12.15%，高于本市同期生产总值年均增幅近 1 个百分点。其中，2006 年增长 13.4%，2007 年增长 16.4%，2008 年增长 11%，2009 年增长 9.5%。2010 年上海文化产业增加值为 973.57 亿元，比上年增长 10.50%，占上海地区生产总值的 5.67%。虽然受到国际金融风暴影响，上海文化产业在 2009 年的增长有所放缓，但总体上看，文化产业的波动性较小，特别是文化产业中的文化服务业抗风险能力较强，部分核心层文化服务业还表现出“逆势上扬”的特征。上述数据表明，“十一五”期间，上海文化产业在“保增长、扩内需、调结构、促改革、增就业、惠民生”中发挥了重要作用，为进一步推动上海经济社会“创新驱动、转型发展”提供了重要动力。

在连续多年稳定发展中，上海文化产业呈现明显特征：一是文化产业与创意产业融合发展。近年来，上海市委、市政府高度重视加快推进文化产业与创意产业融合发展。2010 年，正式成立“上海市文化创意产业发展领导小组”，形成全市统筹协调推进文化创意产业发展的新机制，编制并发布《上海市文化创意产业发展“十二五”规划》。“规划”明确：上海市“文化创意产业”主要由媒体业、艺术业、工业设计业、时尚产业、建筑设计业、网络信息业、软件业、咨询服务业、广告会展业、休闲娱乐业等构成。二是文化产业园区和基地建设稳步推进。目前，全市建成首批 15 家市级文化产业园区、80 余个创意产业集聚区，还部署推进了国家数字出版基地、中国（上海）网络视听产业基地、国家音乐产

业基地、金山国家绿色创意印刷示范园区等一批国家级的文化产业基地建设。其中，以数字出版基地为龙头的浦东张江文化产业集聚区，2010 年文化产业年销售收入已达到 120 亿元。三是文化基础设施建设助推文化产业发展。“十一五”期间，上海市规划建设了重大文化设施 22 项，已建成 11 项，总投资约 73.6 亿元。这些设施建设中，有多项兼具公益与产业带动功能，如世博文化中心、上海文化广场等。重大文化基础设施建设，以及原有文化设施运营条件改善和提升，为进一步推动上海文化艺术服务业、文化休闲娱乐服务业等相关产业发展提供了重要载体和推力。四是骨干文化企业阵营粗具规模。2010 年上海骨干文化企业阵营的质量大为改观、实力明显增强。既有产业规模和内容产品影响力居全国同行前列的东方传媒、世纪出版等国有企业，又有东方明珠、新华传媒等国有控股上市公司；既有炫动传播、百视通新媒体等快速成长的国有控股企业，又有盛大、复星等积极投资文化产业的民营龙头企业；既有东方财富、土豆网等成功在境内外资本市场上市融资的创业型文化企业，又有淘米网、PPTV、水晶石等一批充满活力的中小文化企业。目前，上海在 A 股和海外市场上市的文化企业已有 8 家，在全国各省市区中名列前茅（“东方明珠”主板上市、2006 年“新华传媒”借壳上市，2010 年初“东方财富”创业板上市，另外 5 家文化信息企业在美国纳斯达克上市，即盛大网络、第九城市、分众传媒、携程网、前程无忧）。五是具有国际文化大都市特点的文化产业结构初现端倪。与上海国际文化大都市城市功能定位相适应，上海文化产业在注重总量规模不断扩大的同时，更加注重文化服务业的比重提升。连续数年，上海文化服务业在文化产业中所占比重持续攀升，特别是具有国际文化大都市特点的高端商务型和大众消费型文化服务逐步成为上海文化服务业的重要特点。

围绕更好地发挥国际文化大都市功能，加大金融支持文化产业发展力度，上海这几年在文化金融服务创新方面取得突破性进展：创新了银行信贷投向引导机制，创办了上海东方惠金文化产业担保有限公司和投资有限公司，初步建立上海文化产业投融资服务平台；创设了全国第一家私募基金“华人文化产业投资基金”，以创新的方式形成了支持重大文化产业项目跨地区、跨行业、跨所有制融资的新机制；设立了上海文化产权交易所，为文化企业提供投融资新渠道和产业资本退出的通道；成立了上海国际文化服务贸易促进委员会及上海国际文化服务贸易平台，实现文化、商务、发改、海关、财政、税务、综合保税区等部门通力合作，充分发挥上海外高桥保税区的区域和政策优势，推进文化服务贸易的发展，逐步成为推动全国优秀文化产品和服务“走出去”的重要基地。

根据调研，上海要率先实现中央提出的“推动文化产业成为国民经济支柱性产业”，必须从以下方面着手：一是进一步深化文化体制改革和机制创新，突破原有宣传文化系统“脚下”概念，不断扩大和深化文化产业领域开放，积极寻求“天下”的多方协作、共同推进文化产业发展。二是进一步深化文化与各领域各要素的融合，以融合创新带动转型发展，在融合中激励创新、推动创新、形成创新，在融合创新的引领下，带动文化产业发展方式快速转型。三是进一步推进产业结构的优化调整，坚持有所为有所不为，围绕国际文化大都市建设的特点，大力发展有利于强化上海国际文化大都市功能的基础性、功能性、骨干性、带动性、示范性文化产业，注重在高科技文化产业、文化金融服务、核心文化内容产业、国际都市文化消费服务等领域取得突破。在产业性质和规模结构上，上海坚持国有企业、龙头企业、大型企业与民营企业、专精特新企业、中小文化企业并重，注重营造兼顾二者的产业环境。通过完善文化产业公共服务平台、加强金融支持文化产业发展、强化知识产权保护、运用人才政策杠杆等举措，积极发挥市区两级党政部门资源、政策、人才及其他要素优势，努力营造有利于各种文化企业创新创业的发展环境，既发挥龙头企业的规模化优势，又保护中小创业型企业的创新活力；既盘活、用好、激活国有文化企业资源潜力和创新活力，又为广大中小民营文化企业创新发展提供广阔空间。

（三）全面融入上海“创新驱动、转型发展”战略框架

文化发展是经济、政治和社会发展的重要基础，文化改革创新也是经济、政治和社会改革创新的重要基础。上海文化改革既是上海经济社会发展的重要组成部分，也为上海经济社会发展提供重要支撑。上海文化改革全面融入上海“十二五”时期的发展战略框架，既有利于上海“创新驱动、转型发展”战略的实施，也有利于文化改革功能和效应的更好发挥。

1. 在多元融合中激活内在活力

“创新驱动”具有十分丰富的内容，但以“多元融合”的方式推进创新、强化“驱动”，则是近年来上海文化领域改革创新的突出亮点和成功经验，也是经实践证明了的能够适应上海国际文化大都市特点的创新路径和方式。深化文化改

革、促进“多元融合”，依托上海国际大都市所具有的形态、资源的丰富性和综合性，推动文化要素与科技、创意、金融、信息、旅游、贸易，甚至商业、农业、其他现代服务业和制造业等领域相关要素融合，在融合中一方面激发文化要素自身所具有的内在活力，也激活众多相关领域相关产业的内在活力，推动形成新方法、新领域、新产业、新业态。

2. 在广域带动中展现拉动潜力

要成为“国民经济支柱性产业”必须具备两个条件：一是该产业增加值占GDP的比重达到一定数值；二是该产业对其他产业形成支撑或拉动作用。文化产业最具有“拉动性”的支柱特征，例如：“文化旅游”对其他产业的拉动作用大约是1∶8；“文化创意”作为产业之“端”能够带动整个产业链的提升；“数字出版”等内容产业能够大规模带动新型数字设备制造、网络传输、即时印刷、新媒体等众多高科技新兴文化产业；广播电视能够广泛带动文艺创作、影视制作、广告印刷、演艺娱乐、内容传输等众多相关产业。利用上海国际大都市所具有的基础条件、区位优势、科技实力、集聚能力、辐射半径，大力发展具有广域带动作用的文化产业，应当成为上海文化改革的显著特点。

3. 在能级提升中增强竞争实力

文化领域具有门类众多、涉及面广、业态复杂、变化频繁的特点，如果停留在分散性、小规模状态，则发展的波动性大、风险不易控制，难以形成强大的国际竞争力。因而，作为国际大都市的上海，应深化文化改革和创新，面向国际市场，想国家之所想、应国家之所需、补国家之所缺，立足于提升文化软实力和积极参与高层次国际竞争，适度聚焦高科技文化产业、数字内容产业、中高端文化旅游业、特色文化创意产业，以及广告会展产业等重点领域，合理调整产业结构、扩大优势产业规模、提升产业发展能级，在重点产业领域形成较为强大的国际竞争能力。

4. 在氛围营造中增强创新动力

文化是民族创造力的源泉，也是城市创新力的源泉。在上海国际文化大都市的建设进程中，不断深化文化改革的着力点之一就是营造全社会推动创新、支持创造、繁荣创作、鼓励创意、扶持创业的良好氛围。并且将这种氛围的营造落实在人才培育、素质教育、技能培训、就业指导、创业扶持、成果转化、版权保护等各个环节，推动形成认同创新、支持创新、崇尚创新的时代新风尚以及参与创新、实践创新的社会新时尚，通过营造全社会创新的良好氛围增强上海整个城市的创新动力。

5. 在优化服务中提高体系能力

就“基本建成公共文化服务体系”而言，上海显著区别于全国各地的特点在于加强“软件”建设，优化公共文化服务，提高体系运行效能。“十一五”期间，上海公共文化服务基础设施建设走在全国前列，已经基本形成覆盖全市的公共文化服务设施网络，但是整个设施网络的运行能力和服务质量还有待提升，这就成为“十二五”时期深化具有上海特点的文化改革的一项重要任务。提高上海公共文化服务体系运行能力的关键在于紧密结合人民群众的基本文化需求以优化公共文化服务。

三　上海文化改革的工作重点和举措

（一）　上海文化改革的工作重点

1. 探索“大文化”领导体制和工作机制

从国家层面看，“推动社会主义文化大发展大繁荣”、“提升国家文化软实力”已经蕴含着“大文化”发展格局，客观上对下一步文化体制改革提出了新的要求。“大文化”调整的基本策略，应当是领导体制和工作机制主动顺应当前文化与众多领域“融合发展”的现实和客观趋势，重点破解阻碍“大发展大繁荣”的体制瓶颈，更科学地落实中央“党委领导、政府管理、行业自律、企事业单位依法运营”的文化体制改革总体要求。由于上海在文化与众多领域“融合发展”方面走在全国前列，特别是在文化与科技、文化与信息、文化与创意、文化与旅游等方面已经显示出十分明确的融合发展特征，因而建议上海因地制宜、统筹协调、分类推进各项改革。具体操作思路为：

一是创新“大文化”领导体制。围绕上海国际文化大都市建设，建立由党委政府主要领导负责、各相关部门参加的“上海市推动社会主义文化大发展大繁荣领导小组”，领导小组负责全市文化改革发展的协调推进。领导小组下设办公室，负责贯彻落实领导小组作出的各项决策。

二是创新“大文化”行政管理体制。设立“上海市人民政府文化委员会”，

负责履行全市文化、广电、新闻、出版、通信、创意、旅游、体育等领域行政管理职能，破除相互割裂的体制障碍，进一步促进各相关领域融合发展。

2. 着力深化“六融合”体制改革和机制创新

主要内容包括：

一是深化广电与通信融合。建立与“三网合一”必然趋势相适应的管理体制，实现广电、通信、网络三位一体的“内容为王、渠道多元”的管理架构，在消除管理真空和安全隐患的同时，率先建成具有中国特色的社会主义现代化城市文化传媒体系，全面推动现代文化传媒产业大发展大繁荣。

二是深化文化与创意融合。彻底消除长期困扰上海文化创意产业发展的“两张皮”的突出问题，实现管理职能、发展资源、人才队伍、服务平台、扶持措施的全面一体化，建成世界规模最大、最富有活力的文化创意城市之一。

三是深化文化与旅游融合。围绕上海迪斯尼乐园及上海国际旅游度假区建设，全面整合文化资源与旅游资源，丰富文化旅游服务的内涵和产业形态，建成世界上规模最大、具有中国文化特色的超大型、高密度现代文化旅游产业集聚区。

四是深化文化与金融融合。紧密接轨上海“国际金融中心”建设，在破解文化领域融资难、文化企业贷款难、文化项目担保难、文化产品质押难、文化资产评估难等文化发展瓶颈的同时，发挥上海优势，率先建成面向国际、服务全国的文化金融服务中心，大力发展为推动文化产业大发展大繁荣提供强大动力的现代文化金融服务产业。

五是深化文化与贸易融合。依托上海“国际贸易中心”建设，在扩大文化产品和服务出口的同时，发挥上海重要国际文化商埠和口岸的重要作用，重点支持影视、图书、演艺、动漫、游戏、美术、工艺品、文化旅游以及文化装备制造等商品和服务源源不断地走向国际市场，着力构建有国际文化市场影响力和国内文化市场带动力的高端文化商品和服务口岸，率先建成中国特色的“文化口岸”。

六是深化文化与科技融合。一方面，运用高科技手段带动公共文化服务体系创新发展，如：与上海“云海计划”接轨，运用数字网络技术特别是“云计算”技术，重点提高公共文化服务设备资源和内容资源的配置效率、改进和提高面向基层的公共文化服务方式；另一方面，运用数字网络技术和现代通信技术，大力

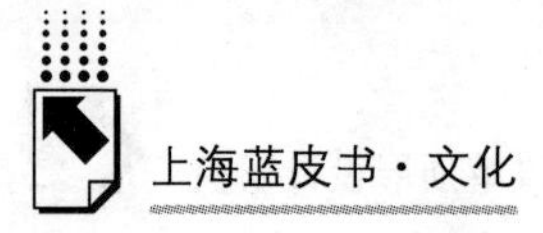

发展涵盖数十种新兴业态的新媒体产业，形成面向国际市场的新媒体产业高地。

3. 优化文化产业管理运行体制

主要内容包括：

一是优化国有大型文化企业的“党管”体制。上海拥有多家转企改制而成的大型国有文化企业，如精文投资、解放集团、文广集团、东方传媒、东方明珠、新华传媒、文汇新民、世纪出版、文艺总社等。但是这些国有文化企业改制以来建立现代企业制度的进度快慢不一，现代企业制度实际推行程度不一，有些企业仍然存在比较明显的行政化管理色彩，一定程度上影响到市场拓展能力和运行活力的发挥，这一现象的潜在原因，与目前的管理体制有一定关系。从全国的情况看，上海是市场经济发展比较充分、开放度和国际化程度较高的地区，可以按照中央“党管导向”、“管干部”、“管资产”的有关规定，结合现代企业制度建设，对于国有大型文化企业实现“党管”的路径进行探索和创新，逐步建立与社会主义市场经济体制相适应的“党委部门建设和指导国有大型文化企业党组织——国有大型文化企业党组织委派持有特别否决权的特别董事参与国有大型企业董事会决策”的“党管”文化新体制。这样，逐步使党的领导通过党委、党组织发挥作用，而不是直接参与或干预国有大型文化企业的市场经营活动；逐步使党的领导体现在导向上、干部配置上、方向性指导监督和综合业绩考评上，而避免陷入具体的日常经营事务之中。

二是优化“以公有制为主导，多种所有制共同繁荣”的发展体制。根据研究，上海文化产业存在局部的结构性失衡现象，这种现象既表现在一些非重点产业领域的“国资垄断”上，也表现在另一些重点产业领域的“国资空白”上，这两种结构性失衡并存的现象，一定程度上反映出体制性缺失。一些非重点领域的“国资垄断”主要表现在部分产业业态和公共资源利用两方面：部分垄断业态主要在图书报刊发行、电视节目制作等具有传统核心特征的文化产业领域；公共资源主要是频道资源、舞台资源、政策性扶持资源等。一些重点领域的“国资空白”主要表现在新媒体产业领域，事实上新媒体产业领域越来越显示出比传统媒体更为重要的“主渠道”特征，越来越显示出关系到政治认同、文化认同和社会稳定的核心作用，越来越显示出更为广阔的市场空间和经济价值。为了及时消除上述两种结构性失衡现象，有必要在新兴媒体领域加强制度建设，提高引导力、控制力，适度扩大国资参与；同时，市场发育比较成熟的节目制作、书

报刊发行等领域实行开放，国资适度退出，鼓励民间投资。

三是优化文化产业发展资源的市场配置体制。从全国和国际的视野看，上海一些文化行业的国资企业之间，仍然存在十分明显的产业同构、业务重叠、发展同质的现象，目光局限于近距离的本地市场竞争，而外向竞争能力相对薄弱。因此，有必要以资本为纽带、发挥市场配置资源的基础作用，更加有力地推进文化企业兼并重组，做大做强上海文化产业核心领域的主力阵营。如解放集团与文汇新民集团之间、世纪出版集团与文艺总社之间等，通过兼并重组，建立具有现代化全媒体产业特征、代表上海文化产业发展水平、有较强国际竞争能力的文化产业集团。

四是优化文化产业投融资体制。围绕上海文化大都市建设目标，结合上海文化产业基础性、功能性、示范性、引领性重大工程项目，抓紧设立具有城市文化产业发展战略意义的文化投资主体；研究和设计涉及文化产业发展关键环节的文化创意、版权、文化品牌等无形资产的评估方法；研究制定有助于从根本上改善各类文化企业投融资环境的政策措施；增加和扩大支持文化企业发展的政府贷款担保、项目贴息等政策性资金数量和扶持范围；积极营造有利于文化金融服务产业发展的政策环境。

五是优化文化产业运行机制。抓紧全市文化产业规划布局和结构调整，加快重点区块、重点项目的布局，加强对重点领域、重点企业的扶持。全面实施重大项目带动战略，如建设与上海迪斯尼乐园近距离配套的具有中国特色和国际化水准的高端休闲娱乐项目、大型高科技数字出版项目、文化“云服务”项目、民族民间民俗特色文化产业项目等。加强资本、技术、信息、人才、产权、版权、品牌等文化要素市场建设。大力培育经纪、代理、商务等文化中介机构，丰富专业化、社会化文化服务。扩大文化服务贸易，大力发展“在地”、“在线”、“在港”等各类文化服务贸易形态和业态，完善文化出口服务环节。深化国际合作，支持有条件的文化企业走向海外发展。

4. 改革公共文化服务体制

一是明确以政府为主导的公共文化服务体系建设的运行体制。围绕保障好、实现好人民群众基本文化权益和满足人民群众基本文化需求，进一步明确政府在公共文化服务体系建设中承担主导作用，履行规划、指导、保障和监管职责。

二是明确财政保障体制。围绕履行好政府基本职责，制定和落实公共财力为公共文化服务体系的建设运行提供基本保障的制度，建立起以政府公共财力为主体的公共文化服务的资金保障体系。

三是加快公共文化服务体系建设与“转企改制”的体制性衔接。“转企改制”将众多文化事业单位特别是文艺院团推向市场，其中一部分有市场发展基础和空间的单位顺利转型为市场主体，但也有一部分的确在新的市场环境中存在生存困难，而这部分单位并不能仅因在市场中的生存困难就完全失去其存在价值。这里有一些值得引起深思的问题：激活原有文化事业单位的创作生产和服务的活力，是否只有“转企改制”一条道？改制后的国有文化企业特别是国有文艺院团，是否唯有独闯市场一种生存方式？当今公共文化服务体系建设已经为部分从事文化产品生产和服务提供的文化企业特别是一部分文艺院团改善生存和发展环境创造了新的条件。依托公共文化服务体系建设，采取政府公共采购方式，既可以引导和帮助一批文化机构转型为专业从事公共文化产品和服务提供的主体（并非一定是市场主体，也可以是公益性文化事业单位或非营利组织），又可以利用竞争机制促进这些文化机构转变发展方式、改进内部管理、激活发展潜力。从操作层面看，一方面政府在推进上海国际文化大都市建设中，可以逐步加大对代表城市文化艺术水准的交响乐团、京昆艺术中心、芭蕾舞团、歌剧院、民族乐团等演艺机构的直接采购力度，支持这些著名演艺机构不断提高创作生产和服务能力；另一方面，可以利用“上海市群众艺术馆”（应征得文化部同意，更名为“上海市文化馆”，因为“群众艺术”涵盖面相对较窄），建立与众多主要面向基层提供服务的文化艺术机构共建的机制，形成比较稳定的“政府——文化馆——文化艺术机构——基层群众文化需求”的公共文化产品采购和提供机制，以此丰富文化馆的服务内容，也带动一大批文化艺术机构改革发展。

四是从体制角度明确“文化馆”的基本功能。图书馆、博物馆的建设运行本质上属于世界“普适性”公共文化行为，而“文化馆”具有更为鲜明的“中国特色”，承载着社会主义核心价值体系建设、党和政府的价值追求，是建设和传播主流意识形态的重要渠道，是增进基层群众的文化认同、政治认同、国家认同和民族认同的重要抓手。但是长期以来政府对“文化馆”的体制定位不明确、不准确，只将其视为“唱唱跳跳”的群众性服务机构。根据研究，上海市文化馆（现为“上海市群众艺术馆”）的功能大致可分为4个大类，即：

组织指导功能：组织全市基层文化建设、组织创作、组织全市性文化艺术活

动，对基层文化艺术活动进行组织指导，对基层文化资源进行合理配置等。

传承创新功能：非物质文化遗产保护，民族民间民俗文化资源的挖掘、整理和合理利用，优秀历史文化的继承、弘扬和创新等。

基层培训功能：基层公共文化服务队伍建设，基层文化艺术骨干培训，基层文艺队伍建设，对基层群众自创自办、自编自演、自娱自乐活动的引导和扶持等。

系统管理功能：全市基层文化发展档案管理，全市基层文化队伍的登记管理，全市基层文化信息化建设，运用数字网络技术提高管理效能，“云计算”技术在设施和内容管理运行中的应用等。

综合平台功能：展览展示平台服务，公共技术及相关装备的技术支撑服务，动态信息及问题研究服务，人才支撑服务，公共采购及资金扶持的平台服务，本市及国内基层文化交流，国际民族民间文化交流等。

五是进一步深化文化事业单位的体制改革。对主要从事生产经营活动的，要加快“转企改制”；对政府举办的“上海图书馆”、“上海博物馆”、“上海美术馆”等主要从事公益服务的，要强化公益属性，完善法人治理结构，剥离经营业务，使之成为全市公共文化服务体系重要的组成部分；对主要承担行政职能的，要逐步转为行政机构或将行政职能划归行政部门；对“上海社会科学院”等政府举办的社会科学研究机构，要适当调整其研究行为，使之与国家和地方的经济、政治、文化和社会发展保持更紧密的联系，逐步形成与一般高校、科研机构等的基础研究和基础教学功能不同的错位发展。进一步深化文化事业单位内部改革，重点推进人事制度、收入分配制度、医疗等保险制度的改革。继续深化新闻单位改革创新，党报党刊要真正实行采编与经营分开，电台、电视台要真正实行制播分离。继续深化电视台可市场化环节的改革，将频道资源管理与节目提供分开，将时政内容与市场消费服务内容分开，提高影视剧、娱乐、体育等部分的市场化和专业化水准。

六是完善公共文化服务体系运行机制。加强公共文化服务设施网络的均衡布局，改变单一行政布局思路，适当兼顾人口密度、辐射半径和市民接受服务的习惯，提高设施利用的便利性。加强基层公共文化设施的集成利用，改变以往党员教育、宣传教育、工会、妇联、共青团、普法、科普、信息工程、文化娱乐、社区辅导等多渠道下乡的复杂局面，实行“文化站”综合集成服务。扩大社会力量参与公共文化服务的进入路径，完善企业、个人捐赠公益文化事业的政策法规，鼓励相关企业经由政府采购为公共文化提供产品和服务。建立健全公共财力投资效率评估制度，完善公益性文化事业单位绩效考评制度，逐步提高公共文化服务体系运行效率。

5. 完善政府文化行政体制

一是合理确定文化行政管理部门的职责。一方面明确各有关部门的责任，另一方面加强相关部门之间的项目协作，注重形成行政合力。

二是理顺政事、政企关系。进一步理顺文化行政管理部门与所属企事业单位、中介组织的关系，做到职能分开、机构分设、财务分离，把不该由政府管理的事项转移出去，把该由政府管理的事项切实管好。

三是探索建立政府对国有文化资产的管理机制。明确政府文化行政管理职责，在党委宣传部门的指导下，建立和完善政府对国有文化资产管理的绩效考评机制，确保国有资产保值增值。

（二）上海文化改革的对策和措施

1. 建立文化改革发展干部考评机制

在决策层面，把文化改革和发展纳入各级党政领导干部的工作业绩考评范围，适当提高该项目考核的权重。在执行层面，加强对各文化事业机构运行绩效的考核，将考核结果与文化事业单位主要领导干部的晋升、奖金挂钩。

2. 合理调整党委宣传部门与文化行政部门的关系

坚持加强党委宣传部门对文化部门的领导权、对文化领域的指导权、对文化领域人力资源的配置权、对文化核心传媒领域的控制权。在此前提下，改进和创新“党管导向、管干部、管资产”的渠道和方式，建立以“党要管党”为基础的管理模式，党委宣传部门要大力加强文化行政部门、文化事业单位、国有文化企业内部党组织建设，使这些党组织事实上成为党委宣传部门的“管理性存在”或管理触角，一方面使党委宣传部门从具体的运营事务中解脱出来，另一方面又能随时随地指导和监督文化领域的运行，科学设置“党委领导、政府管理、行业自律、企事业单位依法运营的文化管理体制”。

3. 合理调整全市“大文化”行政体制架构

按照文中提出的“六融合”要求，大幅度调整现有行政体制，彻底消除相

关行政部门之间的内耗，提高行政资源配置效率，形成与中央“推动社会主义文化大发展大繁荣”相配套的行政体制格局。

4. 加强涵盖全市及各区县的文化改革发展规划布局

按照上海国际文化都市建设要求，对全市及各区县文化的改革发展进行全面谋划，打破原有市——区分割格局，使全市文化的规划与全市经济社会发展、与全市“创新驱动、转型发展”的战略部署实现更紧密的结合，发挥文化改革在全市发展方式转型中更加突出的作用。

5. 面向全社会加大文化的开放发展力度

建立公开透明的文化理念、文化改革、文化规划、文化政策、文化项目、文化投资、文化评估的研究论证、信息发布机制，明确和扩大社会参与文化改革发展的领域、行业、方法和路径。在区域的开放发展方面，发挥“龙头城市”功能，深化与长三角各省市文化联动发展机制，按照中央关于“加快建设全国统一市场”的要求，率先扩大文化市场开放，率先建立突破地域界限及地方保护主义壁垒的文化协调发展机制。

6. 加强文化立法和制度建设

就国家层面来说，各地文化改革发展的情况比较复杂，难以在近期实现文化立法。但是，就上海而言，其城市经济社会发展相对比较均衡、文化发展形态相对比较一致，可以率先在城市文化立法方面进行尝试，为国家文化立法作先期探索。建议将制定“上海市人民群众文化权益保障法”、“上海市公共文化服务条例”、“上海市文化产业促进法”等纳入议事日程，借助立法深化和巩固文化改革成效，增强文化发展的持久动力。

B.5

上海国际文化大都市建设的目标设定和原则策略*

徐清泉**

摘　要： 上海建设国际文化大都市需要有基本的目标设定，即努力跻身世界城市（全球城市）行列、主动向国际文化大都市的形态内涵目标架构迈进、以全面推进文化发展建设来促进城市软实力的大幅度提升。这三方面是相辅相成、合力并进的关系，而且每个方面均有相应的约束性指标。为了实现上述既定目标，必须努力坚持管办文化遵循客观规律的原则，尤其要遵循世界城市、国际文化大都市、文化发展建设及中国特色社会主义事业发展的客观规律；要因地因时制宜地坚持多部门协调共建、国际共性与本土个性相结合、社会建设与文化建设相结合的原则；同时要确立实施“三大基础，三大支点”策略，努力采取建立有机互动“九大支撑”的策略。

关键词： 国际文化大都市　目标　原则　策略

一　上海国际文化大都市建设的目标设定

（一）努力跻身世界城市（全球城市）行列

近二十年来，国外学术界对“世界城市”（world city）或全球城市（global city）的研究多有关注，而鲜见有关“国际文化大都市”的研究。就世界城市或全

* 本文系作者主持的上海2011年社科规划项目“上海国际文化大都市建设方略研究”之阶段研究成果。

** 徐清泉，上海社会科学院文学研究所研究员，研究领域为文化理论、文化事业产业。

球城市而言，它重在基本具备“全球控制中心”（弗里德曼）功能、实现城市形态从工业化向后工业化转型、在世界上占据国际经济文化活动制高点、能够在一定程度上影响世界市场运作。就目前世所公认的国际文化大都市——巴黎、伦敦、纽约及东京来看，它们皆为典型的世界城市或者说全球城市，也是国际文化交流中心城市。显然，世界城市或全球城市在形态内涵及功能要素的综合集成方面，基本涵盖了国际文化大都市，但不见得所有世界城市都是国际文化大都市。有些世界城市堪称特定行业领域的大都市，如美国的底特律、德国的斯图加特等就是具有世界影响力的汽车城；荷兰的鹿特丹、日本的横滨，则是具有世界影响力的港口物流城市，但它们都难以称得上是国际文化大都市。海外学者如弗里德曼（Friedmann）、沃尔夫（Wolff）、萨森（Sassen）、诺克斯（Knox）、亚伯拉罕（Abraham）等，都对世界城市和全球城市给予了极大程度的关注和研究。

从一些具有代表性的世界城市理论来看，要判定一个城市是否具备全球城市的基本素质，虽然细细考究起来，牵涉的指标显得纷繁复杂，但人们还是可以依据一些关键性的要素来归纳概括出相对简要的共性特质。如萨森（Sassen）更注重从经济方面的综合衡量（不单单是对经济总量的简单比照），并结合对纽约、伦敦及东京等城市的实证考察，最终确定全球城市具备以下四方面非常显著的功能：第一是作为世界经济组织的高度集中的命令点；第二是作为金融和专业服务业的重要聚集地，制造业不再是经济的主导部门；第三是作为金融和专业服务的生产中心；第四是作为金融和专业服务的主要市场①。按照萨森依据经济指标对世界上一些重要城市所作的等级划分归类，可以从表 1 中看出：纽约、伦敦、巴黎和东京在得分上位居世界前列，这四个城市可称得上是典型的世界城市或者说全球城市。在我国众多的城市当中，仅有北京、香港、台北进入了这一分级表中，而且名次相对落后。这里，我们没有看到上海的影子。

国内一些学者在充分吸收多种世界城市研究理论成果的基础上，对决定世界城市或全球城市身份的指标要素，作了相对综合、相对完整的概括。这些指标要

① Sassen Saskia. *The Global City*: *New York*, *London*, *Tokyo*. Princeton, NJ: Princeton University Press, 1991. pp. 1 – 397.

表1　以综合的经济指标划分的全球城市等级体系

得　分	城　市
40	纽约
34~37	伦敦,巴黎,东京
28	法兰克福
15~16	芝加哥,香港,大阪,苏黎世
11~12	洛杉矶,米兰,新加坡,多伦多
7~8	北京,慕尼黑,圣弗朗西斯科
4~5	阿姆斯特丹,杜塞尔多夫,蒙特利尔,圣保罗,斯德哥尔摩,斯图加特,台北

资料来源：Abraham Son M. *Global Cities*. Oxford University Press，2003。

表2　世界城市职能体系

Ⅰ级指标	Ⅱ级指标	Ⅲ级指标
经济	经济控制和决策中心	跨国公司总部(包括地区性总部)数量
	国际贸易中心	外贸转口额,口岸进出口额,贸易进出口额,国际贸易公司规模、数量
	国际金融中心	金融机构数量,金融业占国内生产总值的比重,外汇交易额,证券交易额,信贷资金,境外上市公司的数量和资本规模
	高技术制造业中心	高技术产品产值,高技术孵化公司的数量
	生产性服务业中心	会计、广告、法律服务、公共关系、咨询机构数量
	国际物流中心	港口吞吐量(散货和集装箱),航空吞吐量(人/货)
政治	政治权力中心	国家最高权力机构所在地,各类政府机构数量,国际权威组织数量,国外政府派出机构的数量
文化	国际文化中心	举办国际文化活动的次数,图书馆外文藏书数量,世界级博物馆数量,高等教育机构数量
	观光与会议中心	接待境外游客数,举办国际会议的次数
	娱乐业中心	娱乐场所数量
	传媒业中心	出版业、新闻业及无线电和电视网总部数量
科技	信息中心	CN域名、www站点数量,电话主线、移动电话、个人电脑、因特网主机拥有量,骨干网络贷款与网络数量
	科研中心	科研机构数量,科研成果数量
社会	交通枢纽	港口国际航线的数量,国际机场的数量,航空国际航线的数量
	多国籍人口集聚地	国内移民数量,国际移民数量
	各类专业人才集聚中心	各类专业人才所占比重

资料来源：陆军、宋吉涛、谷溪《世界级城市研究概观》,《城市问题》2010年第1期。

素几乎涵盖了政治、经济、文化、科技和社会等诸多方面。对此，我们可以从表2中了解个大概。

如果按照表2的指标来一一衡量国内城市特别是上海，则其离世界城市的要求还有相当的差距。首先看经济指标，上海目前仍在全力推进国际经济中心、国际贸易中心、国际金融中心及国际航运中心这“四个中心”建设，基本上是朝着世界城市的经济标准在逐渐迈进。尽管上海在外贸转口额、口岸进出口额、贸易进出口额及国际贸易公司规模数量方面保持着一定的优势，但距国际贸易中心的身份确认，还有不小差距。尽管上海在金融机构数量、金融业占国内生产总值的比重、外汇交易额、证券交易额及信贷资金等方面位居全国前列，但距离世界城市的目标还有较大差距。其次从政治指标方面看，与之相关的外来总部及权威机构落地数也未达到世界城市一级方阵的入门指标。最后从文化、科技和社会等方面的指标来看，虽然在举办国际文化活动的次数、图书馆外文藏书数量、高等教育机构数量、CN域名、www站点数量、电话主线、移动电话、个人电脑、港口国际航线的数量、国际机场的数量、航空国际航线的数量、国内移民数量及各类专业人才所占比重等方面占有一定优势，但这些优势还不足以让上海跻身世界城市一级方阵行列。显然，表2还只是偏重于硬性数量指标的衡量，它还缺乏对软性质量指标的适度关照。假如按照更加科学、系统和全面的指标要素来比照，则文化时尚创意指数、科技研发创新指数、城市形象传播指数及城市人文宜居价值等，都将成为衡量世界城市身份的必然指标。中国社科院2010年发布的《全球城市竞争力报告》显示：一般具有世界城市典型共性特征的城市（如前述四个国际文化大都市），在城市综合竞争力、要素环境、国际影响力、跨国公司指数等方面均居全球城市前15位，上海的后两项指标已经进入前10位，要素环境指标已经接近前10位，而上海的综合竞争力指标则排名全球第69位，明显存有较大差距。

不过，从上海确定建设“四个中心”、着力推进“四个率先”实现、力求政治经济社会文化“四位一体”协调发展的现实实践来看，上海实际上在无形中已将建设世界城市视为今后相当长一段时期的发展目标。换句话说，上海的“四个中心”建设和“四个率先”实现的奋斗宗旨，从某种意义上正体现出努力跻身世界城市或者说全球城市之列的迫切诉求。

（二）主动向国际文化大都市的形态内涵目标架构迈进

假如说上海的“四个中心”建设和“四个率先”实现，在客观上契合了“力求完成世界城市身份确认的经济指标要求”的话，则上海2011年初明确提出的“塑造时尚魅力的国际文化大都市”的倡议①，就具有“力求完成世界城市身份确认的文化指标要求”的深刻寓意。其实早在若干年前，上海市委市政府就曾不止一次地提出要建设国际文化大都市。何为国际文化大都市？国际学术界相关的研究评述相对少见，即使偶有相关的连带研究，大多也是从世界城市的形态内涵及功能要素方面来顺带论及“文化集聚度”、“文化产业综合指数”等相关指标的。不过从国外学术界具体的延展研究成效来看，尚未形成直接关涉“国际文化大都市”总体目标定位的体系化、系统化的共识成果。国内学术界对于国际文化大都市的关注起源于以下背景：伴随着中国城市化进程的不断提速以及文化事业产业迅猛发展的客观趋势，一些超大型城市和大城市把文化发展建设的目标设定在了“建设国际文化大都市”上，并且逐渐开始将其作为文化主管部门的一些长远性、方向性工作来推动。为此，国内学术界与文化发展建设主管部门联手对“国际文化大都市”展开了相关研究。研究大致依循两种路径：一是对世所公认的国际文化大都市纽约、巴黎、伦敦及东京等展开具体考察研究；二是对其他世界城市的文化发展建设情况展开专门研究。尽管人们至今尚未形成有关“国际文化大都市”的标准概念表述，但是经过多年的考察和研究，人们对国际文化大都市的形态、内涵与特质有了一个大致的认识。按照一些学者的描述，国际文化大都市起码具备以下诸方面的总体特征：文化要素集聚、文化事业繁荣、文化产业发达、文化创新活跃、文化体制健全、文化精神强健，并且具备文化影响力、文化包容性和大市民②。更细化的指标则包括了文化内容生产、文化个人（组织）主体、城市文化标志、文化融资交易、居民文化消费、城市文化节、文化教育培训、文化来源多样、政府文

① 引自韩正市长2011年1月16日在上海市第十三届人民代表大会第四次会议上所作的《政府工作报告》。

② 叶辛、蒯大申主编《城市文化研究新视点：文化大都市的内涵及其发展战略》，上海社会科学院出版社，2008，第29~48页。

化政策、城市文化辐射凝聚和吸引等①。显然，相关的重要指标还可扩展，比如还可以加上文化市场体系发达且充满生机活力、文化中介机构完备、文化职业经理人经纪人云集、文化进出口贸易发达均衡及文化国际交流频繁等多项指标②。

用上述相对齐全的国际文化大都市要素指标来为世界上的知名城市打分划级，则基本可以得出亚伯拉罕的结论（见表3）。尽管难以保证上榜城市完全能够符合这些指标要素的要求，但是这些城市在达标上应做得相对更好些。

表3　从文化角度划分的全球城市等级体系*

得　分	城　市
30	纽约
18～21	伦敦，洛杉矶，巴黎，悉尼，东京
12	多伦多
4～7	开罗，香港，卢森堡，马尼拉，墨西哥城，孟买，纳什维尔
1	布鲁塞尔，迈阿密，蒙特利尔，华盛顿

资料来源：Abraham Son M. *Global Cities*. Oxford University Press，2003。

从这里可以看出，纽约、伦敦、巴黎和东京均以高分入表。这意味着：表1至表3反映出的信息均毫无疑义地喻示着这四个城市不仅是世界城市（全球城市），同时也是国际文化大都市。表3中根本未见中国内地的任何一个城市。那么单以国际文化大都市的相关指标来衡量上海与纽约、巴黎、伦敦和东京之间的比照关系的话，上海究竟处于何种位序呢？有学者通过广泛采集国内外权威机构发布的文化数据，编制整理出了“国际大都市文化出版比较”、“国际大都市公共基础设施比较”、“国际大都市公共文化支出比较”、“国际大都市文化娱乐消费比较”、“国际大都市信息传播比较”、“国际大都市科技水平比较”及“国际大都市国际化程度比较”等对照表格。表格反映出的比较数据表明：上海除在极少数指标方面与纽约、巴黎、伦敦和东京等四个城市不相上下外，在绝大多数

① 上海社会科学院信息研究所编著《智慧城市辞典》，上海辞书出版社，2011，第18～19页。

② 2011年11月中旬召开的上海市委九届十六次全会，提出了与上述概括基本重合的“八个要素”，其中还提到了文化人才荟萃、文化生活多彩及文化生态良好等关键要素。全会强调上海要突出文化创新，不能仅满足于作“文化码头”，更要力争作“文化源头”。

指标方面存在着相当大的差距①。

其实，国际文化大都市目标的设定和实现，实际上是个任务繁重、用心颇细的系统工程。有鉴于上海与西方发达国家的国际文化大都市在国体政体等方面存在着较大差异，所以上海没有必要全部比照西方的指标，而应当在适度吸收国际共性指标的同时，形成足以体现自身独立价值的本土化指标。只有在充分做好目标指标设定的前提下，按照近期、中期和远期规划分步有序地逐项落地实施，才有可能离国际文化大都市目标越来越近。

（三）以全面推进文化发展建设来促进城市软实力的大幅度提升

约瑟夫·奈认为，“软实力”（Soft Power）是一个国家文化与意识形态的吸引力，它通过吸引而非强制来达到预期的效果，它能使别人自愿地跟随你或遵循你所制定的标准或制度来按你的想法行事；而文化是最能够吸引别人的部分②。显然，广义的文化，可以将物质文明与精神文明全部包括在内，而约瑟夫·奈这里所指的文化基本被涵盖或重叠在了我们所说的“精神文明”的范畴内。这个“文化”是作为软实力的核心而存在的，但它并不等于软实力的全部，如管理、法律、机制、体制、价值观、传统、道德、教育、体育、国民（市民）素质、人文精神、城市精神、社会环境等诸多方面都是软实力的重要组成部分。假如将软实力落实到具体城市层面，则它注定会与文化发展建设甚至会与国际文化大都市建设发生关系。

那么上海建设国际文化大都市的最终目的到底是什么呢？假如我们需要用一句话来概括的话，则可以集中表述为：就是为了通过全面推进文化发展建设，来促进上海城市软实力的大幅度提升，进而促进城市综合竞争力的大幅提升。对于城市软实力这一点而言，上海建设国际文化大都市又起码可以分解出以下几个方面的目的：第一，是为了应对国际软实力竞争的需要。西方一些战略家早在20世纪末期就指出：随着世界政治、军事及经济格局的发展变化，文化在国际竞争中的地位和

---

① 参阅叶辛、蒯大申主编《城市文化研究新视点：文化大都市的内涵及其发展战略》，上海社会科学院出版社，2008，第263~269页。

② 参阅中国社会科学报网：《约瑟夫·奈：最成功的战略是软硬结合的“巧实力”战略》，2010年1月13日发布；蒋英州、叶娟丽：《对约瑟夫·奈“软实力”概念的解读》，刊于《政治学研究》2009年第5期。

作用正逐渐凸显和重要起来。[①] 美国《外交政策》杂志2011年7/8月期封面文章《苏联解体的真正原因》指出，苏联解体的真正原因在于道德和文化等软实力出了大问题。戈尔巴乔夫以“建立一个更有道德的苏联”之名启动历史清算，进而引发国家文化价值认同混乱，导致激进的“休克疗法”以及最终的苏共垮台、国家分裂。近十年来，我们党对于文化的地位和作用的认识，也不断深化，我们已经清醒地认识到文化发展建设对于软实力提升乃至对于国家长治久安的巨大影响。这落实到具体城市，就生发了大力提升城市软实力的诉求。第二，是为了顺应经济全球化时代的新一轮产业结构调整及发展模式转型的需要。文化作为综合国力一个至关重要的组成部分，它不仅在促进产业结构调整、助力发展模式转型方面具有重大价值，而且在提升经济附加值、开拓新的发展增长点方面意义非凡。第三，是为了不断满足人民群众日益增长的精神文化消费需求、在更大程度上保障和实现人民群众文化权益。由此看来，上海将自己的文化发展建设目标最终设定为具有客观形态和内涵品质的国际文化大都市，无疑是有其重大实践意义的。

这里需要指出的是：在上海确立建设“国际文化大都市”的总体目标框架后，究竟该怎样认识“跻身世界城市之列”、“向国际文化大都市目标架构迈进”及“全面促进软实力提升”这三者之间的关系呢？我们认为：这三者是相辅相成、合力并进的关系，并不是简单的依次递进关系。我们既不能等上海已经成为世界城市了，再来考虑国际文化大都市建设；也不能等文化发展建设对软实力提升产生积极成效了，再去为上海量身定做世界城市和国际文化大都市的形态内涵架构。就今后几年上海发展的当务之急而言，以促进文化大发展大繁荣来助力上海“创新驱动，转型发展”，将是摆在我们面前最为迫切的任务。

二　上海推进国际文化大都市建设必须遵循的原则

（一）坚持“管”、“办”文化遵循客观规律的原则

1. 遵守世界城市（全球城市）发展建设的基本规律

从西方发达国家一些重要城市历经一次现代化、二次现代化乃至实施新

① 参阅〔美〕兹比格纽·布热津斯基《大棋局：美国的首要地位及其地缘战略》，中国国际问题研究所译，上海人民出版社，1998。

“城市革命”的发展历程来看，但凡最后跻身世界城市之列的那些区域城市，都经历过了一次、两次乃至三次城市产业结构调整、城市功能空间布局及城市发展模式转型，而且都几乎经历过第一、二、三产业的位序更替升级腾挪，也经历过从城市急速扩张时的画圈“摊大饼”转换为“城市再造”时的组团化多中心排布。产业结构调整和发展模式转型，势必会给包括文化产业及创意经济在内的多种新兴现代服务业带来持续发展的良好契机，同时也会给包括公益性文化事业在内的众多福利性公共产品社会供需服务带来极大的发展空间。在此背景下，世界城市尽管可以在某一特定的行业领域（如汽车、航运、会展等）一展身手、扬名世界，但是它必定会在总体上呈现以下特点：现代服务业的比重基本会超过70%，传媒经济、创意研发、时尚会展、文娱演艺、影视制播、人文旅游、节庆赛事等，会在经济总量上占据相当分量。此外，该城市也会成为区域性城市群龙头，向周边乃至全球产生相对巨大的聚集和辐射效应。这就是世界城市发展的基本规律，上海有理由遵循这一规律。

2. 遵循国际文化大都市建设及文化发展建设的特殊规律

无疑，国际文化大都市是文化发展建设实践的积极成果。这里需要看清一点的是：目前世所公认的国际文化大都市如纽约、巴黎、伦敦及东京等，从一般的区域性城市发展为具有全球影响力的世界城市和国际文化大都市，既是其城市居民和外来移民长期进行文化创业、多方努力的历代奋斗结果，也是其承续文化历史传统、以开放包容姿态接纳融入人类不同文明的结果。“文化的发展”在某种意义上具有自然积累性、非刻意人为性，“文化的建设”则体现出较为鲜明的人为谋划推动特点。就这四个既有的国际文化大都市的发展历程而言，它们几乎从来没有刻意打出要“建设国际文化大都市”的鲜明旗号，但经过漫长时期的发展，最终实现了国际文化大都市的发展建设目标。这个事实表明：国际文化大都市的发展建设一定有其特殊规律，而这一特殊规律又一定是契合文化发展建设的特殊规律的。可以肯定的是：国际文化大都市绝对不是自封的，而是别人对你的评价①。文化发展建设特殊规律的“特殊”之处就在于：文化既有经济性、商业性的一面，更有人文性、意识形态性的一面。有鉴于此，简单照搬经济发展建设的做法肯定是行不通的。显然，一个城市的国际文化大都市身份的最终确立，注

① 参阅吴建民《开放是文化发展的根本因素》，见2007年9月20日《文汇报》。

定与该城市对那些世所公认的一系列"约束性共性指标"的对标实现直接相关。其余的一些"增效性指标"和"个性化指标"并非不够重要，因为恰恰是这些指标才能确定此一国际文化大都市区别于彼一国际文化大都市的不同，才能体现出其无可替代的本土化独立价值。总之，上海既然确定要建设国际文化大都市，就必须按照相关的特殊规律来开展管办文化发展建设的相关实践。

3. 尊重中国特色社会主义事业发展规律

目前摆在我们面前最突出的一个问题就是：世界上既有的国际文化大都市均毫无例外地是西方资本主义发达国家的区域中心城市，没有一个是社会主义国家的区域中心城市，它们发展建设国际文化大都市的经验尽管可供我们学习和借鉴，但很难简单以拿来主义的态度去照单全收。因为我们独特的国情、市情、党情、社情和民情等因素，决定了我们必须依托这些特定因素，以因地制宜、以我为主、取其精华、去其糟粕及改革创新的理念，去开展国际文化大都市发展建设实践。概而言之就是，我们必须尊重中国特色社会主义事业发展的特殊规律。从西方发达国家已经建成的那些国际文化大都市来看，尽管它们也具有无以计数的、足以让生活在不同国体政体下的世人所羡慕憧憬、光鲜亮丽的东西，但也不可否认地展示出许多唯有资本主义世界才具有的腐化肮脏、侈靡堕落、光怪陆离、病态离谱的东西。这提醒我们：中国上海的国际文化大都市建设，只有在坚持社会主义先进文化发展方向的前提下，沿着具有中国特色、时代特征和上海特点的发展路径，在实现文化发展建设更大程度地改革开放的同时，确保国家文化安全，稳步奋勇前行，才能体现出它的真正实践价值。

（二）必须因地因时制宜地坚守的一些重要原则

1. 坚持顺应行业产业融合趋势与多部门协调共建的原则

2011 年 10 月召开的十七届六中全会指出：当今世界正处在大发展大变革大调整时期，世界多极化、经济全球化深入发展，科学技术日新月异，各种思想文化交流交融交锋更加频繁①。与此相应的是，文化与科技、金融、工业、农业、旅游、体育、休闲等众多行业产业的相互渗透融合趋势正逐渐凸显。面对这一趋

① 新华网 2011 年 10 月 25 日发布：《中共中央关于深化文化体制改革推动社会主义文化大发展大繁荣若干重大问题的决定》。

势，上海以往形成的部门条块分割、行业壁垒阻隔的行政管理模式正面临着越来越严峻的挑战。最为明显的问题就是：上海先前形成的宣传文化系统“小盘子”自营自办、“列收列支”管办文化的模式，已经明显不能适应文化与非文化领域相互跨界渗透的客观趋势。这就要求我们必须认真贯彻十七届六中全会提出的有关指示精神，即“建立健全党委统一领导、党政齐抓共管、宣传部门组织协调、有关部门分工负责、社会力量积极参与的工作体制和工作格局，形成文化建设强大合力”。①

2. 坚持国际区域共性与上海本土特点相结合的原则

发展建设国际文化大都市，必然是一个文化共性社会实践成果与文化个性社会实践成果不断互动并进、有机交融的过程。上海设定的国际文化大都市建设目标最具独特魅力的地方就在于：它的无法替代性和独一无二性。我们不能将上海的国际文化大都市建设实践，简单化地理解成打造所谓“远东巴黎”、“东方纽约”。因此唯有在建设国际文化大都市的过程中，努力坚持在创建吸收国际文化大都市共性特征的同时，积极挖掘利用本土文化传统资源、形成独一无二的本土文化特点，才能使上海真正成为“时尚魅力的国际文化大都市”。

3. 坚持社会建设与文化建设互动并进的原则

我国改革开放30多年，经历了社会经济发展的巨大变革。以往计划经济时代形成的“企业人”、“单位人”等社会基本单元组织分布架构，早已在市场经济带来的“五个多样化”冲击下进入“社会人”、“社区人”的再分布、再重组状态，从而引发了社会建设的巨大需求。在此过程中，群众的文化消费需求、文化消费方式等也产生了相应变化。然而，由于我们的文化发展建设在某种程度上还留有计划经济时代的“管”、“办”烙印，所以并不能完全适应当今形势的发展需要。为此，我们必须在推进国际文化大都市建设的过程中，努力借助深化文化体制机制改革的特殊机遇，开拓性地创建与社会发展建设相适应的文化发展建设新体制新机制。真正开辟社会力量参与文化建设、社区群众共享文化成果、文化建设融入社区建设的新天地。十七届六中全会明确提出：“推动社会主义文化大发展大繁荣是全党全社会的共同责任。”“人民是推动社会主义文化大发展大

---

① 新华网2011年10月25日发布：《中共中央关于深化文化体制改革推动社会主义文化大发展大繁荣若干重大问题的决定》。

繁荣最深厚的力量源泉。要牢固树立马克思主义群众观点，自觉贯彻党的群众路线，为广大群众成为社会主义文化建设者提供广阔舞台。”①

4. 将贯彻既定方针政策与国际文化大都市建设有机结合起来

近年来上海陆续提出了“四个中心”建设、“四个率先”实现、“国际文化大都市”建设及“智慧城市”建设的奋斗目标，同时还提出了“创新驱动，转型发展”战略方针。无疑，这些奋斗目标与战略方针的落地实施，将极大地推进上海国际文化大都市的建设进程。因为“四个中心”建设、“四个率先”实现无异于在全力创造国际文化大都市建设的经济基础；而“智慧城市”建设无异于在创造国际文化大都市建设的智力基础；“创新驱动，转型发展”则将为国际文化大都市建设提供路径手段支撑。因此，只有将它们有机结合起来，国际文化大都市的建设才会取得显著成效。

三　上海推进国际文化大都市建设应当采取的策略

（一）确立“三大基础，三大支点”发展建设策略

1. 以大力增强经济实力来巩固文化发展建设的物质基础

建设国际文化大都市不同于常规的文化事业产业单一发展，它是一项体量规模巨大、形态内涵复杂的系统工程，它客观上需要有相对持久有力的经济发展实力做保障、做支撑，因此上海应当明确：不能为国际文化大都市而勉为其难地建国际文化大都市，只有真正奠定和巩固了足以支撑国际文化大都市建设的物质基础，这个宏伟目标才有望实现。

2. 以大力深化体制改革来巩固文化发展建设的政治基础

深化文化体制机制改革、深化政府行政管理体制改革，通过对经营性文化单位机构实施“转企改制”并建立现代企业制度，按照社会主义市场经济和社会主义法制建设的要求，理清政府的把握导向、规划引导、依法行政的角色职能，发挥中介机构的穿针引线功能和市场配置文化资源要素的积极作用，按照文化自

① 新华网2011年10月25日发布：《中共中央关于深化文化体制改革推动社会主义文化大发展大繁荣若干重大问题的决定》。

有规律来管办文化，无疑将为上海国际文化大都市建设打下扎实的政治基础。因此，上海有必要在这方面有更大的作为。

3. 以大力推进社会建设来巩固文化发展建设的社会基础

在目前社会主义市场经济条件下，我国还相对缺乏社会建设的经验，尤其缺乏将社会建设与文化建设有机结合起来的相关实践经验。有基于此，我们更需要在推进社会建设、开展丰富多样的社区公共文化服务等方面进行大胆尝试，通过充分解放和调动社区群众参与文化建设的积极性，通过动员更多的社会志愿者、社区义工、社会组织和其他各种有志于文化建设的社会力量，形成文化发展建设的基层合力，从而构建和巩固上海国际文化大都市建设的社会基础。

4. 第一大支点：努力做大做强“文化实业”

“文化实业”特指我国公益性的文化事业和市场性的文化产业。文化事业和文化产业是我国文化发展建设的主要载体，也是上海实现国际文化大都市发展建设目标的重要支撑。国际文化大都市在客观上要求文化事业产业要在总量规模及质量效益方面成为其支柱产业，要在人文传统及城市精神对本土文化实业的统摄弘扬方面成为其核心依托。因此，上海必须重点掌控好、发展好“文化实业”。

5. 第二大支点：切实抓好“文化民生”

十七届六中全会的“决定”强调：要“以建设社会主义核心价值体系为根本任务，以满足人民精神文化需求为出发点和落脚点”。文化民生和文化福利的落实既是群众文化权益得到保障和实现的标志，也是国际文化大都市建设的目标追求之一，因此应当依托公共文化事业和文化产业的充分发展来全力做好它，同时要尊重人民群众的文化意愿。中央领导同志指出：“人民群众是文化产品的享有者，文化产品最终应由人民群众来评判。我们坚持把人民群众认可不认可、满意不满意作为评判文化产品质量的重要标准，引导文化创作生产更好地贴近实际、贴近生活、贴近群众。”①

6. 第三大支点：培育彰显“文化精神”

培育和彰显文化精神，最为集中地体现出国际文化大都市建设的软实力成

---

① 刘云山：《中国特色社会主义文化建设的实践探索和理论思考——在第六次中越两党理论研讨会上的主旨报告》，载《求是》2010 年第 20 期。

效。无疑，上海的文化精神应当既反映国家意识形态层面的社会主义核心价值体系的建构、理解、认同和宣扬，又展示上海市民思想道德和科技文化素养的良好水准，还体现具有江南本土海派文化风格的城市精神①。应当强调的是：上述三大支点应是有机共融、相辅相成的，而不应是彼此割裂、南辕北辙、各自为政的。

（二）采取建立有机互动“九大支撑”的策略

为了切实推进上海国际文化大都市的发展建设进程，上海今后需要采取建立有机互动的“九大支撑”的策略：第一是建立“产业转型升级与市场拓展再造支撑”；第二是建立“人才智慧集聚与品牌功能辐射支撑”；第三是建立“全面对外开放与多元并存包容支撑”；第四是建立“内生自主发展与区域联动共赢支撑”；第五是建立“国际化追求与个性化打造风格支撑”；第六是建立“法制他律与诚信自律并行共建支撑”；第七是建立“中介组织平台发育与文化金融环境营造支撑”；第八是建立“都市形态架构与内涵锤炼提升支撑”；第九是建立“创意研发与时尚引领统合互渗支撑”。

① 上海若干年前提出“海纳百川、追求卓越、开明睿智、大气谦和”的城市精神，近期俞正声同志又提出“公正、包容、责任、诚信”的城市价值取向，均属于因地制宜、与此相关的积极实践。

B.6

服务经济与文化产业内涵和相互作用机理研究

卢　晓*

摘　要： 服务经济历来是上海重点发展的产业，但始终面临向高端服务业提升的挑战。文化产业是“十二五”规划中重点发展的产业。理清服务经济与文化产业两者的关系和互相作用的机理是二者共同发展的基础，是制定发展战略的根本。服务经济和文化产业是相辅相成的，两者有巨大的交集。经济是文化的基础，文化需要有扎实的经济基础创造内容，同时文化产业需要经济的载体把内容转变成产品和服务投放市场。文化产业以其精神层面的追求和价值观的传播，整体提升服务经济的附加值和社会影响力，最终实现社会财富的增值。

关键词： 服务经济　文化产业　机理研究

一　服务经济和文化产业面临全面大发展

2010年10月颁布的《中共中央关于制定国民经济和社会发展第十二个五年规划的建议》中以坚持科学发展为主题，加快转变经济发展方式为主线，更加注重以人为本，更加注重全面协调可持续发展，促进经济建设、政治建设、文化建设、社会建设以及生态文明建设协调发展、共同进步。作为中国经济重镇的上海，大力发展服务经济是发展方式转型的重点。同时，当今世界经济和文化融合

* 卢晓，博士，复旦大学管理学院营销系助理教授，从事品牌、消费和服务经济与文化产业的研究。本文为基金项目——“以文化繁荣发展支撑上海转型发展研究系列课题：上海加快形成服务经济的文化基础研究”的成果。

发展的趋势日益明显，经济发展方式的转变为文化发展提供了巨大的空间；文化产业的发展为经济转型提供了巨大的支持和保障。本文研究的主要问题是从理论和实践两个方面，从非物质生产要素的视角，探索服务经济和文化发展两者之间的内在联系、互动规律和运作机理，为上海加快形成服务经济提供文化发展方面的实践策略。

国内学者从对经济发展和文化发展关系的研究中发现，转变文化发展方式是经济转型的重要组成部分[①]。研究认为：①转变发展方式，不仅是经济领域的问题，也是文化领域的问题。文化繁荣是发展的终极目标。随着经济结构的变化，文化越来越强烈地影响当代社会经济。②文化发展方式的转型是经济转型的重要组成部分。③文化体制改革是文化发展方式转变的关键。④文化与科技两轮驱动，两翼起飞。⑤要建立中国特色的文化产业与公共服务的对位性机制。⑥转变文化发展方式要借鉴和引进经济改革的成功经验。⑦转变文化发展方式更注重从 GDP 到人。但是研究中没有涉及服务经济和文化发展之间的关系。王廉、桂华莲和柯华林[②]认为服务经济在不同国家中的表现不同，在发达国家文化、节庆和娱乐在高端服务业中所占比例非常大；在新兴工业化国家中文化创意产业在高端服务业中占比例较大；而发展中国家的高端服务业更多集中于生产性的服务和设计。目前中国的服务经济还处于集中于生产性服务和设计的阶段，如何使上海的服务经济向更高阶段转型，是本研究需要回答的问题之一。

国外学者对经济发展和文化发展关系的研究认为，文化影响经济结构的方式有三类：①文化会影响经济效率。文化可以增强群体对共有价值的感知，促进群体成员通过经济生产为社会创造价值。②文化影响公平。文化影响群体在经济发展中资源配置的决策。③文化会影响和决定群体想要追求的经济和社会目标[③]。Howkins[④] 认为文化创意产业的知识密集、高附加值、技术整合性，对于增强城市文化竞争力、提升服务经济发展水平、优化产业结构具有不可低估的作用。文化创意产业的核心是价值创造，以创造价值为核心，完善各个经济体的价值系

---

① 金元浦：《转变文化发展方式是经济转型的重要组成部分》，人民代表网，2011。

② 王廉、桂华莲和柯华林：《高端服务业经济》，暨南大学出版社，2008。

③ Throsby (2003), *Economics and Culture*, Cambridge University Press, UK.

④ Howkins (2001), *The Creative Economy*, Penguin.

统，构筑全景产业链，把创意、技术、产品和市场有机地链接起来。目前，全球每天由文化创意经济创造的产值是220亿美元，并以10%的速度递增，其在发达国家的增长更快，例如美国是14%，英国是12%。对于上海来讲，文化创意产业是文化发展的核心，是推动服务经济发展和转型的基础和动力。上海文化产业和服务经济都面临着全面大发展的任务。

二　服务经济与文化产业的内涵

服务经济（Service Economy）是指服务经济产值在GDP中的相对比重超过60%的一种经济形态，或者说，服务经济是指服务经济中的就业人数在整个国民经济就业人数中的相对比重超过60%的一种经济形态。现代服务经济产生于工业化高度发展阶段，是依托信息技术和现代管理理念而发展起来的。现代服务经济的发达程度已经成为衡量区域现代化和竞争力的重要标准之一，是区域经济新的极具潜力的增长点。自20世纪50年代以来，全球经济经历着一场结构性的变革，对于这一变革，美国经济学家维克托·福克斯（Victor R. Fuchs）在1968年称之为"服务经济"。福克斯认为美国在西方国家中率先进入了服务经济社会。福克斯的宣言预示着始于美国的服务经济在全球范围的扩展。伴随信息革命和技术的飞速发展，服务经济也表现出新的发展趋势。服务经济的范畴包括以企业为主发挥职能的社会服务，如物流、金融、邮政、电信、运输、旅游、体育、商贸、餐饮、物业、信息、文化等行业服务，以及以政府事业单位等为主发挥职能的公共服务，如教育、医疗卫生、人口和计划生育、社会保障。

文化产业（Culture Industry）这一术语产生于20世纪初，最初出现在霍克海默和阿多诺合著的《启蒙辩证法》一书之中。文化产业作为一种特殊的文化形态和特殊的经济形态，影响了人民对文化产业的本质把握，不同国家从不同角度对文化产业有不同的理解。联合国教科文组织关于文化产业的定义如下：文化产业就是按照工业标准，生产、再生产、储存以及分配文化产品和服务的一系列活动。"创意是人类文化定位的一个重要部分，可以不同形式表现，透过产业流程与全球分销去复制、推广创意，它构成一个国家很重要之经济资源。"文化产业适用于"那些以无形、文化为本质内容，经过创造、生产与商品化结合的产业"。这一定义是从文化产品的工业标准化生产、流通、分配、

消费的角度进行界定的。文化产业会令内容产业增值，并为个人与社会创造价值。

世界各国对文化产业并没有一个统一的说法。美国没有文化产业的提法，一般只说版权产业，主要是从文化产品具有知识产权的角度进行界定的。英国对创意产业采取一种独特的界定：那些源自个人创意、技能和才干的活动，通过知识产权的生成与利用，有创造财富和就业机会的潜力。日本政府则认为，凡是与文化相关联的产业都属于文化产业。除传统的演出、展览、新闻出版外，还包括休闲娱乐、广播影视、体育、旅游等，他们称之为内容产业，更强调内容的精神属性。我国台湾则将文化创意产业定义为：源自创意与文化积累，透视财产的形成与运用，具有创造财富与就业机会潜力，并促进整体生活环境提升的行业。

2003年9月，中国文化部制定下发的《关于支持和促进文化产业发展的若干意见》，将文化产业界定为："从事文化产品生产和提供文化服务的经营性行业。文化产业是与文化事业相对应的概念，两者都是社会主义文化建设的重要组成部分。文化产业是社会生产力发展的必然产物，是随着我国社会主义市场经济的逐步完善和现代生产方式的不断进步而发展起来的新兴产业。"2004年，国家统计局对"文化及相关产业"的界定是：为社会公众提供文化娱乐产品和服务的活动，以及与这些活动有关联的活动的集合。所以，我国对文化产业的界定是文化娱乐的集合，区别于国家具有意识形态性的文化事业。文化产业基本上可以划分为三类：一是生产与销售以相对独立的物态形式呈现的文化产品的行业（如生产与销售图书、报刊、影视、音像制品等行业）；二是以劳务形式出现的文化服务行业（如戏剧舞蹈的演出、体育、娱乐、策划、经纪业等）；三是向其他商品和行业提供文化附加值的行业（如装潢、装饰、形象设计、文化旅游等）。

尽管世界各国对文化产业从不同角度进行了不同的定义，但文化产品的精神性、娱乐性等基本特征不变，因此，文化产业是具有精神性娱乐性的文化产品的生产、流通、消费活动[①]。文化产业以文化或个人之创意为根基（内容的形成），以产品或服务为方式（载体的形成），营销为手段，进而以创造经济与就业机会

① 胡晓明、肖春晔：《文化经纪理论与实务》，中山大学出版社，2009。

为目的。当"文化产业"概念提出时，文化与产业的结合早已行之多年，并在实践中以不同模式呈现。例如：曝光度高、具国际知名度的迪斯尼卡通片、好莱坞电影、影视唱片等，或者曝光度低、不具国际知名度的个体传统工匠，利用传统技术发展出新的技术或开发出新的产品等。上述例子中，以文化为"内容"，不论是透过大量复制而生产，还是经由艺术家、工匠的巧手而制作，都涵盖于文化创意产业的范畴中，差别在于出现的空间、时间不同，或者是表现形式不同。不论是曝光度高还是曝光度低、大量生产还是少量制作、经济产值大还是经济产值小及制造就业机会多还是就业机会少，都涵盖在此定义之下。文化界的担心在于过度的经济价值追求，将导致文化本质的稀释甚至消失。这一担心随着"文化产业"这一新的经济发展模式的提出、对经济与文化相互作用机制的阐释而消除。

三　服务经济与文化产业的相互关系和相互作用机理

（一）经济与文化的相互作用

马克思、恩格斯对经济与文化的关系有着精辟的论述，他们认为"人们首先必须吃、喝、住、穿，然后才能从事政治、科学、艺术、宗教等等；所以，直接的物质的生活资料的生产，从而/一个民族或一个时代的一定的经济发展阶段，便构成基础，人们的国家设施、法的观点、艺术以至宗教观念，就是从这个基础上发展起来的，因而，也必须由这个基础来解释。"从人类社会的发展来看，严格意义的政治活动、文化活动是社会发展到一定阶段的产物，经济始终是最终的决定性力量，但是政治、文化会以巨大的力量反作用于经济，但其自身的存在和发展却最终要由经济来决定。经济与文化之间是一种相互依赖、相互促进、相互渗透、共生共长的关系①。

一般来说，经济是文化的基础，文化发展离不开经济的发展，在一定条件下，文化会反过来对经济起作用。特别是在农业和工业发展到一定阶段，服务经

① 韩美群、宋州：《政治、经济和文化多维关系解读——兼论和谐社会构建》，《长沙理工大学学报（社会科学版）》2009 年第 3 期。

济比例逐步上升时，文化产业发展状态成为决定服务经济发展的因素，因为服务经济基于无形资产的商业模式，需要文化产业的支撑才能有更大的发展，例如旅游、体育、商贸、餐饮、信息、文化、娱乐等行业。因此经济与文化的关系不是简单的经济决定文化的单向关系，文化对经济的反作用的集中体现就是文化产业是服务经济发展的基础，决定服务经济向更高、更深、更广维度发展的程度。目前中国已经有了一定的经济基础，可以为文化的大发展大繁荣提供比较充分的保障，经济发展和文化发展相互结合和相互促进的最好方式就是发展文化产业。

（二）文化产业是内容和载体的结合

文化产业，体现着“内容”与“载体”结合的关系。也就是说，内容通过载体得以呈现。内容的主要成分在于文化。文化中一切可转化（不管是历史传统的还是创新前卫的）、与载体相结合的成分都可以成为内容。载体是一种表现、呈现形态或方式，承载着可转化的文化内容，以产品、服务或者活动的形态出现。载体以不同的形式出现，可以是传统制造业形式，也可以是科技、网络等高科技的形式。内容是文化产业的核心内涵和原动力，是文化产业的基础。然而，支撑文化产业得以全球化及创造高经济产值的关键，则在于载体。例如，美国并非一个有悠久历史的国家，却是当前文化产业产值最高的一个国家。美国的好莱坞电影工业，除了有好的剧本外，更有知名的演员、高成熟度的视觉科技特效小组（应用软件开发、制作与实体呈现）、强有力的媒体（传输设备、卫星）等等。内容与载体在文化产品及服务的呈现中是缺一不可的。

当内容与载体相结合形成文化产业时，具有以下的特性：经验体验、故事性、设计感、知名性、品牌性、“秀异”性、特殊技术性、多元结合性、应用延伸性、差异性、独特性、多元传达性及重视活动、生产过程。在《晚期资本主义的文化逻辑》（*The Cultural Logic of Late Capitalism*）一书中，“文化”这个原本广泛而模糊的抽象概念，正快速地被物质化与符号化。文化产业的目标，虽然是以文化为根基、激发内容的经济产能，但是文化产业要得以长久发展，还是必须回归于文化的本质。有了强大的文化，才能有强大的文化产业，才能有高附加值的服务经济。

（三）服务经济和文化产业具有巨大的交集

服务经济当中有很大一部分与文化产业是重合的，是两个领域的结合，可以称为文化服务业。文化产业是内容与载体的结合，载体可以是制造业，例如服装行业或者房地产业等；同时可以是服务业，例如酒店业、旅游业、娱乐业等。服务经济中一部分是以文化为基础的服务业，另外一部分是与文化没有直接关系的服务业，例如金融业、物流业等。两者的关系可以通过图1表示。

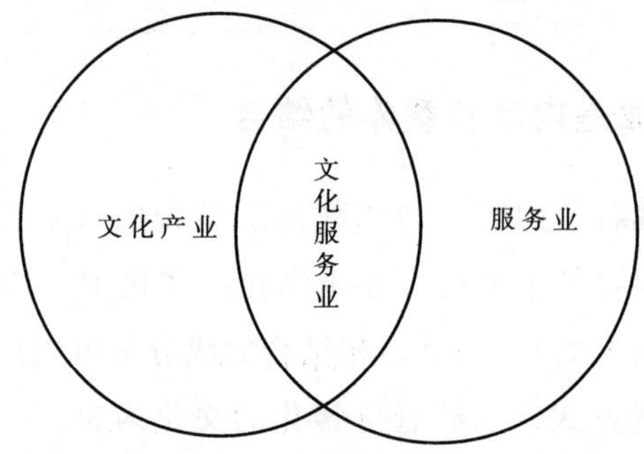

图1　文化产业与服务业的重合

文化产业以其精神层面的追求和价值观的传播整体提升服务经济的附加值和社会影响力，最终影响社会财富的增值。当人均国内生产总值达到3000美元的时候，人们精神文化需求和消费会快速增长。上海2010年人均国内生产总值已经达到10948美元，人们对精神文化的需求和消费远远超过全国平均水平。因此，上海人民对文化产业和文化服务业的需求是异常强烈的。以奢侈品消费为例，奢侈品产业是文化产业，是文化内容和制造业与服务业载体的完美结合。我国2009年就已经成为全球第二大奢侈品消费国，2010年中国的奢侈品消费达到316亿美元，中国消费者在全球免税店内的消费达到160亿欧元。其中上海是全国奢侈品消费的中心，但是并没有成为中国奢侈品产业中心。

四　国际服务经济领先地区文化产业发展成功案例和上海文化产业发展现状

我国文化创意产业近些年来获得了很大的发展，但整体上看还处于起步阶

段。当社会发展到一定阶段，经济增长方式需要转变，需要发展附加值更高、更环保的产业，其中包括服务经济中的文化产业。文化建设不仅是文化宣传，还是实实在在的文化产业。我们可以从英国的案例中看出如何成功地发展服务经济和文化产业。

（一）英国服务经济和文化产业发展案例

英国是服务经济中文化创意产业全球政策的发源地。在全球范围内，英国不但最早开始重视文化创意产业的发展，也最早提出文化创意产业的定义和内容。英国文化创意产业产生了巨大的经济效益。1997～2005年中，英国共培育了12万多家文化创意企业，就业人数占全英就业人口的一半。在12万多家公司中，约有5.4万家软件、电子游戏公司，有3.1万家为音乐、视觉、表演艺术公司。仅占地2平方公里的伦敦文化创意产业园每年为英国创造约10%的税收。以2002年为例，英国有五个门类的文化创意产业产值最高，分别是软件电游电子出版业（168亿英镑）、出版业（83亿英镑）、广播电视业（68亿英镑）、广告业（60亿英镑）、工业设计业（59亿英镑）。英国文化创意产业产值年均增长8%以上，同时期英国整体经济年均增长仅2.8%。近10年英国经济整体增长70%，文化创意产业增长了93%，成为仅次于美国的世界第二大文化创意产品生产国。2000年英国文化创意产业GDP增值超过500亿英镑，2002年为534亿英镑，占全国GDP的8%，超过了英国传统的金融业占GDP的比重（5%）。2003年英国首相战略小组指出，以就业和产出衡量，伦敦文化创意产业对经济发展的重要性已超过金融业。

英国主要文化创意产业部门的成功案例如下。

第一，软件业。从2002年起，软件业GDP增值超过服装设计业，成为英国第一大文化创意产业，从1997年起年收入超过210亿英镑。虽然英国软件业在全世界软件业中的地位不高，但是一直保持着贸易顺差的趋势，就业人数不断增加：1998年42万人，2000年55万人，2007年80万人。

第二，广告业。2002年英国广告业总收入133亿英镑，净出口额达1.35亿英镑，就业人口9.6万人，其中80%集中在伦敦，63%为女性。广告业可以带动其他文化创意产业，带来可观的利润，包括商业广播和电视、商业杂志、区域性报纸、全国严肃性报纸、流行性报纸、消费者杂志，为其他与广告业相关的行业

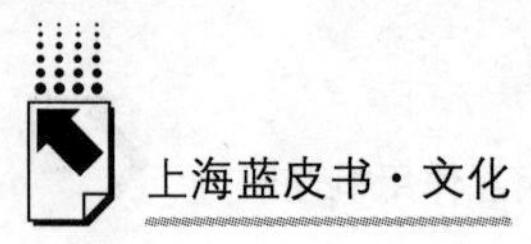

提供就业岗位多达425万个；全球十大广告公司中，两家的总部设在伦敦。

第三，演出业。每年英国演出业票房收入都超过5亿英镑，出口超过1亿英镑，就业人口达8万人。1998年演出业共售出门票3350万张，其中乐团演出350万张，戏剧舞蹈类3000万张，每天售出11万张票。

第四，艺术品交易业。伦敦是全球著名的艺术品销售市场。英国艺术品交易额位居世界第二，仅次于美国。英国艺术品交易额达到53亿英镑，占全球的26%，占欧洲的50%。就业人数4万多人，艺术品交易人员2万人，拍卖行雇员2万多人。

（二）上海文化产业发展现状

上海2009年文化产业总产值为3555.68亿元，比上年增长9.5%，但是对于全市经济增长的贡献率只有6.8%。文化产业增加值占地区生产总值的比重为5.63%，这一比例在5年间没有明显增长，因此还有很大的发展和提升空间。2009年上海新闻服务、出版发行和版权服务、广播电视电影服务、文化艺术服务等文化产业都有所增加，从2005年的84亿元到2009年的131.8亿元。网络文化服务发展迅速，实现增加值130亿元，比2008年增长20%。文化娱乐休闲服务增速为16%，实现增加值149亿元，占上海文化服务业的27%，是文化服务业中的最大规模行业。以广告、会展为主的其他文化服务实现增加值138亿元，占上海文化服务业的25%。2005～2009年上海文化产业总产出和增加值情况如表1所示。

表1　2005～2009年上海文化产业产出

年份	文化产业总产值(亿元)	文化产业增加值(亿元)	文化产业增加值比上年增长(%)	文化产业增加值占地区生产总值比重(%)
2005	2081	509	13.2	5.5
2006	2349	585	14.9	5.5
2007	2897	700	19.7	5.6
2008	3315	782	11.7	5.5
2009	3555	847	8.3	5.6

资料来源：上海市统计局。

五　人民群众日益增长的精神文化需求和落后的文化产业、文化服务业现状是制约上海全面发展的重要瓶颈

（一）没有文化的发展，服务经济没有持久性动力

文化发展是服务经济的基础。没有文化产业作基础，服务经济很难获得快速的发展，因为难以获得持久性动力。上海的发展不只局限于经济的发展，经济和文化是城市发展的两条腿，缺一不可。必须有文化产业作为后盾和基础，经济才能保持旺盛的生命力和持久的发展动力。改革开放三十多年来经济高速发展，人民群众对于精神文化的需求和消费呈爆发式增长，文化娱乐休闲业的增长、文化拍卖产业的增长、奢侈品消费的增长都证明了人民日益增长的精神文化需求和落后的文化服务业发展现状这一矛盾必须在短期内得到较好的解决。

（二）成为世界性大都市必须发展文化产业

上海如果要保持全国经济龙头地位，并且加快成为世界性大都市，必须发展文化产业。因为城市的竞争发展到最后阶段是综合实力的竞争。只以经济为基础发展起来的繁荣很容易被复制和赶超，但是建立在以文化为基础上的繁荣是永远无法复制的。具有鲜明时代特色和时代精神的文化产业的大发展大繁荣，是上海把经济发展推向下一个高潮的必备条件。上海文化产业发展需要着眼于上海在全球和中国发展中的定位。中国在全球的和平崛起必将把上海推到全球城市的定位上来。要巩固上海在中国经济中的龙头地位，必须保证上海具有强大的文化产业作为动力和基础。人类历史发展表明，没有文化底蕴的经济发展是不能长久的，所以上海的文化产业发展，必须和中国在全球经济地位的发展相对应，必须具有高瞻远瞩的战略眼光。上海文化产业只有瞄准世界级水平，才能适应时代发展的需要，才符合上海在全国的地位。

（三）上海文化产业必须要做时代先锋

服务经济为文化产业发展提供了广阔的平台和巨大的空间。服务经济的跨度广、覆盖面宽、渗透性强和具有持久性的特点决定了文化产业的发展可以获得各行各业的支持。随着经济的发展和内需的拉动，人民对文化产品、服务的需求日趋强劲，对上海文化产业提出了要做时代先锋的呼声。

（四）文化产业应该成为上海国民经济的支柱产业

文化产业是服务经济的重要组成部分，是服务经济发展的动力。党和国家提出了经济文化化、文化经济化，经济文化一体化的战略思想。文化产业应该成为上海国民经济的支柱产业。电视、电影、出版、音像、文艺演出、工艺美术、体育比赛、广告、信息、传播、娱乐等产业，都可以发展为庞大的产业集团，成为服务经济中的重要组成部分。新生的数字新业态，如动漫、网游、互联网经济、数字设计、电子（数字）商务、网络电视台、手机电影、手机动漫、手机网游、手机音乐、手机报刊、手机阅读、手机娱乐等文化产业都已经不断发展壮大，推动着传统文化产业的变革。奢侈品产业是文化产业中重要的组成部分，此产业横跨涉及生活方式的各个产业，包括纺织、皮革、矿产、冶炼、食品、轻工制造、精密仪器制造、汽车制造、飞机制造、轮船制造、高端农业、高端服务业、金融服务业、旅游、酒店、房地产和商业地产等众多重大产业高附加值的部分。

（五）文化产业发展是维护地区安全和稳定的重要砝码

文化产业的发展是维护地区安全和稳定的重要砝码，是维护服务经济发展的重要保障。中国经济的高速稳定发展和世界经济缓慢发展、中国经济发展地区不平衡、转型时期的中国社会阶层的重塑等时代问题，在创造机遇的同时也带来了不稳定因素。同时，世界各国各种势力都抓紧时间对中国进行渗透，特别是利用文化和宗教等手段。文化产业不仅能够创造巨大的经济价值，更能创造社会价值，因为文化的繁荣才是发展的最高目标①，只有文化繁荣才能持久有效地提高人民的幸福感和自豪感。

① 联合国教科文组织：《文化政策促进发展行动计划》，1998。

上海文化的科学发展

The Scientific Development of Culture in Shanghai

B.7

上海文化产业“十二五”发展目标测评

——基于需求与共享的协调增长分析

王亚南*

摘　要：“十二五”期间，城乡文化消费需求增长应当与经济发展、民生增进实现良好的协调，文化产业发展必须与文化消费需求增长实现良好契合。本项评价体系对“十二五”规划既定的“协调增长”目标作出预期测算，并以此衡量上海文化产业如何才能成为国民经济支柱性产业。

关键词　上海　文化产业　发展目标　消费需求　协调增长

国家“十二五”规划提出，努力实现居民收入增长和经济发展的同步、增

* 王亚南，云南省社会科学院文化研究中心主任、研究员，中国文化消费需求景气评价中心首席科学家，《中国文化消费需求景气评价报告》（系列）主编，全国学科期刊《民族文学研究》南方片编委，主要从事民俗学、民族学及文化理论、文化战略和文化产业研究。

强城乡居民消费能力、增强城乡区域发展的协调性、逐步完善覆盖城乡居民的基本公共服务体系等，这些已经成为国家发展规划的约束性指标。同时，推动中国文化产业成为国民经济支柱性产业，也成为全国文化建设的一项指导性目标。中共十七届六中全会强调，进一步推进文化建设与经济建设、政治建设、社会建设以及生态文明建设协调发展；文化建设以满足人民精神文化需求为出发点和落脚点，文化发展为了人民，文化发展成果由人民共享；加快城乡文化一体化发展，缩小城乡文化发展差距；增加文化消费总量，提高文化消费水平，是文化产业发展的内生动力。

这就意味着，在“十二五”期间，一方面城乡文化消费需求增长应当与经济发展、民生增进实现良好的协调，另一方面文化产业发展必须与文化消费需求增长实现良好契合。这就需要对“十二五”期间经济、民生与文化消费需求之间的协调增长，包括城乡之间民生与文化消费需求的协调增长，以及文化产业生产发展与文化消费需求增长之间的协同目标作出预期测算，并以此衡量文化产业何以才能成为国民经济支柱性产业。以城乡广大人民群众文化消费需求增长来衡量文化产业支柱发展目标，应该有利于破解源于“GDP 崇拜”而在各地愈演愈烈的“文化产业增加值总量追逐”问题。

在本项评价体系已经面向全国展开分析测评的基础上①，本文补充新近公布的年度统计数据，专门对上海展开分析测算。这是本项研究首次对“十五”以来的整整十年进行分析，更是首次对上海进行此类分析。本项研究已经建立起通用评价体系，为了保证演算过程的通约性和测评结果的可比性，分析模型、测评方法和演算程序均相同。

一　以文化消费需求增长检验上海协调发展成效

本项评价体系以正式出版、公布的国家法定统计数据为演算基础，2010 年数据为刚出版的 2011 年《中国统计年鉴》公布的最新数据。本文以“九五”

① 参看王亚南等《文化消费增长与文化产业发展协同目标预测报告——“十五”以来分析与“十二五”测算》，载王亚南主编《中国文化消费需求景气评价报告（2011）》，社会科学文献出版社，2011。

末年2000年为起点，以2010年为终点，首次对“十五”以来十年间上海经济、民生与文化消费需求增长的协调性，包括城乡之间的增长协调性展开检测。

在此过程中，本文既以已有事实为基点，进行基于上海以往十年平均增幅的或然性预测，即按照2000～2010年上海城乡文化消费需求年均增长幅度，来预测上海“十二五”期间的“可能”增长目标，又以预定目标为基点，进行基于上海以往十年经济、民生与文化消费需求增长协调性最佳状态的应然值测算，即依据2000～2010年上海曾经出现的经济、民生与文化消费需求增长最佳协调状态，来测算上海“十二五”期间的“应该”增长目标；另以未来追求为基点，进行基于上海城乡之间无差距理想状况的应然值测算，即基于上海能够实现文化消费需求增长城乡无差距理想状况的假设，来测算上海“十二五”期间的“理想”增长目标。最后，基于上海文化需求与共享各方面协调增长的假设推演，对上海文化产业成为支柱性产业所必不可少的文化供需协同增长目标进行测算。

上海经济增长背景取历年人均产值来体现，上海民生发展背景取历年城乡综合人均收入、消费（分为非文消费与文化消费两部分）和积蓄（收入与消费之差，即经济学所谓“消费剩余”）来体现。这样一来，就可以对比上海人均产值、城乡人均收入、总消费、非文消费、文化消费与积蓄历年增长变动状况，上海特有的这六类数值及其间比例关系变化动态构成了本文分析的基础。

2000～2010年上海人均产值与城乡人均收入、消费、积蓄关系见图1。

从图1可见，2000～2010年，上海人均产值从约4000美元增长至接近12000美元期间，上海城乡人均收入、消费与积蓄之间关系的变动态势：上海城乡人均非文消费在人均收入当中的比例大体呈逐步下降趋势，除2002年、2004年和2007年外，表示上海城乡人均非文消费的图形面积（3）逐渐收窄；上海城乡人均文化消费在人均收入当中的比例在2002年有较明显上升，从2005年开始略有下降，到2007年又恢复逐年上升，表示上海城乡人均文化消费的图形面积（2）先有所拓宽，后略微收窄，再持续拓宽；上海城乡人均积蓄在人均收入当中的比例大体呈逐步上升趋势，尤其是在2002年以后，表示上海城乡人均积蓄的图形面积（1）持续明显拓宽。

下面再将图1里上海历年人均产值、城乡人均收入、非文消费、文化消费和

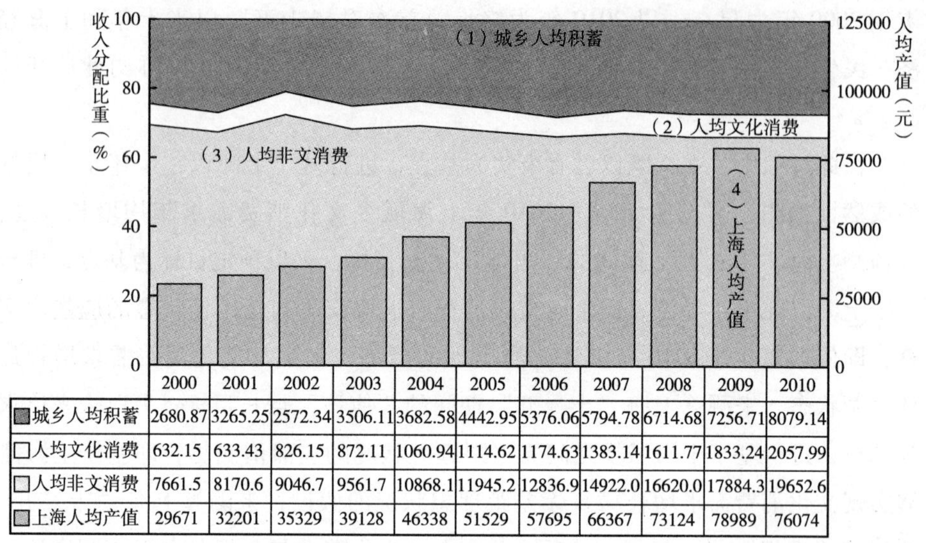

	2000	2001	2002	2003	2004	2005	2006	2007	2008	2009	2010
城乡人均积蓄	2680.87	3265.25	2572.34	3506.11	3682.58	4442.95	5376.06	5794.78	6714.68	7256.71	8079.14
人均文化消费	632.15	633.43	826.15	872.11	1060.94	1114.62	1174.63	1383.14	1611.77	1833.24	2057.99
人均非文消费	7661.5	8170.6	9046.7	9561.7	10868.1	11945.2	12836.9	14922.0	16620.0	17884.3	19652.6
上海人均产值	29671	32201	35329	39128	46338	51529	57695	66367	73124	78989	76074

图1　2000～2010年上海人均产值与城乡人均收入、消费、积蓄关系态势

说明：左轴面积（1）+（2）+（3）=人均收入，（2）+（3）=人均总消费，（1）+（2）=人均非文消费剩余。

数据来源及演算依据：国家统计局《中国统计年鉴》2001～2011年卷。其中，上海人均产值为年鉴历年卷基础数据，又据“国家统计数据库”新近修订数据加以校订；其余为加工演算数值。后图同。

积蓄各项绝对值转换为以自身上一年数值为100的年度增长百分比指数，可以更加清楚地看出一些具有规律性的上海特有动向。

2000～2010年上海人均产值与城乡人均收入、消费、积蓄增长态势见图2。

图2清晰表明，以2000年起点为100不计，2001～2010年，在上海人均产值、城乡人均收入、人均非文消费、人均文化消费与城乡人均积蓄之间的年度增长指数关系中，有三对数据组之间的相关系数值得关注：（1）上海人均产值年增指数（柱形）与（2）城乡人均收入年增指数（带菱形曲线）的相关系数为0.2679，即二者历年增长仅在26.79%的程度上同步；（2）上海城乡人均收入年增指数与（3）人均非文消费年增指数（带方形曲线）的相关系数为0.2786，即二者历年增长仅在27.86%的程度上同步；（4）上海城乡人均文化消费年增指数（带圆形曲线）与（5）城乡人均积蓄年增指数（带三角形曲线）的相关系数为－0.8790，其中在2001～2005年间为－0.9018，在2005～2010年间为－0.8045，形成了显著的“负相关”关系，即日常所说的“成反比”，而且反比程度很高。

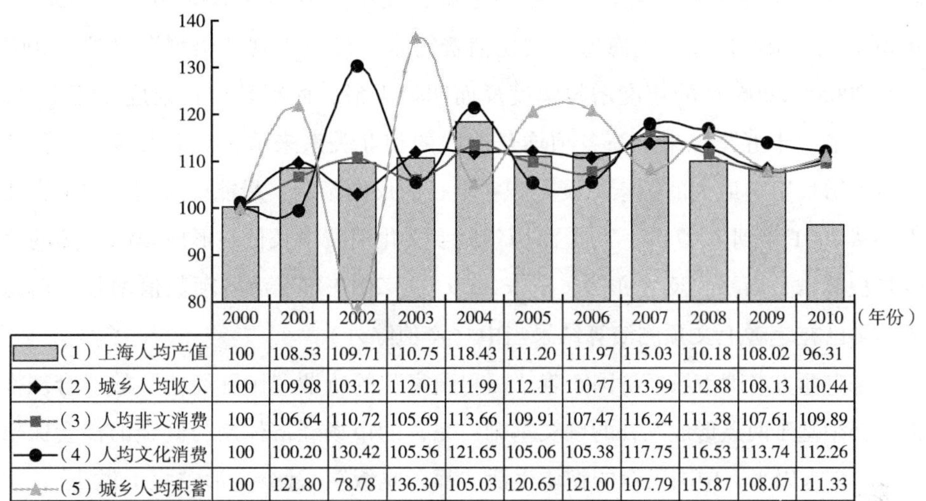

	2000	2001	2002	2003	2004	2005	2006	2007	2008	2009	2010（年份）
（1）上海人均产值	100	108.53	109.71	110.75	118.43	111.20	111.97	115.03	110.18	108.02	96.31
（2）城乡人均收入	100	109.98	103.12	112.01	111.99	112.11	110.77	113.99	112.88	108.13	110.44
（3）人均非文消费	100	106.64	110.72	105.69	113.66	109.91	107.47	116.24	111.38	107.61	109.89
（4）人均文化消费	100	100.20	130.42	105.56	121.65	105.06	105.38	117.75	116.53	113.74	112.26
（5）城乡人均积蓄	100	121.80	78.78	136.30	105.03	120.65	121.00	107.79	115.87	108.07	111.33

图2　2000～2010年上海人均产值与城乡人均收入、消费、积蓄增长态势

说明：图中年增指数小于100为负增长。年增指数——上年=100；相关系数——（1）与（2）为0.2679，（2）与（3）为0.2786；（4）与（5）为-0.8790，-0.9018（2001～2005年），-0.8045（2005～2010年）。

这意味着，在整整十年内平均而论，上海城乡人均积蓄年增幅每上升1个百分点，人均文化消费年增幅便下降0.88个百分点，其中在2001～2005年间更下降0.90个百分点，在2005～2010年间则下降0.80个百分点，反之亦然。

颇有意味的是，与笔者截至2008年的分析相比，情况并没有实质性变化，反而近乎证实了笔者当时对于上海至2010年各项数值增长变化态势的预测（产值出现负增长这一点除外），不妨对照参看。① 既然如此，这里有必要不避重复之嫌，增补2009年、2010年上海实际统计数据，再一次分析上海城乡文化消费需求增长的内在影响因素。

一般认为，一国一地文化消费出现高涨，大致基于这样几种理由：①人均产值超过3000美元的“国际经验”；②收入增长恩格尔系数下降的“合理推论”；③总消费结构发生变化的“常识判断”；④积蓄增长余钱增多的“臆想假说”。然而，这些全都不能印证“十五”以来的“中国现实”和全国各地现实，本项

① 详见王亚南《上海文化消费景气评价的三个维度——“十五”以来城乡综合与单行排行》，载《上海文化发展报告（2011）》，社会科学文献出版社，2011。

研究早有专文分析这一点。[①] 具体到上海，人均产值早在2000年已大大超过3000美元，那时以来，上海城乡文化消费需求并没有出现“倍增”效应，2003年和2005～2006年的年度增长幅度反而明显下滑，而积蓄增长幅度显著上升。就图2里“十五”以来上海各项增长曲线的相互关系来看，对上海城乡文化消费需求增长影响最大的因素无疑是积蓄增长的反向牵制。最能说明问题的事实在于，从2001年到2007年，与上海历年城乡文化消费增长低谷形成鲜明对照的恰恰是积蓄增长高峰，反之亦然。至于2009年、2010年上海各项数值增长变动态势，早已在笔者上文预测演算结果当中（产值除外）。

来自西方老牌市场经济国家兼“福利国家”的所谓“国际经验”的“合理推论”必须基于两点形成互补的事实基础：完善的市场经济体制与健全的社会保障体系。自古以来，中国民众的物质生活“靠天吃饭”，社会生活“皇天做主”，于是“未来年景”不明，本来就有重积蓄的社会传统。延续至今，在建立和完善社会主义市场经济体制的同时，公共服务和社会保障体系建设却严重滞后。因此，广大民众面对“未来不明年景”缺乏基本保障，不得已更加注重“自我保障”，抑制消费增加积蓄成为应对“未来年景”之必需。中国社会其实谈不上什么“消费剩余”，在“必需消费”之外还有“必需积蓄”——家庭购房“基金”、子女教育“基金”、个人病老“基金”等。中国国内居民消费长期增长不足，其根本原因就在这里。在中国最大的都市上海，这一情况居然体现得如此明显。

上海与全国一样，城乡居民文化消费需求呈现一种“积蓄增长负相关效应”，这是本项研究揭示出来的一个重要发现，而且全国各地城乡大多如此。[②] 此处补充上海2009年、2010年两年统计数据再次演算：在文化消费增长曲线与积蓄增长曲线之间，大部分（2008～2010年稍显例外）呈现一种近乎“完美”的横向“镜面对应”或“水中倒影”的负相关关系。显然，尤其是从“上海现实”来看，与其说积蓄是所谓的“消费剩余”，不如说“非必需”的精神文化消

---

① 详见王亚南《论中国民众文化消费的关联影响因素》，载《中国文化产业评论》第11卷，上海人民出版社，2010；王亚南：《“国际经验”碰壁“中国现实”——全国公众文化消费影响因素解析》，载《北大文化产业评论（2010年上卷）》，金城出版社，2010。

② 详见王亚南、方彧《中国东西部文化消费影响因素异同探析》载《广义虚拟经济研究》2010年第1期；王亚南、方彧：《全国各地农村文化消费影响因素比较》，载《广义虚拟经济研究》2010年第3期；王亚南：《“十五”以来全国文化消费影响因素透析》，载《文化产业研究》第4辑，东南大学出版社，2011。

费成了一种“积蓄剩余”——在保证“积蓄必需”之外还剩多少就只能用多少，由此构成二者之间显著的负相关关系。

二 上海城乡文化消费需求相关方面的协调增长

从以上上海基本数据分析中提取出三对数据，恰好构成了从上海经济增长到上海城乡文化消费需求增长的完整而简明的数据关系链：上海人均产值——人均收入；上海城乡人均收入——人均非文消费；（取上海城乡人均收入与人均非文消费之差即反转为）上海城乡人均非文消费剩余——人均文化消费。由此可以揭示出上海人均产值——→上海城乡人均收入——→上海城乡人均非文消费——→上海城乡人均非文消费剩余——→上海城乡文化消费之间的多重增长协调性状况。

这三对数据分别形成一种比例关系：①上海城乡人均收入与人均产值的比例；②上海城乡人均非文消费占人均收入的比重；③上海城乡人均文化消费与人均非文消费剩余的比例。这些比例关系分析大多（指后两项）为本项评价体系从“中国现实”出发的独到构思设计，没有以往的现成经验数据可供参照。于是在本文里，上海既往事实也就成了“第一手”参考资料。以“十五”以来上海城乡综合演算的各项最佳比例值作为一种“应然”参考值，追求上海自身近期曾经实现的“目标”，这样一种期待显得更加切合实际。

此外，“城乡比”倒数演算系本项评价体系的独创方法，可用于测算上海各方面城乡差距的“发展缺陷”。本文同时测算上海人均收入、非文消费和文化消费的城乡比变化，作为上海城乡之间各方面增长协调性分析的“应然”参考值。

（一）民生基础系数检测

国家统计局公布的上海统计数据里只有作为国内生产总值分解的上海“地区生产总值”，并无作为国民总收入分解的上海数据。本项评价体系将上海地区生产总值作为国民总收入的“上海分解值”的相近替代数据看待。这样，上海城乡居民人均收入与上海人均产值的关系就可近似类比为上海城乡居民人均收入与上海“人均国民收入”的关系。这一指标自然以数值大为佳，可以视为上海城乡“民生基础系数”，直接反映上海“初次分配”状况，以此能够衡量上海经济增长带动自身民生收入增长的状况。国民总收入分配是决定民生收入的基本前提，而民生收入又是民生消费与文化民生消费的直接基础。离开以上海产值来体现的经济增长，就谈不上以上海城乡收入来体现的最基本的民生改善；离开上海城乡民生收入增长，民生消费与文化民生消费提升也就无从谈起。所以，此项分析是以下逐步推演测算的基点。

2000～2010 年上海城乡人均收入、产值及其比例值、城乡比变动态势见图 3。

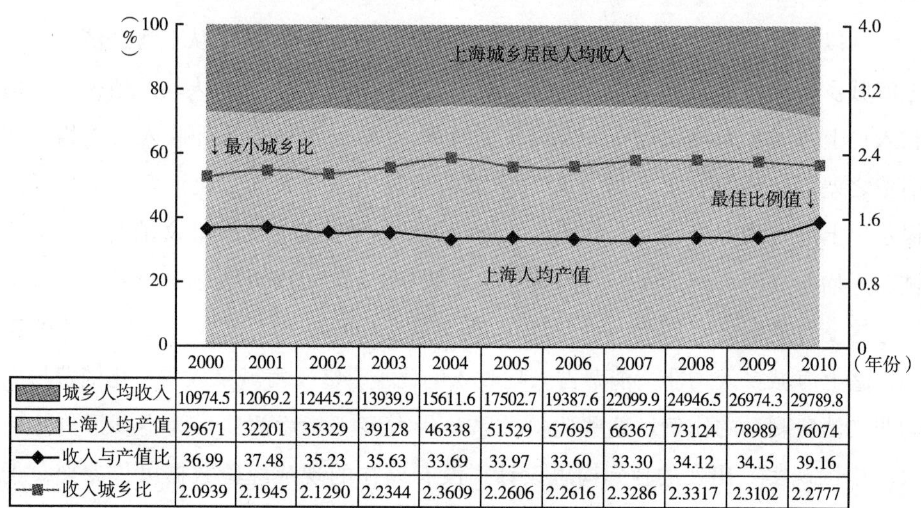

	2000	2001	2002	2003	2004	2005	2006	2007	2008	2009	2010
城乡人均收入	10974.5	12069.2	12445.2	13939.9	15611.6	17502.7	19387.6	22099.9	24946.5	26974.3	29789.8
上海人均产值	29671	32201	35329	39128	46338	51529	57695	66367	73124	78989	76074
收入与产值比	36.99	37.48	35.23	35.63	33.69	33.97	33.60	33.30	34.12	34.15	39.16
收入城乡比	2.0939	2.1945	2.1290	2.2344	2.3609	2.2606	2.2616	2.3286	2.3317	2.3102	2.2777

图 3　2000～2010 年上海城乡人均收入、产值及其比例值、城乡比变动态势

说明：左轴面积为人均收入、人均产值；左轴曲线为人均收入与产值比；右轴曲线为收入城乡比，乡村＝1。

数据来源及演算依据：国家统计局《中国统计年鉴》2001～2011 年卷。其中，上海人均产值为年鉴历年卷基础数据，其余为加工演算数值。

图 3 将上海人均产值、城乡居民人均收入绝对值转换为图形面积比例，从中可见，2000～2010 年，上海城乡人均收入与人均产值的比值先呈逐渐下降趋势后有显著回升，由 2000 年的 36.99% 降低至 2007 年的 33.30%，到 2010 年又回升至 39.16%。其中，最低比值为 2007 年的 33.30%，最高比值（最佳值）为 2010 年的 39.16%。这就意味着，截至 2007 年，上海城乡居民收入增长大体上一直低于本地经济增长，“人民共享发展成果”程度逐渐降低；2008～2009 年此项比值略有回升，2010 年更显著回升。

图 3 也表明，2000～2010 年，在上海居民收入的城乡比例关系中，城镇人均收入增长大体上一直高于乡村人均收入增长。作为这二者关系的确切反映，上海人均收入城乡比由 2000 年的 2.0939 扩大至 2010 年的 2.2777。其中，上海此项城乡比的

最小值（最佳值）为2000年的2.0939，最大值为2004年的2.3609，2008年的2.3317为次高值。这就意味着，“十五”以来，上海人均收入的城乡差距大体上一直在扩大，城乡之间“人民共享发展成果”的程度2009年以来略有提高。

在此作出若干假定：如果①上海城乡人均收入与人均产值的比值能够保持2010年最佳水平，②上海人均收入城乡比能够实现无差距理想状态，那么上海城乡综合人均收入数值就会有较大或极大的增高，随后逐步推演的一切数值都会发生变化。最后在上海“十二五”期间“协调增长”预期目标测算中，将取上海城乡人均收入与人均产值比例值的历年最佳值、上海人均收入城乡比的无差距理想值，分别推演后面的各项数值，最终测算上海城乡文化消费需求应然增长目标。

（二）民生消费系数检测

本文假设上海城乡人均全部“非文消费”皆为“必需消费”，其间包含人们不可或缺的物质生活消费，譬如衣食住行等；也包含当今时代必要的社会生活消费，譬如通信、医疗等。这样一种放大了的“恩格尔定律”关系有可能表明，当上海城乡居民人均收入达到一定水平时，必需的物质生活和社会生活消费支出将会成为一个常量，甚至相对于城乡人均收入的比值还会有所降低，这就为上海城乡居民“非必需”的文化消费需求增长留出了更多的余地。显然，这一指标以数值小为佳，可以视为上海城乡“民生消费系数”，以此能够衡量上海城乡民生收入保障基本民生消费的状况。与上海城乡“必需消费”相对应的另一面是“非文消费剩余”，其中正包含着上海城乡文化消费需求。

2000~2010年上海城乡人均非文消费、收入及其比例值、城乡比变动态势见图4。

图4也将上海城乡居民人均收入、人均非文消费绝对值转换为图形面积，从中可见，2000~2010年，上海城乡人均非文消费占人均收入的比重在偶有回升中呈逐步下降趋势，由2000年的69.81%降低至2010年的65.97%。其中，最高比重为2002年的72.69%，最低比重（最佳值）为2010年的65.97%，2002年峰值之后仅有2004年和2007年稍有回升。这就意味着，“十五”以来，上海城乡居民“必需”的非文消费变化趋势反映了一种放大了的“恩格尔定律”关系：上海经济增长、城乡民众收入增多导致基本生活保障越来越趋于稳定，上海城乡综合演算的“必需消费”增长已经没有多少余地，“必需消费剩余”将会日益增多。就此看来，“人民共享发展成果”的效应在上海城乡基本民生层面日益得以显现。

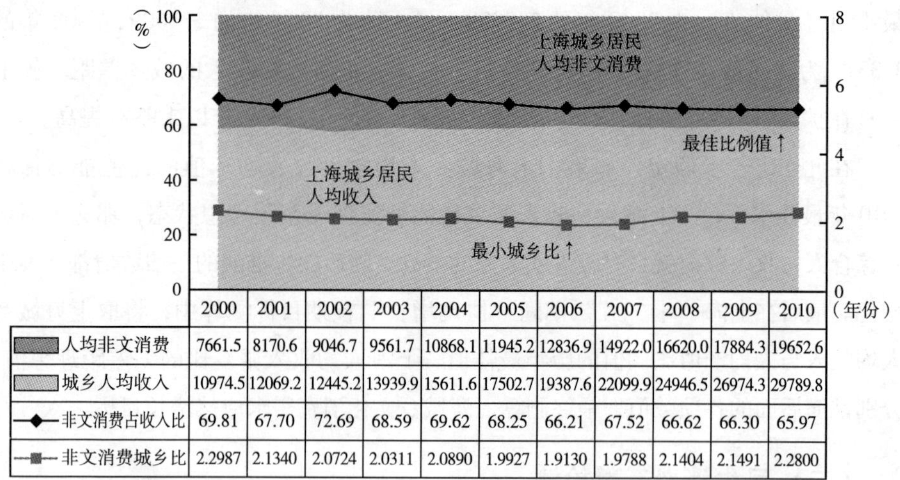

	2000	2001	2002	2003	2004	2005	2006	2007	2008	2009	2010
人均非文消费	7661.5	8170.6	9046.7	9561.7	10868.1	11945.2	12836.9	14922.0	16620.0	17884.3	19652.6
城乡人均收入	10974.5	12069.2	12445.2	13939.9	15611.6	17502.7	19387.6	22099.9	24946.5	26974.3	29789.8
非文消费占收入比	69.81	67.70	72.69	68.59	69.62	68.25	66.21	67.52	66.62	66.30	65.97
非文消费城乡比	2.2987	2.1340	2.0724	2.0311	2.0890	1.9927	1.9130	1.9788	2.1404	2.1491	2.2800

图4　2000～2010年上海城乡人均非文消费、收入及其比例值、城乡比变动态势

说明：左轴面积为人均非文消费、人均收入；左轴曲线为人均非文消费占收入之比；右轴曲线表示非文消费城乡比，乡村＝1。

数据演算依据：国家统计局《中国统计年鉴》2001～2011年卷。图中均为加工演算数值。

图4同时表明，2000～2010年，在上海居民非文消费的城乡比例关系中，城镇人均非文消费总体上略有减少，有可能成为一个常量，不过2007年以来略有增大；与之相反，乡村人均非文消费总体上略有增大，保持着逐步增长态势，不过2007年以来略有减少。作为这二者关系的确切反映，上海人均非文消费城乡比总体上有所缩小，由2000年的2.2987缩小至2010年的2.2800。其中，上海此项城乡比最大值为2000年2.2987，最小值（最佳值）为2006年1.9130，2007年以来略有回升。这就意味着，“十五”以来，上海人均非文消费的城乡差距略有缩小，城乡之间在基本民生层面“人民共享发展成果”的程度略有提高。

检验最近十年来上海经济增长、民生增进及其城乡均衡共享在上海城乡基本民生层面的实际成效，此图或许最具有简洁明快的说服力。

在此同样作出若干假定：如果①上海城乡人均非文消费占人均收入的比重能够保持在2010年的最佳水平，则人均非文消费剩余占人均收入比重增大而“余钱”增多，②上海人均非文消费城乡比能够实现无差距理想状态，那么随后推演的上海相关数值也会发生变化。最后在上海“十二五”期间“协调增长”预期目标测算中，将取上海城乡人均非文消费占人均收入比重值的历年最佳值、上

海人均非文消费城乡比的无差距理想值，分别继续推演后面的各项数值，最终测算上海城乡文化消费需求应然增长目标。

（三）文化需求系数检测

本文再次验证了上海城乡文化消费需求的“积蓄增长负相关效应”，自然需要关注上海城乡文化消费增长与上海城乡积蓄增长的特殊互动关系。上海城乡人均文化消费与非文消费剩余的比值正好体现了上海城乡文化消费与积蓄之间的关系，二者之间此消彼长的“负相关”关系势必形成对于“必需消费”剩余部分的相互“争夺”。在本项研究里，这一指标同样以数值大为佳，可以视为上海城乡“文化需求系数”，间接涉及上海“二次分配”状况，以此能够衡量上海城乡文化消费的民生需求涨落，与之对应的背景因素则是上海城乡社会保障建设的实际效果，它自然能够降低上海城乡居民的“积蓄必需”程度，从而增加上海城乡居民的精神文化消费需求。

2000～2010 年上海城乡人均文化消费、非文消费剩余及其比值、文化消费城乡比变动态势见图 5。

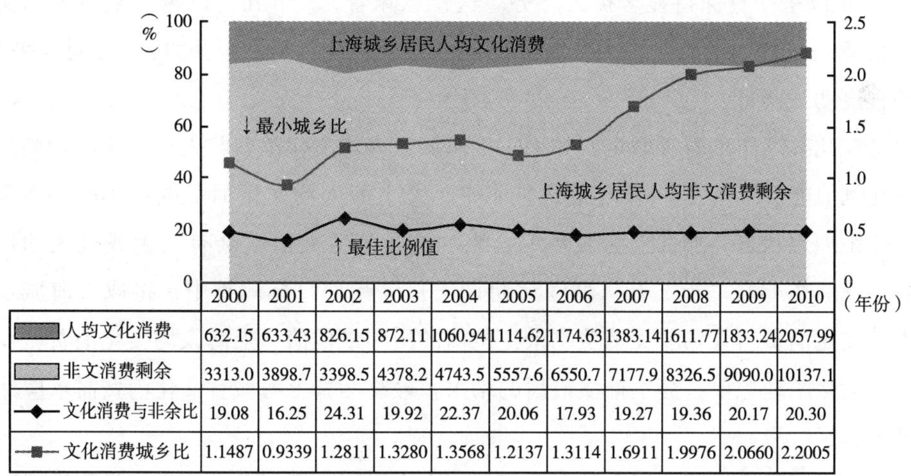

	2000	2001	2002	2003	2004	2005	2006	2007	2008	2009	2010
人均文化消费	632.15	633.43	826.15	872.11	1060.94	1114.62	1174.63	1383.14	1611.77	1833.24	2057.99
非文消费剩余	3313.0	3898.7	3398.5	4378.2	4743.5	5557.6	6550.7	7177.9	8326.5	9090.0	10137.1
文化消费与非余比	19.08	16.25	24.31	19.92	22.37	20.06	17.93	19.27	19.36	20.17	20.30
文化消费城乡比	1.1487	0.9339	1.2811	1.3280	1.3568	1.2137	1.3114	1.6911	1.9976	2.0660	2.2005

图 5　2000～2010 年上海城乡人均文化消费、非文消费剩余及其比值、文化消费城乡比变动态势

说明：左轴面积人均文化消费、人均非文消费剩余；左轴曲线表示人均文化消费与非文消费剩余比；右轴曲线表示文化消费城乡比，乡村 =1。

数据演算依据：国家统计局《中国统计年鉴》2001～2011 年卷。图中均为加工演算数值，城乡比小于 1 为“城乡倒挂”，即人均数值城镇反而小于乡村。

图5仍将上海城乡居民人均非文消费、人均文化消费绝对值转换为图形面积，从中可见，2000～2010年，上海城乡人均文化消费与人均非文消费剩余的比例值总体上有所上升，由2000年的19.08%升高至2010年的20.30%。其中，上海此项最低比例值为2001年16.25%，最高比例值（最佳值）为2002年24.31%，2003年和2005～2006年略有降低。对照图2就可以更加清楚地看出，“十五”以来，上海城乡居民人均文化消费需求增长明显受到积蓄增长的牵制，其社会背景在于上海社会保障体系建设依然显得滞后，上海城乡广大民众应付“未来不明年景”而自保的“积蓄必需”难以降低。同样，对照图2也可以看到，上海城乡的这一状况在2008年以后有所改变。

图5同时表明，2000～2010年，在上海居民文化消费的城乡比例关系中，城镇人均文化消费在偶有减少中持续增大，乡村人均文化消费在偶有增大中持续减少。作为这二者关系的确切反映，上海人均文化消费城乡比在偶有下降中持续扩大，由2000年的1.1487扩大至2010年的2.2005。其中，上海此项城乡比最小值（最佳值）为2001年0.9339（本项研究奉行“矫枉必须过正”原则，因而也视“城乡倒挂”为最佳值），最大值为2010年2.2005，该值从2006年以来一直保持显著扩大态势。这就意味着，“十五”以来，上海人均文化消费的城乡差距明显扩大，城乡之间在文化民生层面“人民共享发展成果”的程度明显降低。

在此继续作出若干假定：如果①上海城乡人均文化消费与人均非文消费剩余的比例值能够维持在2002年的最佳水平，②上海人均文化消费城乡比能够实现无差距理想状态，那么上海城乡综合人均文化消费数值就会有较大或极大的提高。最后在上海“十二五”期间“协调增长”预期目标测算中，将取上海城乡人均文化消费与人均非文消费剩余比例值的历年最佳值、上海人均文化消费城乡比的无差距理想值，分别推演最后的结果，最终测算上海城乡文化消费需求应然增长目标。

有必要补充说明，以上就上海城乡三个方面逐一开展独立分析，类似设置了一种纯粹的“实验室”条件，分别针对上海城乡三个方面之一的比例值关系及其变化单独进行演算，而暂时搁置上海其他方面的比例值关系及其变化影响。然而实际上，上海城乡这三个方面的比例值关系及其变化恰恰密切联系在一起，因此最终必须综合在一起进行上海城乡统一分析演算。

三 “十二五”期间上海城乡文化供需协调增长目标

以既往年均增长幅度推算以后年度的增长数值，只是一种基于概率演算的常规或然预测。在此前提之下，本项评价体系增加了基于以往事实和未来理想的应然测算，设置出以下诸种检测方式：

①年平均增长测算：以起止年度时段的文化消费年平均增长率推算未来年度增长趋势；

②最小城乡比测算：以起止年度时段的文化消费历年最小城乡比测算未来年度增长趋势，即假设维持原有的文化消费城乡差距“最佳状态”不至扩大，这本来就是“应该”做到的；

③消除负相关测算：以起止年度时段的文化消费与非文消费剩余比例关系的历年最佳值测算未来年度增长趋势，即假设文化消费增长不至于受到积蓄增长的反向牵制，这也是“应该”做到的；

④最佳比例值测算：以起止年度时段的收入与产值、非文消费与收入、文化消费与非文消费剩余三项比例关系的历年最佳值测算未来年度增长趋势，即假设维持曾有的三项比例关系“最佳状态”不至于进一步失衡，这还是“应该”做到的；

⑤弥合城乡比测算：即假设文化消费城乡差距得以消除，测算未来年度增长趋势将会如何，这是需要争取尽快做到的；

⑥城乡无差距测算：即综合以上“应然”测算，首先假设城镇部分维持曾有的三项比例关系“最佳状态”，其次假设乡村部分快速增长最终与城镇持平，测算未来年度增长趋势将会如何，这也是需要争取尽快做到的；

⑦地区无差距测算：即在“城乡无差距测算”基础上，再假设东北和中西部都能够达到东部整体平均水平，测算未来年度增长趋势将会如何，这一项仅仅用于全国总体测算，仍是需要争取尽快做到的；

⑧支柱性产业测算：即依据常识中的支柱产业产值比重，按照文化生产与消费的供需协同增长目标，以文化消费增长目标来反推文化生产增长目标。

这些检测方式的设计基于笔者研创推出的“全国文化消费需求景气评价体系”，对国家“十二五”规划突出“协调增长”、“均衡发展”的各项指标多有涉及，针对各地实际情况进行相应选择组合，借以检验当地文化消费需求相关各方面协调增长的目标差距，以及文化产业成为支柱性产业的供需协同增长目标。① 在“十二五”期间注重“协调增长”的预定目标之下，寄望于实现既往年度“最佳状态”的应然测算，在技术上提供了一种简单易行的检测方法，在现实中也实在不过是一种起码的期待。同样，面向科学发展强调“全面协调可持续”的理念要求，寄望于实现未来“理想状态”的应然测算，可以检验出距离“全面协调可持续发展”理想目标的现实差距。

上海的实际情况是，历年文化消费最小城乡比为“城乡倒挂”，不如选用“弥合城乡比测算”更为合适；历年三项最佳比例值中有两项出现在2010年，意味着依据2000～2010年各项数值年均增长推演的未来年度动态向好，而积蓄增长与文化消费需求增长的负相关效应显著，有必要单独进行“消除负相关测算”。

2011～2015年上海城乡人均文化消费需求增长测算见图6。

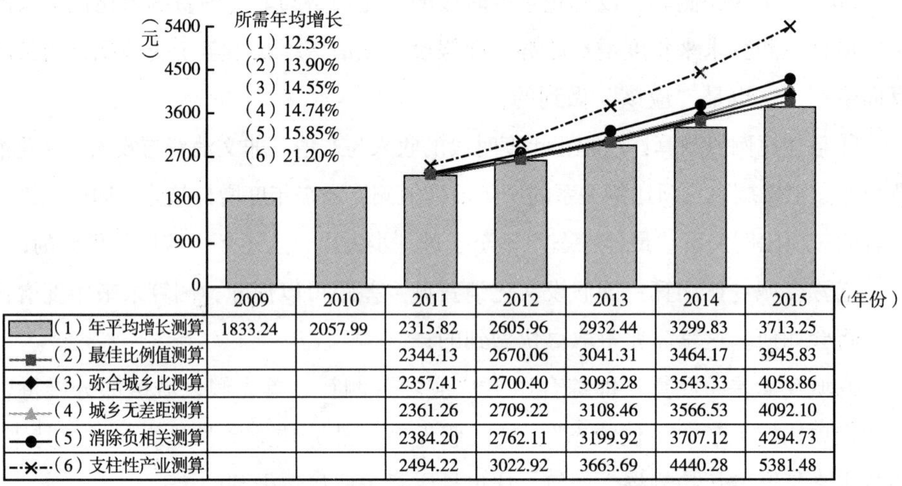

	2009	2010	2011	2012	2013	2014	2015
（1）年平均增长测算	1833.24	2057.99	2315.82	2605.96	2932.44	3299.83	3713.25
（2）最佳比例值测算			2344.13	2670.06	3041.31	3464.17	3945.83
（3）弥合城乡比测算			2357.41	2700.40	3093.28	3543.33	4058.86
（4）城乡无差距测算			2361.26	2709.22	3108.46	3566.53	4092.10
（5）消除负相关测算			2384.20	2762.11	3199.92	3707.12	4294.73
（6）支柱性产业测算			2494.22	3022.92	3663.69	4440.28	5381.48

图6　2011～2015年上海城乡人均文化消费需求增长测算

说明：2009～2010年为实值，其余为测算值。2010年实际人均文化消费与人均产值比为2.7052%；2015年人均文化消费与人均产值比：（1）3.0484%；（2）3.2393；（3）3.3321%；（4）3.3594%；（5）3.5257%；（6）4.4179%。

数据演算依据：国家统计局《中国统计年鉴》2001～2011年卷，或本文图1～5。

① 作为本项测算的基础研究部分，《中国文化消费需求景气评价报告》已扩展为系列，分解为《中国城镇文化消费需求景气评价报告》、《中国乡村文化消费需求景气评价报告》、《中国中心城市文化消费需求景气评价报告》3卷，对31个省（市、区）域城乡、城镇、乡村及36个中心城市全面展开测评，为全国文化产业发展提供各类区域消费市场分析。

图6提供了上海城乡人均文化消费需求增长的6种测算结果。上海各类测算的目标取向、演算方法不同，其间增长曲线（3）与（4）几乎重合，也不可视为相互涵盖。同样，上海即便实现了（6）支柱性产业发展目标，也并不意味着必然实现（2）三项最佳比例值增长。作为相关背景数据，上海人均产值增长一律按2000～2010年当地年均增幅测算。

（1）年平均增长测算：以2000～2010年上海城乡人均文化消费年均增长幅度测算文化消费。假如2011～2015年上海同以前一样保持12.53%的年均增幅（全国第7位），那么到2015年上海城乡人均文化消费将达到3713.25元，与上海产值增长测算值之间的比例值将上升至3.05%。维持这样一种常规增长态势，显然上海不可能实现支柱性产业发展目标，尤其不能适应“十二五”期间“协调增长”的既定要求。

（2）最佳比例值测算：以2000～2010年间上海城乡人均收入与产值比、非文消费占收入比、文化消费与非文消费剩余比三项比例值的最佳值测算文化消费。假如2011～2015年上海城乡三项比例值始终保持“十五”以来最佳状态，那么2015年上海城乡人均文化消费应达到3945.83元，即2011～2015年上海年均增幅需达到13.90%（同一测算模式下居全国第1位），与上海产值增长测算值之间的比例值将上升至3.24%。尽快实现这一目标实属协调增长的起码要求，上海在31个省（区、市）中距此项目标差距最小，更需率先做到。

（3）弥合城乡比测算：以上海人均文化消费城乡比的无差距理想值测算文化消费。假设上海乡村人均文化消费增长幅度迅速提升，至2015年人均绝对值与上海城镇水平持平，那么上海城乡人均文化消费应达到4058.86元，即2011～2015年上海年均增幅需达到14.55%（同一测算模式下居全国第4位），与上海产值增长测算值之间的比例值将上升至3.33%。这是上海推进城乡共享文化发展成果的理想假设，上海在31个省（市、区）中距此项目标差距很小，其乡村人口仅占10%稍强，城市带动乡村发展的压力最小，有必要先行一步实现。

（4）城乡无差距测算：以上海人均收入、人均非文消费、人均文化消费三项城乡比的无差距理想值测算文化消费。假设上海乡村人均各项数值增长幅度迅速提升，至2015年各项人均绝对值与上海城镇水平持平，同时上海城镇保持2000～2010年间三项最佳比例值，那么上海城乡人均文化消费应达到4092.10元，即2011～2015年上海年均增幅需达到14.74%（同一测算全国第1位），与上海产值增长测算值之间的比例值将上升至 3.36%。这是上海推进城乡共享经济发展、民生进步成果的理想假设，上海在 31 个省（市、区）中距此项目标差距最小，应该有能力尽早实现。

（5）消除负相关测算：以 2000～2010 年间上海城乡人均文化消费与非文消费剩余比例值的最佳值测算文化消费。假如 2011～2015 年上海此项比例值始终保持“十五”以来最佳状态，那么 2015 年上海城乡人均文化消费应达到 4294.73 元，即 2011～2015 年上海年均增幅需达到 15.85%（同一测算模式下居全国第 4 位），与上海产值增长测算值之间的比例值将上升至 3.53%。这是单项差距测算，由于上海另外两项比例值动态向好，上海这一单项测算的目标差距反而大于三项最佳比例值测算的。

（6）支柱性产业测算：以文化产业支柱性发展目标测算文化消费。基于上海城乡人均文化消费测算值与上海人均产值测算值之间的比例值达到 4.42%，反推之，到 2015 年上海城乡人均文化消费应达到 5381.48 元，即 2011～2015 年上海年均增幅需达到 21.20%（同一测算模式下居全国第 1 位）。上海城乡文化消费需求持续保持 21.20% 的年均增幅（已经接近上海 2000～2010 年年均增长幅度的 1.70 倍），是到“十二五”末年上海文化产业达到支柱产业供需目标所必需的。

本项研究设定人均文化消费与人均产值比 4.42% 为中国文化产业成为国民经济支柱性产业的必需“临界值”，具体演算依据不再重述，见本项研究已经发表的同类测评。① 顺便提一下，本项研究的这一设定已随 2010 年相关统计数据的齐备而加以修订，可用于此后推出的分析测评；但此前各地分析测评则必须使用这同一设定，不可能为每一文另拟一个不同设定。

如果参照国家“十二五”规划，把上海“十二五”期间 GDP 年均增长控制在 7%，则以上上海（1）、（3）、（5）项测算的文化消费与产值比将分别增高至 3.48%、3.80% 和 4.03%，而以上上海（2）、（4）、（6）项测算的文化消费需求增长所需年均幅度将分别减低至 10.93%、11.74% 和 18.03%，显然更易于实现。在全面协调可持续发展中，不仅经济与环境（包括资源和能源）的关系要

① 参看王亚南《云南文化产业“十二五”发展目标透析——基于文化消费需求的协调增长测评》，载《云南社会科学》2011 年第 5 期。

求适当控制GDP增长，而且经济与社会（包括民生及文化民生）的关系也要求适当控制GDP增长。这正体现出一种应有的发展智慧。增强经济与民生（包括文化民生）发展的协调性，增强城乡之间发展的协调性，应当成为科学发展理念之下政府实绩考核的主要指标。

事实上，由图1、图2不难注意到，2010年上海人均产值增长已经明显降速，甚至呈现为负增长（由2010年人口普查中上海总人口剧增近20%所致）。在本项评价体系的演算当中，这并不是什么不好的事情，反而使上海城乡文化消费需求增长实现“十二五”期间各类测算目标所需的年均增长幅度（其实是目标差距）有所降低。在当今中国社会，迅速推动GDP增长并不难，同步改善民生却不易，究竟什么才是各地政府应该追求的政绩目标？

B.8

上海公共文化服务体系建设的具体实践与未来走向*

蔡丰明**

摘　要：近年来，上海在公共文化服务体系建设方面迈出了较大的步伐，其主要的做法是：充分重视基础性公共文化设施建设，逐步实现“重心下移”的公共文化设施建设布局；逐步加强公共文化服务的运行管理，积极推出各种行之有效的管理政策与实施措施；加快公共文化服务的信息化进程，建立逐步完善的文化信息网络体系；加强公共文化资源的整合与利用，实现全市公共文化资源的共建共享；加强公共文化服务的机制创新，搭建有效推进公共文化服务建设的工作平台等等。在今后上海的公共文化服务体系建设中，应当进一步优化全市公共文化设施的覆盖网络，提高公共文化服务的水平与质量，加强信息化服务网络建设，完善群众民主决策机制，提升公共文化服务建设的费效比，健全公共文化服务的社会化机制，以使上海的公共文化服务建设具有一个更加理想的发展前景。

关键词：上海　公共文化服务　具体实践　未来走向

公共文化服务体系建设是我国党和政府在十六届五中全会以后总结了长期以来“文化事业”建设的历史经验后所提出的一项重要的文化政策。它强调社会主义文化的公益性本质、人民群众的基本文化权益，以及基础文化建设与促进人

---

* 在本文写作中，曾得到上海市文广局公共文化处副处长符湘林等同志的帮助、指导与资料支持，在此表示感谢！

** 蔡丰明，上海社会科学院文学研究所研究员，主要研究领域为中国传统民俗文化、都市文化。

的全面发展、构建社会主义和谐社会的重要关系，赋予公共文化服务以多方面的新的内涵。

中共中央办公厅、国务院办公厅《关于加强公共文化服务体系建设的若干意见》（2007）中指出："按照结构合理、发展均衡、网络健全、运行有效、惠及全民的原则，以政府为主导、以公益性文化单位为骨干，鼓励全社会积极参与，努力建设以公共文化产品供给、设施网络、资金人才技术保障、组织支撑和运行评估为基本框架的覆盖全涉税的公共文化服务体系。切实保障人民群众看电视、听广播、读书看报、进行公共文化鉴赏、参加大众文化活动等基本文化权益。"由此可见，当前我国提出的公共文化服务建设，旨在建立一个包含公共文化产品生产供给、设施网络、资金、人才、技术保障、组织支撑、运行评估等诸方面，能够体现出形式与内容、硬件与软件、组织与管理、运作与评估等多种要素相协调的完整体系。

一　上海公共文化服务体系的具体实践及成绩

近年来，上海在公共文化服务体系建设方面迈出了较大的步伐，取得了一些可喜的成绩，其主要的做法及其特点如下。

（一）充分重视基础性公共文化设施建设，逐步实现"重心下移"的公共文化设施建设布局

上海自20世纪90年代后期就开始十分重视公共文化设施建设，至20世纪末，上海的十大公共文化设施，如上海图书馆、上海博物馆、上海大剧院、上海书城、上海美术馆等标志性建筑已先后建成，很大程度上满足了上海市民的文化需求。"十一五"期间，上海的公共文化基础建设又上了一个新的台阶，全市共建成博物馆114家（其中被列入国家文物局公示名单的博物馆有74家），美术馆32家（其中民营非企业登记的公益性美术场馆14家），公共图书馆237个，文化馆（中心、站）245个，村（居委）综合文化活动室5245个，文化信息资源共享等国家重大工程村级基层服务点1697家，工人文化宫（俱乐部）19个，青少年活动中心、少年宫、少科站、活动营地36所，可容纳200～1500人的公共文化活动广场近百个，公共文化设施总面积近295万平方米。按人均面积计算，

比“十五”时期增长了75%。①

在一大批市、区级标志性文化设施建成后，上海又把文化设施建设的重点转到社区文化建设方面来，大力推进以社区文化活动中心为重点的公共文化设施建设，逐步实现了“重心下移”的公共文化设施建设布局。2007年，上海文广局下发了《上海市社区文化活动中心管理暂行办法》，提出了关于加强社区文化活动中心建设的目标任务，文件明确指出：“社区文化活动中心是指由政府主办、以满足社区群众基本文化需求为目标，设置在街道、镇（乡）的多功能、综合性的公益性文化机构。它是基层群众文化工作的基础平台，也是社区宣传教育的重要阵地。”② 2007年，上海市委宣传部与市政府又及时提出了构筑“15分钟都市公共文化圈”的理念，其总体规划是“服务半径为1千米，即步行15分钟，人口超过10万的社区可增设一座社区公共文化活动中心”。此项规划共分两期推进。2004~2007年为第一期，规划建设100个活动中心。到2006年年底时，上海已建成社区文化活动中心80个，总面积近40万平方米。2008~2010年为第二期，规划再建100个社区文化活动中心和相应数量的社区信息苑。至2009年时，上海已经建成文化活动中心166家，至2010年时达到203家，顺利完成了上海全市社区公益性文化设施的布局与建设，实现了市、区（县）、街镇、村（居委）社区公益性文化设施的全覆盖。③

在一大批市级、区级与社区的公共文化基础性设施基本建成的基础上，上海又将这些不同类型的公共文化基础设施的功能联系起来，逐步建成一个以市级公共文化单位为龙头、区级公共文化单位为骨干、社区公共文化单位为延伸阵地的网络体系，扩大了整个上海公共文化设施的功能效应。2004年，上海及时制定了《上海社区文化活动中心总体规划（2004~2010）》，组建了由市级公益性文化机构（如上海图书馆、上海市群众艺术馆等）、区县公益性文化机构（如区图书馆、区文化馆等）、社区文化活动中心所组成的三级网络结构。

---

① 数据引自《加强公共文化服务体系建设保障公民基本文化权益》，2010年《上海市公共文化建设工作会议新闻素材稿》。

② 参见《上海市社区文化活动中心管理暂行办法》（2007年）。

③ 数据引自《加强公共文化服务体系建设保障公民基本文化权益》，参见2010年《上海市公共文化建设工作会议新闻素材稿》。

市级公益性文化机构的主要功能是侧重搭建区域内外的文化交流和管理平台，提供文化内容支持。21 世纪以来，上海图书馆、上海美术馆、上海博物馆等一批市级公益性文化机构着力拓展公共文化服务覆盖的区域和人群，使城市文化发展成果能最大限度地惠及普通百姓。其具体的做法，一是实施市级公共文化设施的免费开放。至 2010 年时，上海大部分的市级博物馆、纪念馆、美术馆、公共图书馆均能免费向市民提供公共空间设施场地及基本服务项目，满足了广大人民群众对于文化的需求。上海博物馆自 2008 年 3 月迎来首个免费开放日以后，参观人数呈现明显上升态势，仅在 2008 年 3 月 10 日至 10 月 31 日的半年多时间中，全馆就共接待了观众 114.4 万人次，较上年同期（81.25 万人次）增长 40.8%。2010 年因世博会效应，参观人数又增长至 193 万人次，达到接待能力的极限。①

二是开展多层次的延伸服务。依托上海图书馆、上海群艺馆、上海美术馆、上海博物馆等一批市级公共文化机构，上海的许多演出、图书报刊、讲座、展览和咨询等服务都逐渐延伸到了居民区、农村、机关、企业、学校、商厦、军营、工地、监狱、来沪务工人员集中居住地等，覆盖到了更广泛的人群。

三是实施具有较高科技含量的电子网络化服务。例如，经过几年的努力，上海图书馆已经形成方便中心图书馆读者远程使用上图电子资源的“e 卡通”服务，以多种网络化的公共文化服务品牌，满足了不同性质、不同层次、不同服务对象的图书馆发展要求，顺应了大众化、个性化、网络化、专业化的图书馆服务发展方向，呈现出中心图书馆服务在物理空间、网络空间和社会空间上共同发展、共同繁荣的新格局。

区县公益性文化机构的主要功能，是提供各种公益性文化产品，以及对社区公共文化活动中心进行指导。21 世纪以来，上海的各个区县的公益性文化机构，把文化服务的重点主要放在组织开展大型文化活动、积极创建文艺项目品牌、努力培养文艺骨干队伍、深入开展业务培训等方面。例如杨浦区文化馆就曾成功策划、组织了“杨浦区庆祝中国共产党成立 85 周年文艺演出”、“杨浦区庆祝上海理工建校百年专场文艺晚会暨上海市青春创意传媒设计大赛颁奖典礼”、“世博

① 上海博物馆：《发挥文博资源优势提供特色公共文化服务》，参见《上海市公共文化建设工作会议交流材料》，2011 年 4 月，第 33～34 页。

号角管乐艺术节"、"纪念《黄河大合唱》诞生70周年"等一批质量较高的大型文化活动；在世博会期间，杨浦区文化馆还组织举办了上百场精彩纷呈的各种展览；此外，还积极拓展服务领域，努力开展艺术培训工作。每年开设教学科目30余项，参加培训约4万人次，取得了良好的社会效益。①

社区文化活动中心的主要功能，是向社区居民提供各种基本的文化服务。上海现有的200多个社区文化活动中心都开设大量有关文体娱乐、文化教育、家政保健、信息培训等方面的文化服务项目，有的还形成颇具特色的文化服务品牌。例如闸北区临汾街道除了按常规建有图书馆、影视厅、健身房、钢琴室、体育锻炼场、信息苑等场所以外，2010年还增设了"海贝亲子乐园"，以及戏曲沙龙，大大满足了居民的文化生活需求；临汾街道社区学校在为当地的居民服务方面也起到了很大的作用，它利用社区文化活动中心的平台优势，开设文体娱乐、家政保健、文化教育、公民素养、信息职技五大模块50多门课，每年学员达1700多人次；作为重点培育的临汾街道群众文化协会和体育俱乐部，不仅在社区文体活动中起到带领作用，而且也是社区文化活动中心活动人群的中坚力量，现有47个会员单位，汇聚1900余人，其中有23个团队在中心开展活动。群众文体工作依托中心这一平台，不断发展扩大队伍，团队水平不断提高。

（二）逐步加强公共文化服务的运行管理，积极推出各种行之有效的管理政策与实施措施

10年多来，上海在努力抓好全市公共文化基础设施建设的同时，也非常注重公共文化的制度建设与管理建设，逐步设立了一整套较为行之有效的公共文化管理体系，改变了过去文化事业建设中那种重硬件轻软件，重数量规模忽视使用效益，重建造设施不顾后续保障的倾向。其具体做法如下。

1. 制定有关公共文化服务的政策文件，明确本市公共文化服务工作的任务与方向

2003～2009年期间，上海市委宣传部、上海市精神文明办、上海市文广局党政部门连续颁发了《关于加强社区文化活动中心建设的实施意见》、《上海市

---

① 参见杨浦区文化馆《文化阵地惠及百姓 基层辅导润泽民心》，引自《上海市公共文化建设工作会议交流材料》，2011年4月，第113页。

社区文化活动中心基本配置要求》、《上海市社区文化活动中心管理暂行办法》、《上海市社区文化中心服务标准》等重要文件，对社区文化活动中心建设的目标任务、功能要求、主要内容、运行方式、组织机制、实施标准等方面都作出了具体翔实的规定。文件明确指出："社区文化活动中心是社区居民集中活动的场所。应坚持以人为本，向社区居民提供书报阅读、展示展览、团队活动、党员服务、健身锻炼、科普教育、心理辅导、娱乐休闲、网络信息、慈善互助等各类公共文化服务，尤其应注重设置适合社区老年人、青少年、残疾人、妇女儿童和外来建设者等群体的服务项目。"①

2. 确立有关公共文化服务的考评制度，对相关公共文化服务单位的工作绩效进行定期评估与评定

2008年，上海文广局以文化中心设施基本阵地服务为重点，以"利用率、参与率、满意率和导向性"为主要内容，以已经正常投入使用一年以上的社区文化活动中心为对象开展了评估工作，此项评估主要通过第三方和区（县）文化（广）局评估相结合的方式进行。其中，对社区文化活动中心使用满意度的评估工作，由第三方通过问卷及现场观察的方式进行，以体现评估的客观公正。为此，上海社科院文学所专门成立了"上海公共文化服务评估研究中心"，承担第三方评估工作。2011年10月，上海又将展开第二次对全市图书馆、文化馆与社区文化活动中心（共166家）的绩效评估工作，评估采用初评、复评、总结的方式进行，预计评出特级社区文化活动中心20个，一级社区文化活动中心40个，二级、三级社区文化活动中心60~70个。评估工作将按照严格的考评标准与原则进行。除此以外，从2007年起，上海文广局还连续3年对上海的重大文化活动进行了评估工作，形成了比较成熟的评估指标体系和工作流程。这些做法，为今后全市公共文化服务评估体系的推进与发展打下了良好的基础。

3. 建立有关公共文化服务的查访制度

除了定期的评定评估以外，上海还建立了有关公共文化服务的检查制度，对全市的公共文化服务单位进行不定期的查访。例如2010年时，上海文广局委托市民寻访团对全市166家社区文化活动中心进行了暗访，在此基础上写出了全面

---

① 《上海市社区文化活动中心基本配置要求》，2007年修改版。

反映上海社区文化活动中心在公共文化服务工作上的成绩与问题的报告。市民寻访团经过深入调查，充分肯定了这些社区文化活动中心的作用，同时也指出仍有部分社区文化活动中心存在着环境设施差、服务不规范、没有坚持社会公益性、获取商业利润等问题。通过这种明察暗访的方式，充分引起了相关部门的领导与工作人员对于公共文化服务工作的重视，有效提高了上海公共文化服务工作的质量。

（三）加快公共文化服务的信息化进程，建立逐步完善的文化信息网络体系

近10年来，上海在公共文化建设方面积极推出各种信息化服务的措施，使公共文化产品能够被快速、方便、顺畅地输送到广大居民群众的手中。

在这方面，最为典型的事例之一是上海市中心图书馆的“一卡通”服务。2003年10月，“一卡通”借阅首先在全市区（县）公共图书馆中实现了全覆盖，2005年10月，上海市中心图书馆将“一卡通”服务延伸至街镇图书馆等基层服务点，标志着由市、区县和街镇组成的两级总分馆制开始形成，体现了公共服务的重心下移、注重基层、就近便捷、以民为本的发展理念和服务理念。2010年，上海市政府又将全市实现“一卡通”街镇全覆盖工作列入当年市政府的重点工作，先后推出了办证即办即取即用、网上预约就近取书、手机图书馆、编目加工提速、物流提高传递频度等一系列便民措施。在此基础上，2010年3月30日，上海市文广局和上海图书馆召开了“上海市中心图书馆街道（乡镇）基层服务点推进会”，并下发了《关于加快推进上海市中心图书馆街道（乡镇）基层服务点建设的意见》，明确提出到2010年底实现街道（乡镇）图书馆“一卡通”的基本全覆盖的建设目标。在各级政府强有力的推进下，到2010年12月底，全市18个区（县）的212家街道图书馆全部加入了中心图书馆“一卡通”服务体系，实现了同城三级图书馆网的“一卡通”全覆盖。①

另一项公共文化信息化服务的典型事例，是自2003年以来推出的“东方社区信息苑工程”。该项工程是以互联网等高新技术、载体和模式集成创新的“天罗地网”方式，直接建在社区、面向普通群众，具有公益上网、现场培训、数

① 上海图书馆：《发挥文献资源共建共享效益 为建设学习型社会提供公共服务》，参见《上海市公共文化建设工作会议交流材料》，2011年4月，第39～40页。

字影院放送等功能的新型互联网公共文化设施和服务平台。自2003年以来，在上海市委宣传部主导，市文明办、信息委、文广局等部委办局联合推进下，东方网牵头组织专业实体，经过八年多的创新实践，初步构建了“全覆盖布点”的服务渠道、“联网连锁”的服务模式和“共建共享”的服务品牌，受到居民的普遍欢迎，取得了良好的社会反响。

近年来，上海东方社区信息苑还突破了传统手段，运用远程控制、信息安全等技术，自主研发了东方社区信息苑中央管理平台，提供政务服务、文化服务、便民服务、未成年人服务及培训服务等五大板块的服务，设有25个频道、256个专栏，以10万册正版电子图书、4700部百科视频讲座、5300部电影电视、500份电子报刊、23万个教育课件以及青少年多媒体天地、电子竞技等丰富资源，成为文化部全国文化信息资源共享工程的上海基层中心点。八年来，东方社区信息苑年服务总人次以年均5%的比例增加。仅2010年度，就举办公益培训13763场，参加者195185人次；举办公益活动23313场，参加者554147人次，受到广大市民的欢迎与喜爱。①

“十二五”期间，上海又进一步加快了公共文化信息化建设的步伐，其具体内容包括推进中心图书馆“一卡通”建设，推动数字图书馆、数字博物馆、数字美术馆建设，逐步推广手机图书馆、手持移动阅读器、24小时自助借书系统、知识导航系统等应用，提供远程在线公共文化信息服务等。

（四）加强公共文化资源整合与利用，实现全市公共文化资源的共建共享

上海作为一个国际性大都市，具有大量的公共文化资源，例如图书馆、博物馆、美术馆、文化馆、文化艺术中心，以及大量的学校等。但是长期以来，这些资源由于受到体制上的制约，分散在各个地区或者单位，并没有得到很好的利用，以致有所闲置与浪费。21世纪初，上海遵照中央提出的社区文化共建共享的精神，对全市的社区公共文化资源进行了有效的整合，大大提高了它们在公共文化服务方面的效率与作用。上海市政府在《关于完善社区服务促进社区建设

① 东方信息苑：《开拓网络文化公共服务新渠道》，参见《上海市公共文化建设工作会议交流材料》，2011年4月，第63～65页。

的实施意见》中要求：以社区事务受理服务中心、社区卫生服务中心、社区文化活动中心为载体，整合社区公共服务设施资源。各职能部门为社区提供的公共服务，应尽可能向其集聚，加强设施功能的综合利用。按照社区所需、群众所求、单位所能的原则，采用政府购买服务、市场分担风险、社区参与管理的办法，实行社区内学校、剧场、体育场馆、文化图书馆、科普场馆等可共享的公共设施，在节假日和课余时间向社区居民有序开放。在这一精神的指引下，上海各个社区中的许多公共文化资源得到了有效的整合。例如2006年，上海虹口区欧阳社区文化活动中心将街道沿线的青少年活动中心、朱屺瞻艺术馆等4家大型文化教育单位的资源全部向居民开放，过去居民进不去的区委党校、教师进修学院和艺术馆，现在全都向社区居民敞开了大门。这种做法有效整合利用了原本散落各处、常常处于闲置状态的资源，让这些资源汇聚到社区文化活动中来。①

除了文化设施以外，上海社区人才资源也较好地实现了整合与共享。近年来，上海的许多社区之间的文艺团队和文艺人才不仅在本社区文化活动中发挥作用，还在其他许多社区中进行广泛的文化交流活动，这样既可避免本社区居民对过于熟悉的文艺节目产生“审美疲劳”，又可使文艺团队在相互交流、相互学习中提高水平。

近年来，上海对于公共文化资源的整合利用，还表现在其社区文化活动中心的建制上。例如，将许多具有不同功能的文化设施整合到同一社区文化活动中心，创立“一站式服务”的新型社区文化活动中心建制模式。所谓“一站式服务”，就是将原有的社区文化馆（站）、社区图书馆、社区学校、社区老年活动室、社区青少年活动中心、社区少年科技站、社区健身苑、科普画廊等各种不同的文化设施归入同一个社区文化活动中心，使社区居民能够在同一个社区活动中心享受各种多样化的服务。这一做法既便于社区居民参加社区文化活动，又可以起到资源整合的作用，有效地提高了社区文化活动中心的利用效率。

（五）加强公共文化服务的机制创新，搭建有效推进公共文化服务建设的工作平台

公共文化服务体系建设是我国文化事业与文化管理上的一项新的任务，要

① 参见上海东方社区文化艺术指导中心、上海市宣传系统人才交流中心、上海市群众艺术馆编《上海社区文化艺术指导和管理》（试用版），第75页。

想较为有效地推进这项工作，就必须在体制与机制上有所创新，改变过去那种在单一的行政事业单位内进行运作的工作方式，搭建更为广阔的社会化服务平台，以适应新的公共文化服务体系建设的需要。近年来，上海在公共文化服务体系建设工作上进行了大胆的探索与创新，建立了一系列的创新机制，尤其是在社区文化活动中心的建设上，更是从一开始就把机制创新放在突出位置，并在大量的社区公共文化服务的实际工作中进行了积极的探索。其主要的创新机制如下。

1. 多层次的统筹协调机制

近年来，上海在公共文化服务体系建设中，注重构建公共文化服务的三级协调机制，动员、整合各类文化教育资源共建公共文化服务大平台。在市级层面，构建了由市委宣传部牵头，市文明办、政府文化行政部门会同相关各方形成的公共文化服务统筹协调机制，以社区文化服务中心为基础平台，组织全市公共文化服务机构为基层提供公益性文化产品和服务。在区级层面上，各区（县）也相应地建立了组织领导体制和各方协调机制，负责领导和协调区域内各方力量，统筹各种资源，共同推进公共文化服务体系建设。尤其是在社区层面上，上海更是建立了十分明确与具体的公共文化协调机制，除了注重加强社区文化活动中心的一体化建设，融科教、文体、信息服务于一体，使其成为一个综合性、多功能的公共文化服务平台以外，在当今上海的一部分社区中，还成立了专门的社区文化工作协调机构——“社区文化工作管理委员会”或者“社区文化工作联席会”。这一机构主要由街镇党委或政府领导，相关职能部门负责人，以及社区群众代表、文艺团队代表和文化中心负责人共同组成，主要负责对于整个社区文化工作的协调与统筹，同时也承担着对社区文化中心的社会监管责任。

2. 多元化的运作管理机制

公共文化服务虽然由政府主导，但是在对于各种公共文化服务单位与设施的运作管理上，却不能单一地采取政府包揽的模式，而要逐渐引入社会化的运行机制，积极培育非营利组织，以使公共文化管理的模式更趋于多元化与有效化。2007 年《上海市社区文化活动中心管理暂行办法》中明确规定：文化中心可以由街镇委托具有专业管理资质的单位运行，也可自行组建管理队伍运行。这也就是说，文化活动中心的运行可以有两种模式，一是实施委托管理，二是可由街道办事处或乡镇人民政府直接管理。前者的基本做法是在文化中心产权和公益性质不变的前提下，政府委托具有专业管理资质的机构来运作文化中心。受委托机构按照文化中心的管理规范和委托协议进行运作，并受委托单位的监督。这种社会化、专业化的委托管理方式，是近年来上海在社区公共文化管理体制机制上的一项重要创新举措，它突破了原来依靠文化事业机构单一化管理的运行模式，一方面可以使机构人员能进能出，有较强活力，另一方面也可使一些具有丰富管理经验的社会专业机构在运作管理中充分发挥作用，以提高文化中心的服务能级。当然，从整个上海的社区文化管理机制来看，也存在着相当一部分由街镇自己直接组队管理，或者沿袭原来文化站管理机制。在这方面，上海的文化管理部门并没有采取“一刀切”的做法，而是希望通过一些创新的探索与实践，逐步使其运行机制得到进一步的完善。

3. 多样性的供给配送机制

中共中央办公厅、国务院办公厅《关于加强公共文化服务体系建设的若干意见》中提出，要把公共文化产品的生产和供给放在重要位置。由于社区文化中心自身能力有限，市、区（县）政府必须采取有力措施予以支持。根据党中央与国务院的精神，上海十分重视公共文化的供给问题，把公共文化产品的生产与供给放在重要位置。为了更好地实现这一目的，上海文化管理部门十分及时地推出了一系列适合广大市民需要的公共文化配送机制。上海在2007年的《上海市社区文化活动中心管理暂行办法》中规定，要“建立市、区（县）两级社区文化资源配送系统，为社会文化中心提供文化服务与文化产品”。文化馆、图书馆等相关机构，要对文化中心进行“业务指导”，配送文化资源一般采用“资源整合、百姓点菜、政府购买、统一配送”的方式，以有效提升文化中心的服务能力，丰富群众文化生活。

近年来，上海在公共文化供给配送机制方面的一个重要创新之举，是“东方系列”公共文化资源供给系统的创建。从2003年起，上海陆续形成了以上海东方宣传教育服务中心、东方讲坛、东方社区信息苑、东方社区学校服务指导中心、东方社区文化艺术指导中心、东方永乐农村数字电影院线等为骨干的基层公共文化资源供给系统，每年由市文化专项资金财力投入近7000万元，为社区基层提供图书、演出、展览、讲座、信息、人才等文化资源。上海东方宣传教育服务中心主要开发、制作、配送关于社会主义核心价值体系、社会主义意识形态以及文明道德风尚的宣传教育产品和服务，2010年，共计配送了1815场各类演

出，受众达52万多人次。东方讲坛主要配送各类公益性讲座资源，现在全市已有200多个讲座点，主要设在社区、学校、机关、图书馆、博物馆等人群密集的场所，讲座对全市市民开放。自2004年6月成立以来，东方讲坛共计输送各类讲座近14000场，直接受众约441万人次，二次传播受众达1.97亿人次，已经成为本市覆盖面最广、参与人数最多、规模最大的社会化教育平台。东方社区学校服务指导中心现在已达220个、分校（教学点）4539个，覆盖全市18个区县220个街镇，为居民提供培训、讲座、技能、娱乐等四大类、近千门课程。东方社区信息苑是上海新型标准化社区文化活动中心的配套项目，覆盖全市各社区的信息化建设基层服务点，每间拥有50台电脑，设有互联网公共服务、多媒体培训教室和多功能演播厅三个服务区域。2003年至今已建设运营东方社区信息苑300家，东方农村信息点1697家，覆盖全市18个区县所属街镇及行政村，实现互联网公共服务、网上公共文化资源共享接入、高清数字电影播放、多媒体培训等服务功能，年服务总人次超过1400万。东方永乐农村数字电影院线主要是为满足农村民众看电影的需要而建立的服务机制，到2009年底实现了数字电影放映工程的全覆盖。上海东方社区文化艺术指导中心则向基层文化组织和群众文艺团队配送音乐、舞蹈、戏剧、曲艺、美术、书法、摄影七个门类的专业文艺指导员。指导中心还与院团签约，以“市民艺术大课堂”形式，对社区居民进行多门类艺术知识的辅导、讲解和普及。2010年实现了对已建的全市185家社区文化指导中心的派送全覆盖、网上派送全覆盖和对市级专业艺术院团派出指导员的全覆盖；社区文化指导员对5403支业余文艺团队进行了指导，接受辅导的社区群众近98万人次。①

总的看来，上海“东方系列”公共文化服务平台，以新颖的服务方式，深入基层，服务市民，受到广泛的欢迎，成为上海公共文化服务的新型载体。目前，它们已经构成一张体系完整、功能完备的社会公益性文化服务机构网络，在上海的公共文化服务事业中发挥着越来越重要的作用。

4. 长效性的财政投入机制

构建公共文化服务体系是公共服务型政府的责任，需要政府公共财政的稳定支持。上海政府早已明确规定，社区文化中心的运行经费，包括人员经费、公用

① 《加强公共文化服务体系建设保障公民基本文化权益》，参见2010年《上海市公共文化建设工作会议新闻素材稿》。

经费、业务活动经费要纳入区县和街道、镇（乡）的财政预算，“每年对社区文化中心的建设与运行经费的投入增幅，应当不低于同级财政经常性收入的增幅”。[①] 在上海市文广局2007年颁布的《上海市社区文化活动中心服务标准》第14条中，还专门提出了建立公共财政托底保障制度的标准，即在公共财政的支持下，社区文化中心应该提供每年至少要为群众免费提供12场展示展览、100种可阅读的报刊和1000种新书、公益性的电影100部、文艺演出活动100场（含群众文艺演出）、培训讲座3000课时（含社区学校）、上网服务100000小时（含社区信息苑），以及指导群众健身锻炼和团队活动等基本文化服务。

除此以外，上海在公共文化服务体系的建设中，还十分重视投入机制的多元化与社会化问题，积极探索公共文化服务体系建设投入机制的改革之路。建立上海文化发展基金会的做法，就是这方面的一个有效尝试。从2004年起，上海文化发展基金会每年进行面向全社会的文化项目资助工作，其范围涉及文艺创作、文化研究、文化艺术活动、文艺人才建设、文化艺术交流、群众文化活动等各个方面。2005年3月，上海文化发展基金会首次面向全社会进行了项目资助评审工作。经专家评审，69个项目获得资助，资助金额总计达3966.7万元。上海这一全新的文化投入模式，创全国改革之先，在公共文化服务体系建设方面走出了扎实的一步。2007年，上海文化发展基金会共受理申报项目700余项，通过评审资助项目329个，获得舞台演出补贴的单位19个，资助金额达6736.1万元。[②] 为了完善新机制，提高资助效能，今后基金会还将根据实际情况，对不同性质、不同文化艺术门类的项目，采取拨款资助和以投资方式资助等不同方式，同时加强对申报者诚信度的考察和对资助项目的审计与监管。

5. 社会化的绩效评估机制

建立公共文化服务的绩效评估机制，是促进服务质量提升的重要举措，也是实施监管的重要手段。2008年，上海市文广局制定了《上海市社区文化活动中心绩效评估指标体系》和《试评估办法》，评估指标体系突出文化服务的导向性、设施的利用率、群众的参与率和社会公众的满意度，包括性质指标、能力指标、效率指标、效益指标、可持续发展指标等部分，由市文广局委托第三方进行

---

① 参见《上海市社区文化活动中心管理暂行办法》第11条。

② 参见《上海文化发展基金会2007年报》。

客观评估。实施评估考核对促进文化中心活动项目设置的合理性、服务质量水平的提升、群众满意度的提高，以及引起政府主管部门的重视，都有十分重要的作用。测评结果也为改进与提高公共文化服务工作提供了客观有效的依据。评估体系建立以后，上海文广局以文化中心设施基本阵地服务为重点，以“利用率、参与率、满意率和导向性”为主要内容，对已经正常投入使用一年以上的社区文化活动中心开展了试评估，评估通过第三方和区（县）文化（广）局评估相结合的方式进行。其中对社区文化活动中心使用满意度的评估，由第三方通过问卷及现场观察的方式进行，以体现评估的客观公正。为此，上海社科院文学所专门成立了“上海公共文化服务评估研究中心”，承担了第三方评估的工作。同时，从2007年起，上海文广局还连续3年对本市的重大文化活动进行评估，形成了比较成熟的评估指标体系和工作流程。这些方面的探索，为全市公共文化服务评估体系建设打下了良好的工作基础。

二 上海公共文化服务体系建设中目前存在的问题

虽然近年来上海在公共文化服务建设方面已经取得了很大成绩，并且实现了制度层面与实践层面的许多创新举措，但也依然存在着一些不足与问题，它们主要表现在如下方面。

（一）公共文化服务的配置不够均衡

这主要表现在市区与郊区不均衡，年龄、人群不均衡，服务资源与服务需求不均衡等几个方面。从地域特点上看，上海目前的公共文化服务设施主要还是集中在市区，而大多数市郊地区，尤其是较为偏远的农村地区，其设施还是显得较为薄弱；从年龄与人群特点上看，上海目前一些社区文化活动中心的配置主要适应了一些中老年人的需要，而对于满足青少年的文化需求方面则有所欠缺；从服务资源的特点看，还存在着数量较少、形式较为单一的不足，与上海作为一个国际性大都市文化需求丰富多样的特点有着一定的距离。

（二）民主决策机制与反馈机制不够完善

党的十七大报告指出：“要始终把实现好、维护好、发展好最广大人民的根本利益作为党和国家一切工作的出发点和落脚点，尊重人民主体地位，发挥人民首创精神，保障人民各项权益。”公共文化服务是一项重要的民生工程，直接关系到广大人民群众的切身利益与文化诉求。因此，在公共文化的建设与管理过程中，应当充分尊重广大民众的参与权与决策权，给予广大民众以充分发表意见的机会。但是目前上海在有关公共文化服务事业的许多方面，如设施布局、内容形式、服务质量、考核评估等，社区居民参与决策的机会都十分有限，更没有发展出较为成熟的市民参与组织与反馈机制。

（三）社会化评估体系建设尚不成熟

社会化评估体系建设是公共文化服务体系建设中的一个重要组成部分，关系到这项事业能否真正公正、有效、长期地发展进行。政府在公共文化服务中不能既当运动员又当裁判员，因此，让一些具有一定资质的社会非营利性组织介入其评估体系，承担客观、公正的评估工作是非常必要的。但是就目前上海的情况来看，具有“第三方”性质的社会评估机构与机制还处于刚刚起步与试点阶段，尚未能在当前上海的公共文化服务评估工作中全面展开评估，能够承担这一工作的社会非营利性组织的数量也较为有限。

（四）财政投入的费效比不高

所谓“费效比”，也就是指投入与产出的有效比例。目前上海对于全市公共文化的财政投入额度每年有所增长，但是在一部分公益性单位中，政府所投资金的产出效率并不高。有些单位虽然设施齐全，但是服务质量却不尽如人意，难以满足广大民众的需要；有些单位虽然场地宽敞，但是长期处于闲置状态，资源浪费现象较为严重。

（五）制度性保障体系不够健全

公共文化服务建设需要有一整套制度性政策作为保障，包括财政投入、队伍建设、法规制定、监督考核、教育培训等。但是，目前上海公共文化的保障体系还不够健全，主要表现在经费投入不足、人才队伍建设缺乏长远规划、法律法规不够健全、考核评定缺乏规范、教育培训缺乏系统性等方面。它们在一定程度上制约了上海公共文化服务事业的发展，影响了上海公共文化事业的快

速推进。

由此可见，当前上海在公共文化服务体系建设上虽然已经取得很大成绩，但是从一个国际性大都市的标准来看，需要完善与提高的地方还有许多。未来5～10年中，我国党和政府对于公共文化服务体系建设工作必将越来越重视，作为我国改革开放前沿阵地的上海，也应该在这方面作出更大的努力，积极寻求更为理想与合适的发展道路，建立起更为完善、有效的公共文化服务体系，以满足广大民众日益增长的文化需求。

三　关于上海公共文化服务体系建设未来发展的建议

笔者认为，今后上海的公共文化服务体系建设，主要应该朝着以下几个方面努力。

（一）优化全市公共文化设施的覆盖网络，营造发展均衡、功能完备的公共文化服务环境

在今后上海的公共文化服务体系建设中，应当进一步加强市级、区级与社区的公共文化设施建设，注重对于各个地区公共文化设施的布局设置，形成覆盖全市的公共文化网络体系，营造发展均衡、功能完备的公共文化服务环境，让更多的居民，尤其是生活在较为偏远的市郊与农村中的居民能够更好地实现公共文化权益。

（二）提高公共文化服务的水平与质量，形成简便、多样、灵活、人性化的公共文化服务方式

在硬件设施逐渐完善的基础上，应当大力加强公共文化服务的软件建设，在提高公共文化服务的水平与质量上狠下工夫。倡导简便、多样、灵活、人性化的公共文化服务方式，包括简化社区居民公共文化服务的获取流程、增加公共文化服务或产品的种类和提供渠道、提供灵活多样的服务方式、提倡开展分众服务、及时公开社区公共文化服务和产品的信息等。社区文化活动中心还应该向更加基层的居委会和居民小区延伸其服务，时时处处体现以人为本的精神，保证服务具有最大程度的便利性。

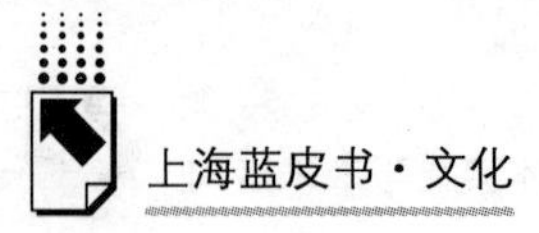

（三）加强信息化服务网络建设，建立具有高效率、快捷化特点的信息服务网络平台

信息化服务是当代公共文化发展的一种必然需要，也是上海公共文化服务的一个重要特色。应当进一步加强上海公共文化的信息化服务网络建设，通过文化服务与信息技术相结合的手段，更好地整合各种资源，集聚文化馆、图书馆、博物馆等各种公共文化机构的多种优势，建立起具有强大信息化功能的综合服务平台，发挥其在信息发布、内部管理、决策咨询、项目选择、业务指导等多方面的服务功能。另外，则可依托东方社区信息苑和公共图书馆电子阅览室，增加终端数量，完善网络宽带的接入与扩容工作，优化配套设施，实现覆盖城乡的公益性互联网服务。

（四）完善群众民主决策机制，保障广大市民在公共文化需求上的表达权、参与权与选择权

针对当前上海公共文化建设上民众的主导地位还不够凸显、民众决策的机会还较为有限的问题，今后应当进一步完善群众民主决策机制，给予公众更多的选择权、话语权和参与权。在建构公共服务体系的过程中，逐步建立和完善广大民众对于公共文化需求的表达与决策机制，积极探索如何发挥群众文艺团队的积极性，尝试让群众文艺团队和社区居民参与公共文化设施的管理和公共文化服务项目的日常运作，包括定期展开市民满意度测评，实施文化项目听证制度与公共文化需求反馈制度等，逐步形成市民当家做主的民主管理制度，提高公共文化服务的科学管理水平。在有条件的地方，还可以逐步建立由政府、专业人士与民众共同参加的公共文化管理委员会，实行政府、专业人士与民众“共同治理”的运作模式，并在具体的工作实践中实现不断的对话、互动与协商。

（五）改变单一化的行政投入方式，提升公共文化服务建设的费效比

当前上海对于公共文化的投入主要还是依靠两级政府的公共财政。今后，在逐步完善政府的公共财政制度、逐年增加政府对公共文化事业的投入的基础上，应当进一步注重其费效比关系，逐步建立激励与约束相统一的财政投入机制，注

重投入的实际效果，加强对投入部门与投入项目的绩效考察，进一步激发公共文化服务的活力。另一方面，则应当进一步促进投入方式多元化，积极探索以政府投入为主、社会力量积极参与的新型公共文化服务投入模式，鼓励更多的社会团体、企业与个人为公共文化建设提供各种财力物力保障。

（六）健全公共文化服务的社会化机制，形成政府主导、社会参与的有利格局

针对当前上海在公共文化服务的运作与评估工作上社会化机制尚不完善的事实，应当进一步健全公共文化服务的社会化机制，形成政府主导、社会参与的有利格局，积极鼓励各种非政府组织参与公共文化服务建设，引导社会各方面投资兴办公共文化服务事业，采用购买服务、委托管理、招投标制、低息贷款等方式，推动民间文化社团、文化民办非企业单位等社会组织参与公共文化服务与管理，吸收非营利性组织与企业加盟与参与公共文化服务事业。在有关公共文化服务的评估机制上，则应当进一步探索有第三方介入的公共文化服务绩效评估机制，发展中介性社会评估组织，以更好地体现公共文化服务评估工作的公正性、专业性与权威性。

B.9

改制政策环境与上海报刊业发展

武志勇　周尚科*

摘　要： 在图书出版单位改制完成之后，报刊改制被提上议事日程。这是新中国成立以来，党和政府与媒体关系的一次大的调整，也是报刊业的一次大的改革。在坚持党对媒体的领导与确保政治导向正确的前提下，整合资源、优化结构，稳妥解决报刊行政依托丧失和职工事业身份注销带来的困难，抓住经营权扩大和用人机制变革的机遇，循序渐进稳健发展，是报刊改制政策建构的大环境。上海报刊业相对发达，且具备现代企业制度试点的经验，其改制发展应从以下五个方面着力：继续保持良好的发展势头和对全国期刊业的贡献率；创新产品生产和报刊经营模式；建设报刊经济和文化创新高地；搭建报刊从业人员择“主”而事的人才交流平台；走出刊号资源置换开发新路。

关键词： 报刊改制　政策环境　上海报刊业　发展着力点

2011 年 7 月，非时政类报刊出版单位体制改革的时间表和路线图正式公布。此次全国非时政类报刊出版单位转企改制共涉及 4000 多家出版单位。首批转企改制的中央各部门各单位非时政类报刊出版单位，2011 年年底前完成转企改制任务。全国于 2012 年 9 月底前全面完成非时政类报刊出版单位转制任务。改制循序渐进展开，新闻出版总署署长柳斌杰明确提出：“中央和地方同步推进，分批次进行。”①

* 武志勇，上海社会科学院新闻研究所研究员，现代传媒研究中心主任，博士生导师；周尚科，上海社会科学院新闻研究所科研助理。

① 刘声：《非时政类报刊出版单位转制提速，明年九月底前完成》，2011 年 7 月 27 日《中国青年报》。

上海现有报纸100种，期刊621种，具体改制方案尚未得到新闻出版总署批准，但按照政策要求及时政类非时政类报刊划分标准，上海的大多数报刊也将被划定为非时政类报刊，在2012年9月底前完成转企改制工作，成为独立经营的市场主体。这对于上海的报刊来讲是机遇也是挑战。报刊业如何以改制为契机，解决体制机制中的深层次矛盾，形成充满生机活力的报刊业态，并在报刊生产经营模式、报刊经济与文化创新高地建设方面有所探索和突破，已经成为必须完成好的任务。

本文拟结合报刊改制政策的要求、改制带来的困难与挑战，探讨上海报刊业的发展前景与发展着力点。

一　报刊改制政策环境

（一）改制政策的基本精神与内容

三十多年前，我国经济体制改革就是从建立权责明确的现代企业制度开始的，而今文化体制改革也以此为切入点，破除体制的束缚，将原为事业单位的非时政类报刊转变为企业，使其成为自主经营自负盈亏的企业法人，减少主管主办单位，打破行政级别，优化用人机制，以此激发活力，促使其生产出真正能够满足人民群众精神文化需求的产品。为确保改革的成功，国家还出台相关配套政策，在税收、融资等方面给予扶持。根据计划和要求，通过这一轮自上而下的改革，将解决在现行体制机制约束下，报刊出版业发展中存在的数量过多、规模过小、资源分散、结构不合理、市场竞争力弱等突出问题，增强报刊传播力和舆论引导力，提高报刊出版业整体实力和竞争力。

为进一步深化非时政类报刊出版单位体制改革，中共中央办公厅、国务院办公厅于2011年5月19日印发了《关于深化非时政类报刊出版单位体制改革的意见》。强调深化非时政类报刊出版单位体制改革是深入推进文化体制改革、转变报刊出版业发展方式的重要任务，是增强我国报刊传播力和舆论引导力、加快文化发展的迫切要求。①

① 《非时政类报刊出版单位体制改革将分期分批进行》，2011年7月26日《中国新闻出版报》。

2011年10月18日，中国共产党第十七届中央委员会第六次全体会议通过的《中共中央关于深化文化体制改革推动社会主义文化大发展大繁荣若干重大问题的决定》，在阐述“进一步深化改革开放，加快构建有利于文化繁荣发展的体制机制”问题时明确指出“文化引领时代风气之先，是最需要创新的领域。必须牢牢把握正确方向，加快推进文化体制改革，建立健全党委领导、政府管理、行业自律、社会监督、企事业单位依法运营的文化管理体制和富有活力的文化产品生产经营机制，发挥市场在文化资源配置中的积极作用，创新文化走出去模式，为文化繁荣发展提供强大动力。”① 该决定提出，推进非时政类报刊社转企改制，形成符合现代企业制度要求、体现文化企业特点的资产组织形式和经营管理模式。这在顶层设计层面为报刊改制注入了活力，指出了发展方向。

1. 坚持党的领导和舆论导向正确

报刊作为具有意识形态属性的特殊商品，转企改制后，如何保证政治导向正确无疑是各级主管部门最为关心的问题，意识形态安全在报刊改制中是重要的考量因素。改制规划针对这一问题作出的设计是，深化非时政类报刊出版单位改革必须坚持社会主义先进文化的前进方向，把社会效益放在首位，实现社会效益和经济效益的有机统一；坚持党的领导，确保党管媒体、党管干部，确保政治方向正确。同时完善转制后的非时政类报刊出版单位主管主办制度，主管主办单位切实担负起管导向、管干部、管资产的职责；探索建立主管主办管理体制与出资人管理体制有机衔接的运行机制。

党管媒体原则是中国共产党领导下新闻事业的根本原则，即新闻媒体要体现无产阶级政党的思想意志、政治要求和组织原则。最早明确提出党管新闻工作思想的是列宁。他在1905年为第一个布尔什维克合法日报《新生活报》写的《党的组织和出版物》一文中提出，报纸应当成为各级党组织的机关报，党的出版物应受党的监督。② 中国共产党在新闻事业发展中一贯强调党性原则，新闻媒体是党和人民的喉舌，已经成为新闻媒体及其从业人员长期坚持的一条准则。

如何坚持党的领导，确保政治导向正确，较早进行企业化运作的媒体为改制

---

① 《中共中央关于深化文化体制改革的决定》，http：//news. sohu. com/20111026/n323403147. shtml。

② 杜永明：《党管媒体的理论创新》，《红旗文稿》2010年第11期。

报刊提供了有益的经验。目前报刊企业通过三种渠道来实现舆论导向的正确。第一，报刊企业实行国有资本控股，报刊董事长、总经理都由国家任命，对新闻报道采编进行把控；第二，党组领导制度不变，新闻报刊的一把手也是党组负责人，党组领导对新闻具有最高把控权；第三，我国报刊实行事后追惩，对于违反国家法律法规的报刊企业，相关部门会依法作出相应的处理。①

2. 非时政类报刊改制政策的主要内容

如何区分时政类与非时政类报刊，是改制首先要回答和解决的问题。新闻出版总署署长柳斌杰划出了一条线，“时政类报刊是指承担党和国家时政宣传任务的，有指令性要求，有首发、首评国家时政资格的报刊。非时政类报刊可以刊载重要时政新闻，可以自愿宣传，但不具备首发、首评党和国家时政的资质。非时政类报刊可以通过市场来配置资源，主要是为特定的读者服务。”② 按照这一划分标准，大部分文化、艺术、生活、科普报刊、行业报刊等将率先被列入改制范围。

整合资源、优化结构是改制的主要目的。非时政类报刊出版单位转制要与整合资源、优化结构结合起来，培育形成一批大型综合性或专业性报刊出版传媒集团公司，并引导和鼓励非时政类报刊出版企业加入大型报刊出版传媒集团公司。关停一批不符合市场准入条件、不具备报刊出版资质和违规出版以及严重亏损、资不抵债的报刊出版单位。

分期分批展开工作，是转制有序进行的策略保障。根据非时政类报刊的不同性质和功能，分期分批进行转制。其中，省级、副省级和省会城市党委机关报刊所属的非时政类报刊出版单位，文化、艺术、生活、科普等非时政类报刊出版单位，专业技术性较强的行业性报刊出版单位和隶属于企业法人的报刊出版单位等四类非时政类报刊出版单位先行转制。

（二）改制政策带来的困难与机遇

1. 行政依托的丧失和经营权的扩大

我国报刊业长期实行主管主办制度，这已在制度层面得到固化。根据《出

① 李凤桃、南焱：《报刊改制攻坚：转企后重组难　上市之路不平坦》，2009 年 9 月 14 日《中国经济周刊》。

② 大洋网：《新闻出版总署署长：报刊体制改革有四个难点》，http：//www. dayoo. com/roll/201111/01/10000307_ 105129705. htm。

版管理条例》规定，报刊等出版单位必须有主办单位和上级主管单位。主管单位、主办单位领导监管出版单位并拥有出版单位人事任命权，主办单位负有投资义务，是报刊社的资产所有者。报刊社作为出版单位，无权任命自己的主要管理干部，也不拥有资产的所有权。由此报刊社成为主管主办单位的附属部门，责权利不对等，积极性、创造力也受到束缚。

报刊实行主管主办制度使得报刊在资金保障、发行渠道、广告经营等方面都享有便利，转制为企业后在突破束缚的同时也将失去原有的优惠和便利。非时政报刊的改制更要着力建立现代企业制度，报刊社作为市场主体和独立法人将自主应对市场挑战，完全按照企业模式自主经营。行政依托的丧失对于已经适应市场运作的报刊社来讲失去的无疑是锁链，但面对日趋激烈的市场竞争及市场机遇稍纵即逝的现实，部分报刊社仍需要逐渐适应的过程。

转企改制后，灵活自主的报刊企业更能够适应市场经济发展的需要，拥有市场主体地位使其可以作为融资主体吸引投资甚至上市融资，这对于高门槛、大投入、长周期的报刊行业来讲，有利于解决在跨越发展中最关键的资金需求问题，对于解决报刊行业分散、弱小、竞争力不强的问题将起到积极作用。业内人士坦言："上一个项目或者启动一份新刊，累计投入需要几百万甚至上千万元，而报刊社的投入力度显然不足，有些看好的项目也因为资金不足而放弃。因投入不足而丧失市场从而失去发展的最佳时机是令人痛心的。"① 获得融资便利的同时，报刊发行、广告及多元经营的自由度和空间也大幅扩张。

2. 职工事业身份的注销与用人机制的优化

改制后，报刊职工原来的事业编制被注销，企业执行统一的企业人事制度，对职工来讲，这是利益的重新分配，也造成了职业稳定性和风险性的此消彼长。事业单位体制对一些报社来说仍能起到一定的保护作用，而转企，则存在着诸多风险和不确定性。原事业单位编制人员的养老金、住房以及对离岗人员的安置成为当前报刊转企改制中较为突出的问题。转企后报刊需要承担员工身份转换带来的成本。

保障职工权益、争取职工支持是改制成败的关键。报刊在转企改制过程中，必须履行民主程序，广泛征求意见，不断修改完善改制方案，并详细说明改制的

① 新浪财经：《经验者说：行百里者半九十》，2008 年 8 月 25 日。

好处以及与职工切身利益密切相关的事项，做到过程的公开和透明，争取广大职工的理解支持，改制方案最后要经职工代表大会讨论并签字通过。事实表明，认真履行民主程序能够落实员工利益，保证改制平稳推进。

转企改制之前，报刊出版单位职工长期处在事业体制下，靠财政吃饭，“等”、“靠”、“要”的思想比较严重：改制之后，按照现代企业制度建立起绩效考核机制、企业用人机制，适当拉开收入差距，激励人才脱颖而出。在媒体行业竞争激烈、人力资源流动频繁的形势下，报刊通过改制有助于改变生存艰难、人才流失严重的状况。部分报刊看到阻碍自身发展的症结，提出“传统的方式没有出路，只有转制才能解决生存和发展问题，而且早改早主动。”① 此外，报刊通过转制建立起清晰的法人治理结构、责权利明确统一对于吸引与留住人才、稳定骨干队伍将起到积极作用。

二　上海报刊改制发展的五个主要着力点

改制政策已经从宏观和微观层面对报刊改制作出了详尽的规制。对于上海报刊来讲，转企改制并不是新鲜话题。1998 年文新报业集团、2000 年解放报业集团的组建已经开始了报刊企业化运营的探索。为稳步推进上海报刊转企改制工作，2009 年，《上海商报》、《上海东方体育日报》、《萌芽》等报刊还开展了先行试点②。2010 年，经新闻出版总署批准，文汇新民联合报业集团旗下的上海东方体育日报社整体转制成上海东体传媒有限公司。2011 年 8 月初，上海市新闻出版局启动非时政类报刊出版单位体制改革工作。

坚持党对媒体的领导，确保政治方向正确是个大前提。以此为基础，积极稳妥地解决改制过程中遇到的问题，通过扩大经营权和优化用人机制，提高报刊出版业整体实力和竞争力。这是全国报刊改制的总体要求。在全国报刊改制的大环境下，上海的报刊改制有着自身的特殊性。上海目前的 100 种报纸和 621 种期刊，除了党报、党刊及几份历史悠久的著名报纸外，其余绝大多数报刊都必须改

① 王姝：《非时政报刊改制面临“两道坎”》，2011 年 6 月 6 日《新京报》。

② 《报刊工作概况——政府工作专题报告》，http：//www. shanghai. gov. cn/shanghai/node2314/node25186/node25212/node25219/u8ai25774. html。

制。考虑到上海报刊业比较发达，并已具有现代企业制度试点的经验，我们认为以下五个方面是上海报刊改制发展的主要着力点。

（一）继续保持良好的发展势头和对全国报刊业的贡献率

“十一五”期间上海的报刊业是走在全国前列的。下面几个表格是“十一五”的最后一年2010年里，上海市人口占全国人口的比重、上海报刊的生产情况与上海报刊业对全国的贡献情况。

表1　2010年第六次全国人口普查上海市人口状况

区　域	人口数(人)	比重(%)	
		2000年	2010年
全国合计	1339724852	100	100
上海市	23019148	1.32	1.72

资源来源于中华人民共和国国家统计局2011年4月29日发布的《2010年第六次全国人口普查主要数据公报》第2号。

表2　2010年上海报刊生产规模统计

省市	报纸种类	出版数量(亿份)	占全国比重(%)	期刊种类	出版数量(亿册)	占全国比重(%)
上海	100	16.14	3.2267	621	1.77	5

说明：2010年全国报纸总印数500.2亿份，期刊总印数35.4亿册。

表3　2010年全国及上海人口与报纸出版情况比较表

区域	人口数量	报纸出版数量(亿份)	人均年拥有报纸份数(份)	人均年拥有报纸份数比较差距(册)	给全国指标贡献报纸份数(亿份)
全国	1339724852	500.2	37.3360		
上海	23019148	16.14	70.1155	+32.7795	7.5456

说明：按照国际通行的统计办法，一个地区或国家的报纸发展情况用千人日报拥有量来反映，重点着眼于新闻信息发布的及时与普遍。我们使用人均年拥有报纸份数的概念，重点着眼于文化的传播和报纸的生产数量。

表4　2010年全国及上海人口与期刊出版情况比较

区域	人口数量	期刊出版数量(亿册)	人均年拥有期刊数(册)	人均年拥有期刊数量比较差距(册)	给全国贡献期刊数量(亿册)
全国	1339724852	35.4	2.64233		
上海	23019148	1.77	7.68925	+5.0469	1.1617

从表1~4中可以看出，“十一五”的最后一年2010年，上海人口占全国人口的1.72%。上海的报纸生产量16.14亿份，占全国报刊生产量的3.2267%，人均年拥有报纸份数70.1155份，高于全国平均水平37.3360份32.78份，为全国贡献报纸7.5456亿份。期刊生产1.77亿册，占全国期刊生产量的5%，人均年拥有期刊数7.68925册，比全国平均水平2.64233册高出5.0469册，为全国贡献期刊1.1617亿册。对比上海占全国人口比重与报刊生产占全国比重，可以说，“十一五”期间上海报刊业的成绩是比较喜人的。

改制之后，机制更活，从业人员积极性更高，上海报刊业的发展应当保持和超过“十一五”期间的发展势头，超额完成“十二五”规划任务，同时增大对全国报刊业的贡献率。这是上海报刊业的责任和光荣，也是上海报刊业改制成功的重要标志。

（二）创新产品生产和报刊经营模式

经由转制塑造的新型市场主体，必须提高竞争力，确保国有资产保值增值以彰显转制的价值。否则，转制就失去了应有的意义。一位传媒工作者认为：“转制突破了束缚报业生产力的体制瓶颈，但羁绊的解除并不意味着舞者的彻底解放。‘体’的问题解决了，还有一个‘用’的问题，需要产业政策的制定者在报纸出版资源配置、竞争环境、出版市场秩序等宏观调控领域做出持续努力。从微观层面看，作为个体的市场主体，还需要在市场竞争中，办出社会效益和经济效益俱佳的报纸来证明自身的企业价值。”①

上海报刊改制拥有较为成熟的商业运行环境，先行试点的报刊企业也已建立相对完善的现代企业制度，并在市场经济的环境中积极探索尝试。非时政类报刊转企改制的关键是找准发展方向，依托自身优势，创新产品生产和报刊经营模式。

报刊业竞争，说到底是产品内容和产品流通方式的竞争。报刊企业的核心竞争力源自内容的生产。在市场竞争的环境中，报刊企业如何为消费者提供能够满足其需求的产品，关系到报刊企业的生存发展。传统的内容生产较少考虑市场因素，难以满足日益多样化的需求，产品生产方式也局限于点面传播的模式，不能

① 周志懿、黄逸秋、杨春兰、庞春燕：《报刊改制进行时》，《传媒》2008年第8期。

适应数字化背景下融合交互传播的媒介环境变化。唯有创新产品发布方式，才能够延伸产业链，实现资源共享、产品增值和规模效应。

1833 年 9 月 3 日，以本杰明·戴伊（Benjamin Day）为发行人的《太阳报》（*Sun*）在纽约问世。其报纸定价很低，仅为一便士。他把一种新的商业模式引入了报业。报纸不再主要依赖卖报收入，而开始依靠广告收入。报刊业发展由此进入了一个新时代。同样的，当下的上海报刊业更加需要产品生产和经营模式创新。经营模式是决定我国报刊出版业能否在多元传播格局中实现跨越式发展的重要因素，报刊转企只是开始，开发与主业相关的利润增长点才是报刊业的主要努力方向。在这一过程中，探寻一个符合国情和上海市情的报刊产品生产与经营模式就显得迫切而重要。历史上，《申报》、《新闻报》、《东方杂志》等著名报刊成功的产品生产与经营经验，目前发达国家的报刊业正在急切地寻找和推广新的经营模式——比如对网站和移动设备上的内容收费，比如成立葡萄酒俱乐部或者提供数据服务，比如周日出纸质版赢取广告收入、工作日出电子版等，都值得上海改制报刊学习和借鉴。

（三）建设报刊经济和文化创新高地

1. 重视品牌效应，提升报刊品牌影响力

激烈的竞争环境下，品牌的美誉度就是舆论影响力和经济吸金力。中国报刊业已经进入了品牌竞争时代。品牌既是提高和扩大报刊传播效果的重要途径，也是广告经营和增加销售的法宝。品牌成熟和比较成熟的报刊，拥有相对稳定的风格和水准，以及相对固定的受众群体和较大的社会影响力。改制过程中和改制后，品牌报刊的主业在市场占有率、技术、管理等方面都已经达到较高的水平，在该行业中占据了相对稳固和有利的地位，具有一定的核心竞争力，资金和人力资源较为充足。同时，树立合作发展、多方共赢的思想，以现有的资源为基础，以资本为纽带，积极同其他市场主体合作经营，控股、参股甚至以投资者的身份介入，以带动报刊企业发展壮大。改制为品牌报刊的扩张提供了广阔的空间。上海地区已经拥有一些著名的品牌，如《解放日报》、《新民晚报》、《文汇报》、《故事会》等。品牌的延伸可以在更广大的范围内引领、培养和服务受众。区域内知名品牌科学合理、利益均沾式的扩张，可以为上海的受众提供更全面、更优质的服务，也有利于提升区域内报刊品牌的全国影响力。

2. 依托上海经济、交通、文化、人才优势，建设国家级的期刊内容制作、印刷和发行中心

《新闻出版业“十二五”时期发展规划》提出，“十二五”期末，实现期发行量超过百万册的大众服务类期刊30种；形成北京、上海、广州等10家左右具有较强辐射能力的报刊出版产业集聚中心；打造10家左右跨地区、跨行业、跨媒体经营的大型国有报刊传媒集团；整合教育、科技等优秀期刊组建3~5家大型专业出版集团；建设20种在国际上有一定影响力的重点学术期刊。新闻出版署的“十二五”规划提出，到2015年，基本形成以连锁经营、物流配送、电子商务为主要特征，以大城市为中心、中小城市相配套、贯通城乡的出版物发行流通网络；建成3~4家辐射全国的现代新闻出版流通企业；形成4~5家科技含量高、具有自主知识产权、销售额超亿元的数字发行和互联网发行企业。上海应当借国家新闻出版“十二五”规划的东风，先行一步，积极与国家新闻出版主管部门协调，争取支持。同时，上海市政府与大中型报刊、印刷、发行集团共同努力，集中资源，打造国内一流的报刊内容制作、印刷和发行中心。

3. 发行网络与渠道共享，加大报刊区域覆盖和相互渗透范围

上海区域内的报刊发行目前呈现多样化的形式，除邮局发行外，一些报刊集团都有其自建的发行配送网络和广告营销网络，甚至报刊集团内部也会有各自的发行通道。从规模经济的角度来讲，这种各自为政的发行方式，造成的是人力、物力资源的浪费和报刊业整体利益的损失。对于上海报刊来讲，成立报刊发行联盟是一个可行性很强且利益巨大的举措。上海的报刊可以共享相互的总发行权，共享发行、广告渠道和网络，并获得优惠待遇。这对于充分发挥网络和渠道的潜能，扩大报刊在整个上海区域的影响，降低发行成本，是大有益处的。同样的道理，还可以成立上海报刊内容联盟、上海读者联盟，这些设想都是可行而且利润可观的。

4. 积极承担传承与建设先进文化的社会责任

传承与建设文化是报刊媒体重要的社会责任。报刊经济实力的增强，为改制后报刊充分发挥文化建设功能提供了坚实的基础和良好的条件。改制后的报刊可以比较自主地设置公共话题，拥有更广泛的话语权，所以更易于展现自身优势，占据文化创新的制高点。上海近代化城市化进程中，著名的《申报》、《新闻报》等报刊，都曾大力介绍先进国家的技术和器物、社会结构与社会生活，以及迥异于中华传统文化的世界观和价值观。这些努力，为海派文化的形成，作出了贡献，其影响遍及全国。而今，文化建设的大幕徐徐拉开，文化创新的大潮汹涌澎湃，上海报刊应当弘扬上海报刊业的优秀传统，结合国情和市情，积极承担传播世界先进文化与先进文明的责任，承担发布文化创新成果的责任，大力倡导和推进新形势下海派文化的更新与重塑。

（四）搭建报刊从业人员择“主”而事的人才交流平台

根据2010年的统计，上海报纸从业人员4990多人，期刊从业人员5200多人。改制之后，他们中间的绝大多数人员将会失去传统的“铁饭碗”，但也具有了择“主”而事的广阔空间。在确保普通职工权益的同时，搭建面向不同层次人才自由、有序流动的交流平台，就显得格外重要。上海市新闻出版“十二五”规划提出，重点造就具有社会广泛影响力的新闻出版名家，突出选拔培养社会责任感强、精通业务的行业领军人才，着力开发新闻出版重点领域紧缺急需人才；优化人才结构，形成一支高素质、高层次、复合型，能够适应国际国内竞争的一流人才队伍；统筹经营管理人才、专业技术人才尤其是复合型人才队伍的建设，造就一批优秀出版家、编辑家、企业家、著名经理人和营销商以及其他优秀人才，打造数字出版人才队伍。并且，非常具体地讲到，到2015年，专业知识水平高、专业能力强的高级编辑；熟悉、掌握市场经济理论和现代出版规律，掌握现代出版业经营管理技术的高级经营管理人才，掌握高新技术、熟悉新媒体新业态的高层次人才应达到400~450人。各领域、各学科、各专业、各门类的学科带头人和专业技术人才达到2000~2200人。高级印刷设计师、高级制版师、高级数字印刷工程师、高级印刷领机、高级校对、高级发行师等高技能人才达到12000~15000人。上述目标的达成，离不开制度化的人才交流平台。平台可以吸纳海外和外地英才落户上海，服务上海报刊业；可以促使各类人才流动集聚到最适合发挥自己特长的报刊社大展拳脚；还可以弥补学校专业教育的不足，在不同的岗位、不同的报刊社锻炼和造就复合型、适合上海报刊业发展需要的人才。

（五）走出刊号资源置换开发新路

2009年6月，由上海联合产权交易所、解放日报报业集团、上海精文投资公司联合投资创立的上海文化产权交易所在外高桥保税区正式揭牌。上海文化产

权交易所是国内率先建立的以文化物权、债权、股权、知识产权等为交易对象的专业化市场平台，将促进文化产业与金融资本的对接，成为上海及国家文化体制改革的重要市场平台。这也是上海国际金融中心建设的组成部分之一①。

实际上，不少报刊企业希望通过资本运作的方式，在政策允许的时候，考虑控股、并购新闻出版单位，构筑多元化发展的框架，实现跨越式发展。但当前我国对刊号资源实行严格的审批制以及在文化市场上难以流通的状况使得许多并购重组难以进行。在上海文化产权交易平台上，展开报刊刊号资源交易与优化业务，盘活报刊刊号资源，是一种值得尝试的有益探索。通过置换等方式淘汰劣质报刊，可优化报刊结构、增强本区域报刊的国内和国际竞争力。国家对于报刊号资源的管理，其实质是对报刊出版许可与出版总量的控制和平衡。在不违背宏观管理政策的前提下，建立起良好的制度化的报刊刊号资源置换和优化配置机制，采用新闻出版行政部门和专家评审相结合的办法，淘汰一些内容低俗、读者数量少、缺乏影响力的报刊，重新利用和开发刊号资源，创办前景好、潜力大的报刊。这可能会是一条突破刊号固化困境的创新之路。

---

① 李芹：《上海成立国内首家文化产权交易所》，2009 年 6 月 16 日《新闻晨报》。

B.10

上海财税政策与文化产业转型关系研究*

邓屏　杨卫武**　王馨　林莉

摘　要： 财税政策对产业的发展起到产业宏观导向、优化产业环境、规范市场秩序、提供政策支持的作用。本文梳理了2000年以来上海的文化财税政策，并在此基础上分析了上海文化产业的改革进程、上海文化产业主要经济指标与上海文化财税政策的耦合关系。提出未来上海财税政策要更多着眼于产权制度的进一步改革、投入产出绩效的进一步考量、文化要素市场的进一步构建、文化产业国际品牌的进一步塑造，并由此共同推进上海文化产业的振兴和文化软实力的提升。

关键词： 财税政策　文化产业转型　上海

2011年10月17日颁布的《十七届中央委员会第六次全体会议公报》指出，"当今世界正处在大发展大变革大调整时期，文化在综合国力竞争中的地位和作用更加凸显，维护国家文化安全任务更加艰巨，增强国家文化软实力、中华文化国际影响力要求更加紧迫"。公报认为"总结我国文化改革发展的丰富实践和宝贵经验，研究部署深化文化体制改革、推动社会主义文化大发展大繁荣，进一步兴起社会主义文化建设新高潮，对夺取全面建设小康社会新胜利、开创中国特色

---

* 注：本文数据均源于《上海统计年鉴》、《上海经济年鉴》、《上海文化年鉴》及各相关部门官方网站、新闻报道。

** 邓屏，上海师范大学旅游学院副教授，主要研究方向为文化产业绩效与管理研究；杨卫武，上海师范大学旅游学院院长，主要研究方向为文化产业经济与旅游文化。本文受到国家社科基金课题"我国文化产业管理模式与绩效评估研究"和上海教委创新项目"上海文化产业管理问题与绩效评估"联合资助。

社会主义事业新局面、实现中华民族伟大复兴具有重大而深远的意义”。上海是中国走向世界的前沿者和文化产业转型的先行者之一，针对具有鲜明意识形态属性的文化产业，对政府的财税政策在其转型发展中的经济拉动力和社会影响力，值得加以思考。

一　财税政策在产业转型发展中的作用

文化是一个民族的精神和灵魂，文化的力量深刻影响着一个国家发展的进程，决定民族的现状和未来。当今世界文化与经济、政治相互交融，文化实力在综合国力竞争中的地位和作用越来越凸显。作为为消费者提供精神产品或服务的产业，文化产业是实现社会主义文化大发展大繁荣的重要载体，也是推动经济结构调整和经济发展方式转变最重要的着力点之一。在市场经济条件下，文化产业与其他产业一样，从产品的供给到应用各方经济资源进行发展都应该依靠市场，通过市场的自我运行机制进行选择。但由于文化产业是一个高投入、高产出行业，文化产业所提供的文化产品必须要能够满足我国经济、社会发展的需要，必须符合社会主义意识形态的要求。因此，文化产业的发展不能只依靠市场，还需要政府、社会以及市场力量的共同参与和努力。文化产业的发展取向必须依靠政府政策的引导与支持，尤其是财税政策引导和支持更是不可或缺。

就中国现状而言，文化产业的转型中存在原有文化事业单位经营性资产企业化问题、传统核心文化企业向新型文化企业的升级问题。财税政策是政府为实现预定的经济目标并根据客观经济规律而制定的指导财税工作的基本方针和准则，通过政策目标的制定、政策手段的实施、政策引导的运行，促进社会政治、经济、文化、社会等的全面发展。财政政策是国家政策的重要组成部分，是政府实施宏观调控的重要工具之一。公共财政作为政府履行职能的重要物质基础、政策工具、体制保障和管理手段，具有优化资源配置、调节收入分配、加强宏观调控、实施监督管理等重要作用。具体表现在以下几个方面。

产业宏观导向。政府根据阶段政治、经济、社会发展的不同背景而制定和实施不同的财政政策，它反映政府对形势的判断和对发展目标的预设，表达政府立场并引导国家产业发展的走向和进程。政府从宏观角度引导和规范产业发展的量和质，确保经济稳定快速发展。

优化产业环境。在产业发展初期和市场经济体制不完善的情况下，难以完全依靠市场来有效进行资源配置，需通过政府政策这只“看得见的手”来调节和引导。文化产业转型不仅意味着大量原有禁锢在文化事业体系下的文化资源能量的释放，同时意味着要应对新兴产业的萌芽和发展。合理的财税政策能够为其营造有利于发展、公平竞争的环境，从而促使其成为国家经济的新增长点。

规范市场秩序。市场经济作为资源配置方式具有一定的盲目性和自发性，市场主体在追逐利益的同时会不遵循市场规范，从而导致恶性竞争和无序的发展。文化产业特具的意识形态性，一定程度上影响和制约了该产业的市场化程度。因此政府需通过制定相应的政策，规范文化市场主体的行为，引导其在自由环境下有序地发展。

提供政策支持。国家通过政策文件的通知和下发，利用财政的投入和支出等方式提供资金、人力和物力等方面的扶持，为产业的发展创造了有利的政治环境和经济环境，为确保产业快速、稳定发展奠定基础。

二 上海推进文化产业转型的相关财税政策

近年来，上海财税部门按照党中央、国务院的总体部署，积极发挥职能作用，执行和制定相关财税政策，大力支持文化产业发展，有力地推动了文化体制改革的顺利进行。

对上述文件的梳理发现，国家和上海文化财税政策分阶段分重点地关注、引导和支持了上海文化产业发展，具体表现在如下方面。

第一，对文化体制改革的引导。主要体现在2003～2005年间，主要手段为退税，重点表现为鼓励报业、出版、发行、广播、电视、电影等传统核心文化企业发展；鼓励文化产品的出口；鼓励高新技术在文化产业的运用。同时，鼓励非公有制经济进入文化企业，并为适应WTO的要约，对外资有针对性地开放部分文化企业。

第二，对文化企业转制的支持和引导。此过程主要有三个阶段：2003年试点、2005年大范围推进、2009年进一步深化。对转制企业免征企业所得税，是国家推动文化企业转制改革的重要财税政策手段，同时，其他相关税种的减免也对文化企业的改制转型起到宏观政策引导作用。在完成大部分文化企业的转制之后，新办文化企业的财税扶持政策开始出台。

表 1　2000 年以来上海文化产业转型的相关财税支持政策

	文件名称	发文机关	发文时间	主要财政优惠政策	执行时间
文化产业	关于支持和促进文化产业发展的若干意见	文化部	2003 年 9 月	1. 积极争取有关部门支持，对出口的文化产品和文化服务给予优惠，在金融、保险、外汇、财税、人才、法律、信息服务、出入境管理等方面，为文化企业开拓国际市场，扩大市场份额、提高国际竞争力创造必要条件。2. 争取一定数量的政府投资，作为文化产业引导资金，对重点文化产业项目的开发与运营，特别是内容产业文化产品的生产给予资金补助和信贷贴息等支持。	
	文化体制改革试点中支持文化产业发展的规定（试行）	国务院办公厅	2003 年 12 月	1. 试点地区可安排文化产业发展专项资金，并制定相应使用和管理办法，采取贴息、补助等方式，支持文化产业发展。2. 对政府鼓励的新办的报业、出版、发行、广电、电影、放映、演艺等文化企业，给予免征 1 至 3 年的企业所得税照顾。3. 对试点报业、出版、发行、广播、电视、电影等文化集团，符合规定的可给予合并缴纳企业所得税的优惠政策。4. 文化产品出口可按照国家现行税法规定享受出口退税政策，对文化劳务出口境外收入不征营业税，免征企业所得税；为生产重点文化产品而引进先进技术或进口所需要的自用设备及配套件、备件等，按现行税法规定，免征进口关税和进口环节增值税。5. 文化企业纳税确有困难的，可申请减免经营用土地和房产的城镇土地使用税、房产税。6. 鼓励兴办高新技术文化产业，鼓励、引导社会资本投资于高新技术文化产业。从事数字广播影视、数据库、电子出版等研发、生产、传播的文化单位，凡符合国家关于高新技术企业税收优惠政策规定的，可享受相应税收优惠政策。7. 对经国务院批准成立的电影制片厂销售的电影拷贝收入免征增值税，对电影发行企业向电影放映单位收取的电影发行收入免征营业税。	2004 年 1 月 1 日至 2008 年 12 月 31 日。
	文化及相关产业分类	国家统计局	2004 年 3 月	推动我国文化体制改革，发展社会主义文化事业，建立和培育社会主义文化市场，为界定和规范我国公益性文化活动和经营性文化活动提供参考与借鉴；为当前的社会主义文化建设、文化管理和文化统计提供科学、统一的范围与定义。	
	关于鼓励、支持和引导非公有制经济发展文化产业的意见	文化部	2004 年 10 月	1. 非公有制经济参与兼并、收购国有文化企业，可享受国家制定的有关政策待遇。	

续表

	文件名称	发文机关	发文时间	主要财政优惠政策	执行时间
文化产业	关于文化领域引进外资的若干意见	文化部、国家广播电影电视总局、新闻出版署、国家发展和改革委员会、商务部	2005年7月	为适应我国加入世贸组织的新形势,进步规范文化领域引进外资工作,提高利用外资的质量和水平,维护国家文化安全,开放以下文化产业领域:1. 允许外商以独资或合资、合作的方式设立包装装潢印刷、书报刊分销、可录类光盘生产、艺术品经营等企业。在中方控股51%以上或中方占有主导地位的条件下,允许外商以合资、合作的方式设立出版物印刷和只读类光盘复制等企业。在不损害我国审查音像制品内容的权利的情况下,允许外商以合作且中方占有主导地位的方式设立除电影之外的音像制品分销企业。2. 在中方控股51%以上或中方占有主导地位的条件下,允许外商以合资、合作的方式设立和经营演出场所、电影院、演出经纪机构、电影技术等企业,参与国有书报刊音像制品发行企业股份制改造。3. 允许香港和澳门的服务提供者在内地设立合资、合作、独资经营的演出场所,设立演艺经纪公司分支机构,设立合资、合作经营的演出经纪机构,设立由内地控股的互联网文化经营机构和互联网上网服务营业场所,设立不超过70%股权的音像制品分销合资企业和不超过70%权益的音像制品分销合作企业,以独资形式新建、改建电影院,在内地试点设立发行国产影片的独资公司。	
	关于文化体制改革试点中支持文化产业发展若干财税政策的实施意见	上海市国家税务局	2005年9月	1. 对政府鼓励的新办文化企业,自工商注册之日起,免征3年企业所得税。试点文化集团,符合规定的经批准可实行合并缴纳企业所得税。2. 文化产品出口可按照国家现行税法规定享受出口退(免)税政策,境外文化劳务收入不征营业税、免征企业所得税。3. 文化单位纳税确有困难的,经市地方税务局批准后,可减免经营用土地和房产的城镇土地使用税、房产税。4. 对从事数字广播影视、数据库、电子出版等研发、生产、传播的文化企业,凡符合国家现行高新技术企业税收优惠政策规定的,可统一享受相应税收优惠政策。5. 对国务院批准成立的电影制片厂或经国务院广播影视行业主管部门批准成立的电影集团及其成员企业销售的电影拷贝收入免征增值税。对电影发行企业向电影放映单位收取的电影发行收入免征营业税。	2004年1月1日至2008年12月31日
	文化体制改革试点中经营性文化事业单位转制为企业的规定(试行)	国务院办公厅	2003年12月	1. 过去所享受的财税政策在转制后继续执行。2. 为保证转制工作顺利进行,同级财政可一次性拨付一定数额的资金,主要用于资产评估、财务审计、政策法律咨询等。3. 对转制企业免征企业所得税,原所享受的与所得税有关的宣传文化发展专项资金优惠政策相应取消。4. 文化产品出口可按国家现行税法规定享受出口退税政策,对文化劳务出口境外收入不征营业税、免征企业所得税;进口所需的自用设备及配套件、备件等,按现行税法规定,免征进口关税和进口环节增值税。	2004年1月1日至2008年12月31日

续表

	文件名称	发文机关	发文时间	主要财政优惠政策	执行时间
文化企业	关于支持文化企业发展若干税收政策问题的通知	财政部、海关总署、国家税务总局	2005 年 3 月	1. 对政府鼓励的新办文化企业，自工商注册登记之日起，免征 3 年企业所得税。2. 试点文化集团的核心企业对其成员企业 100% 投资控股的，经国家税务总局批准后可合并缴纳企业所得税。3. 文化产品出口按照国家现行税法规定享受出口退（免）税政策。4. 对在境外提供文化劳务取得的境外收入不征营业税，免征企业所得税。5. 对生产重点文化产品进口所需要的自用设备及配套件、备件等，按现行税收政策的有关规定，免征进口关税和进口环节增值税。6. 对电影发行企业向电影放映单位收取的电影发行收入免征营业税。7. 对国务院批准成立的电影制片厂或经国务院广播影视行政主管部门批准成立的电影集团及其成员企业销售的电影拷贝收入免征增值税。8. 对从事数字广播影视、数据库、电子出版物等研发、生产、传播的文化企业，凡符合国家现行高新技术企业税收优惠政策规定的，可统一享受相应的税收优惠政策。	2004 年 1 月 1 日至 2008 年 12 月 31 日
	关于文化体制改革中经营性文化事业单位转制后企业的若干税收政策问题的通知	财政部、海关总署、国家税务总局	2005 年 3 月	1. 经营性文化事业单位转制为企业后，免征企业所得税。2. 经营性文化事业单位转制为企业后，原有的增值税优惠政策继续执行。3. 由财政部门拨付事业经费的文化单位转制为企业，对其自用房产、土地和车船免征房产税、城镇土地使用税和车船使用税。4. 文化产品出口按照国家现行税法规定享受出口退（免）税政策。5. 对在境外提供文化劳务取得的境外收入不征营业税，免征企业所得税。6. 对生产重点文化产品进口所需要的自用设备及配套件、备件等，按现行税收政策的有关规定，免征进口关税和进口环节增值税。	2004 年 1 月 1 日至 2008 年 12 月 31 日
	关于文化体制改革试点中经营性文化事业单位转制为企业的若干财税政策实施意见	上海市财政局、上海市国家税务局、上海市地方税务局	2005 年 9 月	1. 为保证转制工作顺利进行，同级财政可一次性拨付一定数额的资金，主要用于资产评估、财务审计、政策法律咨询等。2. 经营性文化事业单位转制为企业后，免征企业所得税。3. 由财政部门拨付事业经费的文化单位转制为企业，对其自用的房产、土地和车船免征房产税、城镇土地使用税和车船使用税。4. 文化产品出口按照国家现行税法规定享受出口退税政策。5. 转制单位境外文化劳务收入不征营业税，免征企业所得税。	2004 年 1 月 1 日至 2008 年 12 月 31 日
	文化体制改革中经营性文化事业单位转制为企业的规定	国务院办公厅	2008 年 10 月	1. 财税部门应认真落实现行税制中适用于转制企业的财税优惠政策。2. 为保证转制工作顺利进行，同级财政可一次性拨付一定数额的资金，主要用于资产评估、审计、政策法律咨询等。3. 经营性文化事业单位转制为企业后，免征企业所得税。4. 由财政部门拨付事业经费的经营性文化事业单位转制为企业，对其自用房产免征房产税。5. 对经营性文化事业单位转制中资产评估增值涉及的企业所得税，以及资产划转或转让涉及的增值税、营业税、城建税等给予适当的优惠政策。具体优惠政策由财政部、税务总局根据转制方案确定。	2009 年 1 月 1 日至 2013 年 12 月 31 日

续表

	文件名称	发文机关	发文时间	主要财政优惠政策	执行时间
文化企业	关于支持文化企业发展若干税收政策问题的通知	财政部、海关总署、国家税务总局	2009年3月	免税对象：电影、电视销售、版权转让、发行等收入；高新技术、新产品、新工艺；文艺演出、图书、报刊、期刊等文化出口；生产重点文化产品而进口国内不能生产的自用设备及配套件、备件等。	2009年1月1日至2013年12月31日
	关于文化体制改革中经营性文化事业单位转制为企业的若干税收优惠政策的通知	财政部、国家税务总局	2009年3月	1. 经营性文化事业单位转制为企业，自转制注册之日起免征企业所得税。2. 由财政部门拨付事业经费的文化单位转制为企业，自转制注册之日起对其自用房产免征房产税。3. 党报、党刊将其发行、印刷业务及相应的经营性资产剥离组建的文化企业，自注册之日起所取得的党报、党刊发行收入和印刷收入免征增值税。4. 对经营性文化事业单位转制中资产评估增值涉及的企业所得税，以及资产划转或转让涉及的增值税、营业税、城建税等给予适当的优惠政策，具体优惠政策由财政部、国家税务总局根据转制方案确定。	
	关于转制文化企业名单及认定问题的通知	财政部、国家税务总局、中宣部	2009年8月	从2009年1月1日起，需认定享受财税[2009]34号规定的相关税收优惠政策的转制文化企业应同时符合以下条件：1. 根据相关部门的批复进行转制。中央各部门各单位出版社转制方案，由中央各部门各单位出版社体制改革工作领导小组办公室批复；中央部委所属的高校出版社和非时政类报刊社的转制方案，由新闻出版总署批复；文化部、广电总局、新闻出版总署所属文化事业单位的转制方案，由上述三个部门批复；地方所属文化事业单位的转制方案，按照登记管理权限由各级文化体制改革工作领导小组办公室批复。2. 转制文化企业已进行企业工商注册登记。3. 整体转制前已进行事业单位法人登记的，转制后已核销事业编制、注销事业单位法人。	
	关于新办文化企业企业所得税有关政策问题的通知	国家税务总局	2010年3月	对2008年12月31日前新办的政府鼓励的文化企业，自工商注册登记之日起，免征3年企业所得税，享受优惠的期限截至2010年12月31日。	2009年1月1日至2013年12月31日
文化新业态	上海市宣传文化专项资金管理暂行办法	上海市委宣传部、市财政局	2008年12月	文化产业发展引导和扶持，主要包括：1. 对政府鼓励的文化产业项目的补贴、奖励；2. 文化产业公共服务平台建设和符合政府导向的文化产业示范基地建设；3. 鼓励重点文化产品和服务出口；4. 重点文化单位和文化项目的补贴和贷款贴息；5. 对优秀文化企业的奖励；6. 开展重大的、有影响力的文化产业活动；7. 投资设立文化产业基金；8. 政府文化投资公司以控股、参股等方式直接参与战略性文化产业项目建设、产业结构调整优化、维护国家文化安全等，包括互联网视频、音频新媒体等项目。	
	上海市文化产业园区认定办法（试行）	上海市委宣传部、市文广局、市新闻出版局、市经委	2008年9月	对经认定的上海市文化产业园区，将通过产业资金引导、公共平台支持、宣传推广聚焦等相关政策予以重点扶持。	

续表

	文件名称	发文机关	发文时间	主要财政优惠政策	执行时间
文化新业态	关于促进上海市创意设计业发展的若干意见	上海市经信委、市发改委、市教委、市科委、市财政局、市人保局、市商委、市地税局、市统计局、市知识产权局、市金融服务办、市工商局	2011年5月	1. 加大财政资金投入。加大市服务业发展引导资金、市中小企业发展专项资金等财政性资金对创意设计业的扶持力度。放大财政性资金的杠杆效应，吸引社会资本投入。有条件的区县应安排设计创新专项资金。2. 落实税收扶持政策。对工业设计的研究开发及高新技术企业、技术先进型服务企业实行相关税收优惠政策。3. 加强对创意设计业的金融服务。引导金融机构开发适合创意设计类企业需求的综合金融产品和特色金融服务。鼓励金融机构开展创意设计类企业知识产权质押融资业务试点，加大信贷支持力度。发展面向创意设计类企业的融资租赁业务、经营性租赁业务。鼓励信用担保机构为创意设计类企业提供贷款担保。将创意设计类企业纳入科技型中小企业信贷政策支持范围。鼓励风险投资等各类社会资本加大对创意设计业的投资。支持符合条件的创意设计类企业在境内外资本市场上市融资。4. 加强创意设计产品和服务的政府采购。对于经认定纳入政府采购自主创新产品目录的创意设计产品和服务，在本市重点工程和公共事业项目的政府采购中予以优先采购。	
	动漫企业进口动漫开发生产用品免征进口税收的暂行规定	财政部、海关总署、国家税务总局	2011年5月	经认定获得进口免税资格的动漫企业，凭有效的"动漫企业证书"在有效期内进口《动漫企业免税进口动漫开发生产用品清单》范围内的商品免征进口关税和进口环节增值税。	
配套支持	推进上海市文化产业发展合作备忘录	上海市政府、国家开发银行	2009年9月	之后5年，国家开发银行对上海文化产业等支持的融资规模可达300亿元左右。	
	关于金融支持文化产业振兴和发展繁荣的指导意见	中央宣传部、中国人民银行、财政部、文化部、广电总局、新闻出版总署、银监会、证监会	2010年4月	1. 积极开发适合文化产业特点的信贷产品，加大有效的信贷投放；2. 完善授信模式，加强和改进对文化产业的金融服务；3. 积极培育和发展文化产业保险市场。	
	关于保险业支持文化产业发展有关工作的通知	保监会、文化部	2010年12月	1. 积极培育和发展文化产业保险市场；2. 开发服务文化产业发展的保险产品；3. 发挥保险支持文化产业发展的融资功能。	

资料来源：各相关官方网站。

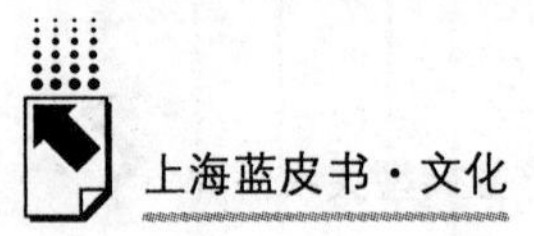

第三，对上海文化财税政策进行解读后发现，文化产业新业态为上海文化财税政策的关注重点，尤其关注了文化园区的界定、扶持与发展，并颁布了一系列针对具有国际大都市文化特色的创意产业发展的促进措施。

第四，随着对文化软实力重视程度的日益提升，为支持文化产业的振兴和繁荣发展，中宣部、文化部等文化管理部委联合其他部委，对支持文化产业发展的配套系统进行研究，比如提升文化产业的融资水平、积极培育和发展文化保险系统等，以切实推进文化产业的转型。

三 上海文化财税政策与文化产业发展的关系

（一）上海文化财税政策与上海文化产业的改革进程的耦合关系

支持和引导经营性文化事业单位转制为企业是文化财税政策的重点之一。为积极推动经营性文化事业单位转制为企业，国家出台了“自转制注册之日起免征企业所得税；由财政部门拨付事业经费的文化单位转制为企业，自转制注册之日起对其自用房产免征房产税”等免税政策，同时出台了“为保证转制工作顺利进行，同级财政可一次性拨付一定数额的资金，主要用于资产评估、财务审计、政策法律咨询”等扶持政策。为更好地推进上海文化体制改革，2005 年 6 月，上海市将国资委管理的宣传文化系统国有资产监管权托管给上海市委宣传部，成立了国有文化资产管理办公室，使其在体现国家文化意志和维护国家文化利益的前提下，推进上海文化产业体制的深化改革。

1. 广电系统的政企分离

2000 年，上海市推出了文广合流的重大改革举措，将原文化局、广播电影电视局合并，组建了文化与广播电影电视局。2001 年上海文广系统实现了两个制度创新：一是将部分文艺院团委托给文广集团下属的一些实体管理；二是将新闻传媒实体从文广局剥离，组建文广集团。2001 年 3 月，上海文化广播影视管理局宣布，对下列单位实行委托管理：上海歌剧院、上海轻音乐团、上海话剧中心委托上海电视台管理；上海歌舞团委托上海东方电视台管理；上海评弹团委托上海人民广播电台管理；上海民族乐剧团委托上海东方电视台管理；上海滑稽剧团、上海淮剧团委托上海有线电视台管理；上海巴黎舞团、上海广播交响乐团委托上海大剧院管理；上海越剧院委托上海文汇新民联合报业集团管理；上海沪剧

院委托上海《解放日报》报业集团管理；成立上海京昆艺术中心，下设京剧院和昆剧团，委托上海文广集团管理；上海杂技团、上海马戏城、上海马戏学校以股份制形式整合为一体，委托上海文广集团管理。这次推出的文艺院团改革，实行的是分类管理，第一类是国家重点保护剧种，如京剧、昆剧等直接由上海文广集团管理，依然主要依靠政府投入；第二类是芭蕾舞、歌剧等剧种，交给有实力的媒体或其他社会单位管理，政府给予一定的优惠政策，予以支持；第三类市场化程度比较高的如滑稽剧、杂技等，则直接面向市场。实行委托管理后，院团原有的国家艺术团体的性质不变，事业法人地位不变，人员的事业编制不变，艺术院团的名称不变，原来由文广局代表政府实施的国家财政对院团的拨款关系不变，原文广局拥有的支持院团改革与发展的各项资金继续用于院团。院团在媒体的领导下实行院团长负责制和演员聘用制，院团实行独立核算。2001 年 4 月，上海宣传系统宣布成立“上海文化广播影视集团”。新成立的文广集团将上海文化广播影视管理的政府部门部分职能剥离出来，行使“办文化”的职能，而作为政府主管部门的上海文化广播影视管理局则由“办文化”转到“管文化”。新的文广集团的资产主要包括：上海电视台（包括上海卫视）、东方电视台、上海有线电视台、《上海每周广播电视报》、《上海电视周刊》、《新闻午报》、东方网、上海东方明珠股份有限公司、上海国际会议中心、上海国际文化影视有限公司、广影视制作有限公司、上海电影集团、永乐电影集团及 16 家文化演出团体。这些大的文化资源企业化的举措，为上海响应 2003 年中央开展的文化体制改革试点工作的推行起到了重要铺垫作用。

2. 报业出版行业的转企改制

2003 年 6 月中央决定开展文化体制改革试点工作，按照统一部署，财政部门积极开展工作。2003 年 6 月，上海世纪出版集团被确定为全国文化体制改革试点单位。2004 年 9 月，世纪出版集团启动整体转企改制方案，2005 年 11 月世纪出版集团股份公司正式挂牌，正式改制为上海世纪出版股份有限公司，成为我国第一家国有多元投资的股份公司。目前，上海世纪出版股份有限公司已发展成为在我国出版界有一定影响的大型传媒集团。上海市共有图书、音像、电子出版单位 65 家。其中按照国家明确要求需要进行改企转制的出版单位共 60 家。在 2003 ~ 2006 年年底的文化体制改革综合试点阶段，上海市属宣传系统的世纪出版集团、文艺出版集团及所辖的 23 家出版单位要完成整体转企改制。到 2008

年，除中央在沪出版单位外，上海共32家出版单位需转企改制，其中高校出版单位22家，宣传系统出版单位8家，社会出版单位2家。截至2009年8月31日，上海在全国率先基本完成出版单位转企改制，32家出版单位的转制方案全部获得正式批复，全部完成清产核资，75%的完成工商登记，50%的完成全部转制程序，其余正在办理工商登记和其他转制程序的过程中。同时，上海印刷集团也完成了多元制改造，2003年上海新华发行集团筹备改制，2004年按照“三步走”的总体思路（国有多元改制、混合所有制改制、上市融资），借壳“华联超市”上市后，于2006年10月17日更名为“新华传媒”在A股上市公司复牌交易。

3. 民营文化企业的蓬勃发展

文化部2004年10月制定的《关于鼓励、支持和引导非公有制经济发展文化产业的意见》，鼓励“非公有制经济参与兼并、收购国有文化企业”，并“可享受国家制定的有关政策待遇”。上海的民营文化企业在相关的体制机制和政策引导下有了很大发展：一是民营资本参股上海国有出版社和院团改制，二是大力发展国家鼓励和允许范围内的民营文化企业。据不完全统计，2008年，上海的民营影视制作机构占全市总数的92%，民营娱乐服务机构、场所占总数的87%，民营文化经济公司占总数的91%，民营网络文化视听服务公司占总数的89%，民营上网服务场所占总数的97%，民营表演团体占总数的60%，民营文化艺术品经营机构占总数的93%，民营印刷企业占总数的92%。[①]

在政府财税政策的引导和强有力的推动下，上海的文化产业成功实现了以下两方面的转型。第一，组建了文广集团、新华传媒集团、世纪出版集团等有竞争力的文化产业大集团，实现地方国有文化企业的有效组合，并引领了健康的文化消费形态的发展；第二，为应对市场经济发展的要求，实现了民营经济和外资经济的快速发展和有益补充，比如2009年，在上海广告业的营业收入382.85亿元中，股份制及其他有限公司的营业收入为65.89亿元，“三资”企业的营业收入为117.56亿元，两者占比47.9%，成为上海广告业的有益补充。

（二）上海文化产业相关经济指标与文化财税政策的耦合关系

文化产业由于其巨大的发展潜力，日益成为国民经济的重要增长点，也成为

① 数据来源于彭翊《中国城市文化产业发展评价体系研究》，中国人民大学出版社，2011年5月第1版。

增强城市综合经济实力和国际竞争力的重要内容。上海文化产业连续多年保持10%以上的增长速度，2009年，上海文化产业总产出近3555.68亿元，增加值为800多亿元，占上海市GDP的5.61%，发展速度快于整体经济发展速度。

1. 产业增长幅度与文化财税政策的关系

根据国家统计局2004年颁布的文化产业划分标准，文化产业分为核心层、外围层、相关层三部分。其中，核心层包括新闻服务，出版发行和版权服务，广播、电视、电影服务，文化艺术服务；外围层包括网络文化服务、文化休闲娱乐服务、其他文化服务；相关层包括文化用品、设备及相关文化产品生产。2004年上海核心层的文化产值为71.65亿元，到2009年增长为131.30亿元，增幅为83.25%；2004年外围层的文化产值为197.18亿元，到2009年增长为417.38亿元，增幅为111.67%；2004年相关层的文化产值为172.57亿元，到2009年增长为298.10亿元，增幅为72.74%（见图1）。

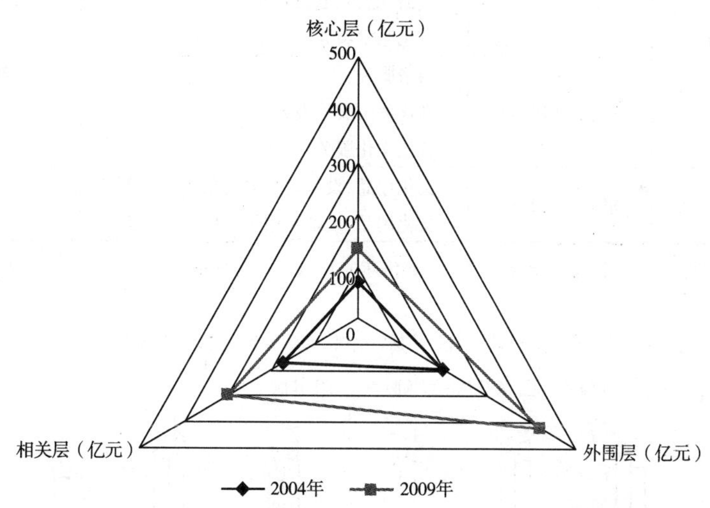

图1　2004年、2009年上海文化产业主要行业增加值雷达图

上述数据显示，虽然在国家和上海在文化体制改革中，相关财税政策重点倾向于传统文化产业，即对文化产业核心层进行扶持，但是核心层的产业增加值无论是增长的数量，还是增长的幅度，均远低于文化产业外围层对上海文化产业经济发展的贡献。

2. 产业增长重点与文化财税政策的关系

在进一步分行业梳理文化产业增加值数据后发现，如表2所示，2009年，核心层的增幅较2008年增长9.4%，其中增长最快的为广播、电影、电视服务行业，增幅达26.4%；2009年外围层的增幅较2008年增长10.3%，其中网络服务增长最快，达26.5%；2009年相关层的增幅较2008年增长12.5%，其中文化用品、设备及相关文化产品销售增长最快，增幅达20.6%。相对而言，核心层其他产业中，文化艺术服务较2008年仅增长1.5%，出版发行和版权服务较2008年只增长2.3%，新闻服务较2008年只增长4.9%；外围层的文化休闲娱乐服务增幅也相对较小，较2008年只增长了4.2%。

表2 2009年上海文化产业分行业增加值情况一览

单位：%

类　别	类　别	类　别	比上年增长
文化服务业	核心层(9.4)	新闻服务	4.9
		出版发行和版权服务	2.3
		广播、电影、电视服务	26.4
		文化艺术服务	1.5
	外围层(10.3)	网络服务	26.5
		文化休闲娱乐服务	4.2
		其他文化服务	5.2
文化相关产业	相关层(12.5)	文化用品、设备及相关文化产品生产	9.4
		文化用品、设备及相关文化产品销售	20.6

资料来源：据《上海统计年鉴》、《上海经济年鉴》、《上海文化年鉴》及相关官网整理而得。

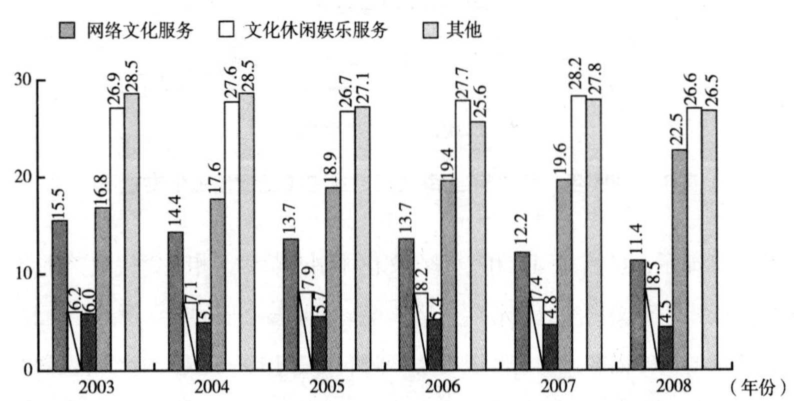

图2 2003～2008年上海文化服务业增加值构成

上海文化产业分行业增加值显示，核心层中的广播、电视、电影服务由于政府财税政策的支持，尤其是2009年财政部、海关总署、国家税务总局颁布的《关于支持文化企业发展若干税收政策问题的通知》，将电影、电视销售、版权转让、发行等收入作为免征税收对象，其增长幅度远高于核心层中其他的文化服务行业；外围层中，受益于财税政策中积极推进高新技术与文化产业的融合，上海在运用高新技术加快推进传统文化产业的转型上取得了很大发展，网络书店、数字出版、手机电视、移动电视、楼宇电视，网络游戏、电子商务等网络文化服务业获得长足进展；同时，由于在财税政策中，鼓励和积极引导民营资本参与国有文化单位转制、鼓励民营文化企业发展，同时“允许外商以独资或合资、合作的方式设立包装装潢印刷、书报刊分销、可录类光盘生产、艺术品经营等企业。在中方控股51%以上或中方占有主导地位的条件下，允许外商以合资、合作的方式设立出版物印刷和只读类光盘复制等企业。在不损害我国审查音像制品内容的权利的情况下，允许外商以合作且中方占有主导地位的方式设立除电影之外的音像制品分销企业”，民营资本和外商资本大量进入相关层的文化用品、设备及相关文化产品的销售领域，据不完全统计，2009年民营文化用品销售公司占全市总数的89%，民营文化艺术品经营机构占总数的93%。

3. 文化出口与文化财税政策的关系

上海文化产业的出口显示，2005年，上海的文化派出项目为215个，项目项均贸易额为7.75万元；2008年，文化派出项目为267个，项目项均贸易额为5.48万元。引进项目中，2005年引进项目451个，项目项均贸易额为12.12万元；2008年，引进项目项均贸易额为16.6万元（见图3、图4）。

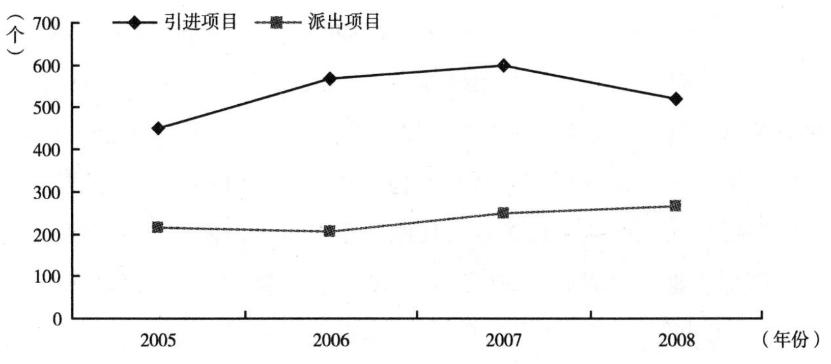

图3　2005～2008年上海文化产业引进项目与派出项目数

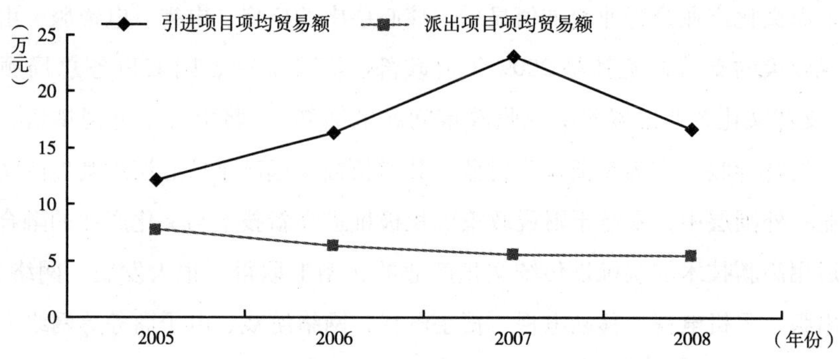

图4　2005～2008年上海文化产业引进项目与派出项目项均贸易额

一个国家的影响力，取决于国家的经济、科技和军事力量，但归根结底是取决于文化实力，鼓励文化产品出口是提高国家文化软实力的重要手段之一，因此，鼓励文化出口一直是财税政策的重要内容之一，比如规定“文化产品出口可按国家现行税法规定享受出口退税政策，文化劳务出口境外收入不征营业税、免征企业所得税”。较之于上海文化引进项目在2007年高位之后的下降，文化派出项目呈现逐年小幅度增长态势，但是虽然有政府的出口免税等优惠政策，在项目的项均贸易额指标方面，派出项目还是呈现逐年下降态势。同时，2009年上海文化和新产品出口中，占比88%的为印刷品，文化遗产（古物）和视觉艺术品占比均为0.6%，一定程度上影响了上海国际文化大都市形象的传播。

4. 新业态发展与文化财税政策支持的关系

随着科技的发展与新兴业态的出现，财税政策中“鼓励兴办高新技术文化产业，鼓励、引导社会资本投资于高新技术文化产业”，“从事数字广播影视、数据库、电子出版等研发、生产、传播的文化单位，凡符合国家关于高新技术企业税收优惠政策规定的，可享受相应税收优惠政策”等鼓励和税收优惠政策，使文化新业态成为上海文化产业的重要组成部分之一。这主要体现在两方面，第一是传统文化产品与高新技术结合的产物，比如，网络书店、手机电视、移动电视等的出现和普及；第二是文化与其他产业的结合，比如创意产业。2010年上海文化创意产业增加值达1630亿元左右，约占本市GDP的9.6%，2011年《关于促进上海市创意设计业发展的若干意见》必将引导上海创意产业进一步发展。

（三）进一步加大上海文化财税政策对文化产业支持力度的建议

上海文化产业发展方向以及发展速度与政府财税政策的着力点有着重要的正相关关系，财税政策强力推动、鼓励文化产业集中优势资源走集约化、规模化发展道路，一大批文化企业在转企改制过程中焕发出新的生机和活力，原来困于文化事业体制下的海量文化资源得以释放活力；财税政策立足于文化产业发展前沿，鼓励文化产业有效地与其他新兴业态和高新技术融合，延伸出了独具上海文化大都市特色的文化新业态，在全国甚至国际均表现出较强的影响力。但是在研究中，笔者发现，目前的财税政策更多着力于推动原有文化产业的转型，而在促进文化产业能级提升、进一步扩大我国文化产业的软实力方面还存在很多提升空间。具体而言主要涉及产权制度的进一步改革、投入产出绩效的进一步考量、文化要素市场的进一步构建、文化产业国际品牌的进一步塑造，并由此共同推进上海文化产业的振兴和文化软实力的提升。基于此，笔者认为，未来上海财税政策对文化产业的引导和支持，可以重点考虑以下几方面。

第一，进一步着眼于推动产权制度改革。在2003～2009年制定的系列推进文化企业转型改制的财税政策的推动下产生的文化企业，在转企改制中焕发出新活力，取得了新成就，但由于新型市场主体尚未完全形成，致使上海有的文化集团身份不明确，甚至作为事业法人而直接从事文化生产和经营，没有真正成为独立自主、自负盈亏的市场主体。改革开放以来的一系列实践告诉我们，要加快发展文化产业，打造合格的文化市场主体是关键。因此，要进一步理顺文化产业中社会意识形态生产方面的社会责任和由经济贡献度而形成的经济责任之间的关系，清晰界定“抓”与“放”的边界，并在此基础上，进一步通过财税制度的引导，推动上海文化企业产权制度的改革，建立现代企业制度，完善法人治理结构。

第二，进一步着眼于文化要素市场的构建。自1998年尤其是2003年转企改制试点工作以来，上海的相关财税政策主要体现在引导和支持文化企业在集团内部整合资源，进行业务结构调整、运行机制改革，是单一产业数量规模的扩张，在基本为条、块的范围内对文化资源的单向配置，属于外部形态调整。未来，上海的财税政策要更多地关注推进文化企业的跨媒体、跨行业、跨地区联动，以真正在全球化背景下，与发达国家的文化企业竞争。

第三，进一步着眼于完善投入机制。要逐步改变国有资本一股独大现状，更多地鼓励非公有制经济和外资进入而形成多元化的文化产业投融资体系。前文对上海民营资本的分析显示，目前上海的民营文化企业在政策允许和鼓励的范围内创造了很好的经济效益，成为上海文化产业有益的补充，但是非公有资本尤其是民营资本，由于国家政策的限制，目前只能活跃于零散的娱乐业、书报刊音像零售业及部分演艺业，无法更好地展现出它们高度的市场敏感性。非公有资本和外资资本对于文化产业的新动态、新方向具有很高的敏感性，能够为市民提供更多鲜活的文化产品，成为国有文化企业的有益、健康的补充。因此，未来的财税政策要更多地关注于对非公有文化企业的引导和支持，以增强上海文化产业的活力。

第四，进一步着眼于塑造文化产业的国际品牌。鼓励文化产品出口一直是财税政策的重点，但是单纯减税一直是其主要手段。在全球化背景下，文化产业的发展必须应该具有世界眼光，不仅应关注文化产品在本国所占的市场份额，更应该具有占领国际文化市场的眼光与策划。这就需要政府更多地将财税政策从单纯的减税政策转移到对具有国际竞争力的文化产品的资金扶持上，以鼓励上海文化企业关注国际文化产业市场动向，继续在发掘与继承民族文化遗产的基础上推陈出新，形成文化产品生产与销售的良性系统，将上海的文化产品推向世界。

结　论

十七届六中全会指出，“总结我国文化改革发展的丰富实践和宝贵经验，研究部署深化文化体制改革、推动社会主义文化大发展大繁荣，进一步兴起社会主义文化建设新高潮，对夺取全面建设小康社会新胜利、开创中国特色社会主义事业新局面、实现中华民族伟大复兴具有重大而深远的意义”，“当今世界正处在大发展大变革大调整时期，文化在综合国力竞争中的地位和作用更加凸显，维护国家文化安全任务更加艰巨，增强国家文化软实力、中华文化国际影响力要求更加紧迫。”当代中国进入了全面建设小康社会的关键时期和深化改革开放、加快转变经济发展方式的攻坚时期，文化越来越成为民族凝聚力和创造力的重要源泉、越来越成为综合国力竞争的重要因素、越来越成为经济社会发展的重要支撑，丰富精神文化生活越来越成为我国人民的热切愿望。我国上海的文化产业是在一直由政府直接管理的文化事业单位转型中成长的，经历转型改制至今，文化市场发展尚不充分，政府管理文化的传统方式，必然会产生重要的改变，公开、

透明、非歧视的文化市场准入机制会逐渐确立，多种所有制形式和多种经营方式的产业集团，以及多渠道、多形式的社会资本与国际资本的进入，会使文化产业领域涌现蓬勃发展的活力。在这种不可抗力的推动下，文化体制改革也会融入国家经济、社会的整体性深度改革进程，先进生产力发展的要求会真正体现在社会文化的发展之中。同时，作为国际大都市，上海的文化产业又直接面临国际发达文化产业的冲击和挑战。因此，要把社会效益放在首位、社会效益和经济效益相统一，推动文化产业跨越式发展，满足人民多样化精神文化需求，构建现代文化产业体系，需要公共财政积极而合理的介入。通过财税政策的宏观调控，有效集中配置上海的文化资产，进一步打造具有国际竞争力的文化产业龙头企业；需要更好地发挥上海文化发展基金的杠杆作用，带动更多的非公有资本进入文化产业，增强文化产业的发展活力和资本实力；需要制定更符合上海经济发展特色的文化财税政策，培育和扶持中小型文化企业，建立和完善我国文化产业要素市场；需要财税政策不囿于出口退税，而创新更多手段，进一步提高上海文化产品出口的数量和质量，推动上海优秀文化产品出口、文化企业走向世界，实现上海文化产业大繁荣大发展。

参考文献

1. 花建：《文化产业竞争力的内涵、结构和战略重点》，《北京大学学报（哲学社会科学版）》2005 年第 2 期。
2. 赵彦云等：《中国文化产业竞争力评价和分析》，《中国人民大学学报》2006 年第 4 期。
3. 中国经济增长与宏观稳定课题组：《城市化、产业效率与经济增长》，《经济研究》2009 年第 10 期。
4. 彭南林：《发展文化产业与构建多元化的产业主体探讨》，《中国软科学》2004 年第 10 期。
5. 马彪等：《我国文化产业发展问题研究》，《宏观经济研究》2007 年第 8 期。
6. 吉炳轩：《深化文化体制改革 加快文化产业发展》，《求是》2010 年第 23 期。

B.11

上海市公共文化资源供给体系建设的实践与提升路径初探

夏洁秋*

摘　要： 作为公共文化服务体系的重要内容，公共文化资源供给体系是上海建设国际文化大都市的基础性保障，在上海的“十二五”发展时期具有重要意义。经过多年实践，上海建成了多层级公共文化资源供给平台，公共文化资源内容丰富、多样，初步建立公共文化资源供给制度，形成了上海特色。面对文化发展的新态势，上海公共文化服务体系建设要从完善多层级公共文化资源供给体系、优化公共文化资源供给流程、加快建设数字化公共文化资源供给模式、构建公共文化资源供给长效机制等方面着手，打造更为良好的公共文化生态，增强上海文化发展的动力。

关键词： 公共文化资源　供给体系　平台建设　内容建设　制度建设

公共文化资源供给体系是公共文化服务体系的重要组成部分。建设合理高效的公共文化资源供给体系是上海建设国际文化大都市、实现公众文化权利与满足文化需求的基础性工程。上海把“构建与发展与社会主义先进文化要求相符合，与上海经济社会发展水平相匹配，与建设社会主义和谐社会相一致的上海文化发展格局，建立相互协调、功能完善的公共文化服务体系、文化产业和文化市场体系”作为文化发展“十一五”规划的总目标，其中，公共文化服务体系建设在实践中取得突出成效。为进一步提升公共文化服务在上海城市文化软实力建设中的重要作用，上海“十二五”发展规划纲要提出“坚持公益性、基本性、均等

---

* 夏洁秋，同济大学人文学院文化产业系副主任，博士，副教授；主要从事公共政策分析、文化产业规划与管理研究。

性、便利性的原则，以政府为主导，以基层为重点，建成覆盖城乡、惠及全民的公共文化服务体系”，并就加强公共文化基础设施建设、丰富公共文化服务内容等方面提出了具体目标，也对实现这一目标的路径提出了新的要求。

一　上海构建公共文化资源供给体系的实践

公共文化资源是指具有公益性、社会性、群体性和共享性等公共特征的文化资源，是以群众艺术馆、美术馆、文化馆、社区文化活动中心等公共文化场所，公共图书馆、公共博物馆、纪念馆等公共文化设施为平台，以演艺活动、群文活动、展览等多种文化活动为内容，集合形成的一种群众参与、资源共享性的公共文化资源库。公共文化资源是公共文化产品和文化服务供给的基础，是普及文化知识、满足社会成员基本文化需求、提高公众文化素质及生活质量，以及提供社会发展需要的文化环境和文化条件的各种公益性文化产品和服务的总和。① 从当前情况看，在全国各地的公共文化资源供给上存在诸多问题，如，重硬件建设轻内容供给、公共文化资源供给与公众需求脱节、公共文化资源供给不均衡、公众的主动参与性不够强等。

进入21世纪以来，上海市政府高度重视公共文化服务事业，在公共文化资源供给的机制、方式等方面大胆探索，着力解决公共文化资源供给上的诸多难点，促进上海公共文化资源供给体系建设进入发展的新阶段。

（一）建成多层级公共文化资源供给平台

经过多年的建设，上海已基本建成市、区、街道（乡镇）、社区、居委会（村）五级公共文化服务网络，打造了不同层次的公共文化资源供给平台。

上海公共文化资源供给体系建设起步于公共图书资源供给建设。10年来，上海市中心图书馆项目把全市237家图书馆整合成为大型公共文化资源。2003年10月，“一卡通”借阅服务在全市区（县）公共图书馆实现了全覆盖；2005年10月上海市中心图书馆又将“一卡通”服务延伸至街镇图书馆等基层服务点，这标志着由市、区（县）和街（镇）组成的两级总分馆制开始形成；同时，

① 闫平：《服务型政府的公共性特征与公共文化服务体系建设》，《理论学刊》2008年第12期。

以“农村综合文化活动室”为平台，将新闻出版局推进的“农家书屋”、农委创建的“农民科技书屋”与上海中心图书馆基层服务点建设结合在一起，较好地实现了“农家书屋”图书资源的周转和更新；2010 年建成了市、区（县）、街（镇）同城三级图书馆网的通借通还的全覆盖，全市 18 个区（县）的 212 家街道（乡镇）图书馆全部加入了中心图书馆“一卡通”服务体系，实现了传统纸质资源和新媒体资源服务、远程使用电子资源“一卡通”服务、联合知识导航服务、上图讲座延伸服务等资源共建共享，提高了整体资源服务水平①。

同时，上海市宣传文化主管部门注意到新时期市民对公共文化多样化、多层次的需求，探索新的公共文化资源供给方式。从 2004 年开始，在市级层面依次建立了东方社区信息苑、东方宣传教育中心、东方讲坛、东方永乐农村数字电影院线、东方社区文艺指导中心等“五个东方系列”，搭建起市级文化资源供给配送平台，采用“资源整合、百姓点菜、政府买单、区县联动、按需配送”方式运行。

随着上海大剧院、上海博物馆、上海图书馆、东方艺术中心等标志性文化设施的落成以及“五个东方系列”市级公共文化资源供给平台的建成，上海市宣传文化主管部门迅速全面布局建设以社区文化活动、社区学校和东方信息苑为主体的新型文化阵地和公共服务平台。同时，各街道、乡镇以社区文化活动中心为轴心，建造居委会、村文化活动室，市民出门步行 15 分钟就有一个文化点，基本建成了“15 分钟公共文化服务圈”。

至 2011 年 4 月，上海公共文化设施总面积已有近 295 万平方米。全市已有博物馆 114 家、美术馆 32 家，其中包括民营非企业性质的公益美术场馆 14 家。上海公共图书馆已达 28 个，其中市级 2 个、区（县）级 26 个；群艺馆、文化馆（中心、站）239 个②，村或居委综合文化活动室 5245 个，文化信息资源共享等国家重大工程村级基层服务点 1697 家，工人文化宫和俱乐部 19 个，青少年活动中心、少年宫、少科站、活动营地 36 所③，建成多层级、便利性、布局合理的公共文化资源供给平台。

① 依据 2011 年 4 月《上海市公共文化建设会议交流材料》整理。

② 上海市统计局、中共上海市委宣传部：《上海文化统计概览 2011》，2011 年 9 月编发。

③ 《上海：“15 分钟公共文化服务圈”已基本建成》，新华网，2011 年 4 月 13 日。

2010 年上海各区（县）公共文化设施数

区　县	图书馆	艺术表演场所	群艺馆、文化馆	文化站	公园数
浦东新区	3	4	4	38	20
黄 浦 区	1	6	1	6	7
卢 湾 区	1	3	1	4	5
徐 汇 区	1	0	4	13	11
长 宁 区	2	2	2	10	13
静 安 区	1	2	1	5	3
普 陀 区	2	2	3	9	16
闸 北 区	2	3	1	9	7
虹 口 区	2	0	2	8	9
杨 浦 区	3	2	1	12	14
宝 山 区	1	9	2	12	10
闵 行 区	1	6	1	12	10
嘉 定 区	1	2	1	12	5
金 山 区	1	3	1	11	7
松 江 区	1	7	1	15	5
青 浦 区	1	12	1	11	3
奉 贤 区	1	16	1	8	1
崇 明 县	1	1	1	18	2

资料来源：上海市统计局、中共上海市委宣传部：《上海文化统计概览 2011》，2011 年 9 月编发。

（二）公共文化资源内容供给丰富、多样化

在公共文化资源供给内容建设层面，上海市宣传文化主管部门注意到新时期市民群众对公共文化的需求呈现多样化、多形态、多层次的趋势，在市级层面建立了“五个东方系列”，整合全市可以利用和调节的文艺演出资源、讲座资源、展览资源、教育资源、辅导人才资源，编织成菜单式目录，形成按基层需求定制、招标选择供应方、提供菜单式服务、及时免费配送的运行模式，为各区（县）配送公共文化资源。至 2011 年 4 月，东方社区信息苑已覆盖全市 18 个区县、182 个街镇，共有 349 家社区信息苑和 1669 家农村信息苑，基本实现行政村全覆盖，服务人群累计达 3728 万人次；东方讲坛设立 335 个举办点，举办各类讲座 14000 多场，受众达 361 人次；东方宣教中心共采集制作配送各类宣教作品 1086 万件、文艺演出节目 400 个品种，受众约 1800 万人次；东方社区文艺指导

中心辅导各类团队5403支，接受辅导的社区群众近98万人次；东方永乐农村数字电影院线已在全国率先实现农村电影放映从室外放映转向室外、室内放映相结合，从胶片放映向数字电影放映的转变，实现了全年为农民放映电影52场。[①]

继续发挥公共图书馆、文化馆作为传统公共文化资源配送平台的骨干作用。2010年，公共图书馆实现外借服务3183万册次，市、区（县）文化馆创作文艺作品10067件，并将优秀作品带入社区、农村基层推广巡演。

试行政府直接购买服务的方式，将高雅艺术送入基层。如，浦东新区政府从2007年起，采用“竞标+配送”、“供需见面、双向选择”的方法，探索建立招投标机制，吸引上海歌剧院、交响乐团、越剧院等市级专业院团参与竞标，经费由政府承担，累计组织各类文艺团体下基层演出1600余场，116余万人次受益。

此外，建立政府引导、百姓做主的公共文化资源整合方式，发挥百姓的文化作品创造能力。如，嘉定区构建了“百姓文化系列”资源供给模式，组建了“百姓说唱团”、“百姓书社”、“百姓影院”、“百姓讲坛”等，使公共文化资源来自百姓、服务百姓，并为提升百姓的素质和能力服务[②]。

（三）初步建立公共文化资源供给制度

党的十六大以来，上海按照中央的要求，积极推进公共文化服务体系建设，在《上海文化发展规划纲要（2004~2010）》、《上海文化发展“十一五”规划》中明确了建设公共文化服务体系的目标、要求和工作任务，先后制定和颁布了《上海市关于推进“农家书屋”工程建设的实施意见》、《推进本市农村文化信息化建设的意见》、《关于加快“十一五”期间社区文化活动中心建设的通知》等文件。2007年，按照中办、国办《关于加强公共文化服务体系建设的若干意见》的要求，把公共文化服务体系建设作为文化大都市建设的基本任务，进一步加大了工作力度。

在公共文化资源供给的制度建设方面，2004年开始，由市政府宣传部牵头，市文明办、发改委、财政局、文广局、规划局、民政局等17家相关单位参与，成立了“上海市社区文化服务工作领导小组”，着力整合街镇各类公共文化设

① 依据2011年4月《上海市公共文化建设会议交流材料》整理。

② 依据2011年4月《上海市公共文化建设会议交流材料》的嘉定区材料整理。

施，建设综合性、多功能的社区文化活动中心，进行全面规划、统筹协调，推动以文化中心为重点的公共文化服务体系建设，推动全市公共文化资源的整合；同时，领导小组明确将数字电影放映工程和文化信息资源共享工程基层服务点建设，与社区信息化建设、街道（乡镇）图书馆电子阅览室建设整合在文化中心的“东方信息苑”平台上，实现共建共享；市群艺馆则将全市优秀文艺作品集聚在一起进社区、到农村和基层推广巡演；各区县文化馆又整合区域内的文化资源向基层配送，加大了文化资源配送力度，有效增强了文化供给服务的能力。进入“十二五”时期，领导小组被调整为“上海市公共文化服务工作协调小组”，进一步优化对全市公共文化资源的统筹协调功能，初步建立了公共文化资源供给制度。

二　上海公共文化资源供给的特点

（一）服务提供坚持全面性与均衡性相结合

1. 不断拓展思路，运用多维度的供给方式

公共文化资源的供给具有广泛性、多层次性，这也要求多维度的供给方式。上海市已形成包括政府直接供给、政府间接供给、社会供给、多方主体交叉互补供给的多维度供给模式。政府直接供给是指由政府直接免费提供公共文化资源，如上海市图书馆、文化馆等公共文化资源；政府间接供给主要指政府通过购买服务的方式提供公共文化资源，如浦东新区政府每年付费引进各种专业院团到浦东新区演出，以提升公共文化资源的质量；社会供给是指由公众和社会团体提供公共文化资源，如，嘉定区由一群小老板自发组成的 BOSS 乐队每周在嘉定镇街道文化中心排练，每月的最后一个星期六晚上免费为社区居民的月末舞会伴奏，不定期地参加社区公益演出；多方主体交叉互补供给是指不同区域、多种公共文化资源实现跨区域、跨层级供给，如上海各区县一方面利用“五个东方系列”等市级配送资源，同时加强与其他区县文化机构的合作，共享各区县特有的公共文化资源，并以各区县的社区文化中心、社区文化站为平台，发挥文化资源供给的桥梁纽带作用，均衡、合理分配资源，使来自不同领域和层级的公共文化资源能进入寻常百姓的生活中。

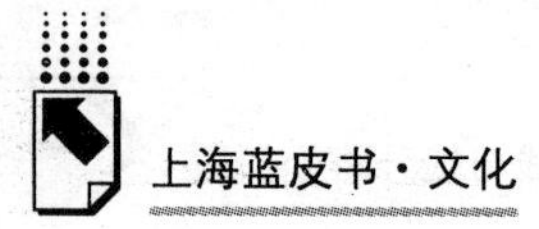

2. 多方整合资源，形成丰富的供给内容

从上海公共文化资源的整合情况看，公共文化资源来自政府直接提供、政府购买、百姓生产等多种路径，形成了多元化、多层次的风格，且公共文化资源丰富多彩，包括文博资源、公共演艺活动、市民自娱自乐活动、广播影视作品、数字信息资源、文化培训活动等，有益于满足民众不同的文化需求。

（二）文化产品生产注重教化性与参与性相结合

1. 坚持供给导向，实现公共文化资源供给的引导性

上海市在公共文化资源的供给中注重发挥文化的引导与教化功能，通过培养骨干人才，运用文化资源供给的各种形式和渠道，宣传社会主义价值观，加强道德建设，弘扬时代精神，传播人文历史知识等，在全社会倡导积极向上的精神追求和健康文明的生活方式，取得了良好的效果。如长宁区针对区域内中、高档住宅区居民文化需求要求高的特点，组织开展书画、插花、烹饪以及中国民间民俗文化的培训、展示活动，组织各种联谊俱乐部活动，传播中国传统文化，倡导健康文明的生活方式，深受居民欢迎。① 又如，嘉定区江桥镇太平村外来人员较为集中，通过免费为外来人员举办学说上海话及嘉定历史、文明礼仪、社会公德、计算机知识、专业技能、音乐、戏曲培训等一系列活动，培养了外来人员的归属感，逐步改变了原来社会治安和管理较为混乱的局面，不仅连续13年没有发生过一起上访事件，也连续10年没有发生过一起涉及外来流动人员的刑事案件，先后获得了“全国民主法治示范村”、“上海市综合治理安全小区”等光荣称号，成为名副其实的“太平之村”。②

2. 实现供给主体多元化，注重发挥公众的主体性、参与性

经过多年实践，上海市已建成了包括政府、公益性文化单位、拥有文化资源的相关单位、社会团体、社会公众在内的多元化的公共文化资源供给主体。上海市委宣传部、文广局及其相关管理部门提供、规划主流公共文化资源；上海市图书馆、博物馆、美术馆、文化馆以及其他公益性文化单位则着力建成政府主导、

① 依据2011年4月《上海市公共文化建设会议交流材料》的长宁区材料整理。

② 引自上海市文广局2011年课题“公共文化资源供给体系研究——以上海市嘉定区为例”成果。

管理规范统一、信息资源共建共享的公共文化主体资源供给体系；包含多种所有制企业的、拥有文化资源的相关单位也积极参与，成为公共文化资源日益重要的供给者，如小木偶剧团十二年如一日“送戏上门”，遍及全市各区县演出逾千场；社会团体是丰富、提升上海公共文化资源的重要力量，如上海殷慧芬文化传播中心、上海晓晖艺术中心等一批民营团体和社团在上海一些城区的公共文化资源供给方面发挥着积极的作用；社会公众是上海市基础公共文化资源的重要供给者，如静安区江宁路街道的“银鸽艺术团”的演员来自基层百姓，创作的节目大多以百姓生活为基础，并为百姓演出，广受百姓欢迎。

为顺应改革开放新形势下基层人民群众文化需求多样性、自主性、选择性的要求，树立“以人为本”的理念，上海市有效促进公共文化资源供给格局的转变。一是改变公共文化资源供给形式，变公共文化资源自上而下的单向供给模式为“群众点单”、“合作联动”的自下而上、上下结合的双向供给和交互供给模式，盘活市、区两级的文化资源，解决了文化供给不对路、不合百姓口味的实际问题。如，东方讲坛经过近七年的探索，在众多的讲座品牌中形成了“讲师专家化、听众百姓化、选题菜单化、活动多样化、传播媒体化”的独特风格①，东方讲坛办公室将全市各基层的近200个讲座点构成一个系统网络，实行计算机管理，讲座的选题采取社会化招标，即向讲坛特聘讲师和社会公众征集，讲坛办公室对讲座信息进行汇总遴选后，以菜单的形式在网上公布，并向社区文化活动中心讲座点发放《讲座题库》，让群众自主选择。二是发挥百姓的参与性，为百姓参与公共文化资源创造提供条件，如提供专业指导、提供排练场所等，鼓励百姓开展喜闻乐见的特色文化活动，将零散的文化资源集约化、均衡化，提升公共文化资源供给的水平。

（三）资源配送坚持理顺渠道与平台打造相结合

1. 理顺供给渠道，实现公共文化资源供给的有效性

上海市在实践中不断调整、整合公共文化资源供给平台，建成连接市级、贯通基层的具有实效性的公共文化资源供给渠道。一是在全市各区县先后建立上海东方文体资源配送分中心和上海东方社区文化艺术指导分中心，与市级公共文化

---

① 引自2011年4月《上海市公共文化建设会议交流材料》的东方讲坛资料。

资源配送体系有效对接；二是依托区、镇两级文化资源配送机构，如区图书馆、文化馆、街镇社区文化中心等，对市、区两级文化资源进行统一调配；三是充分利用延伸到基层的公共文化资源供给阵地，如居委会文化站，把各类优秀的文化资源，群众需要的文化辅导员、喜欢的文化产品，直接送到群众身边，提升公共文化服务的质量，实现公共文化资源供给的实效性。

2. 拓展供给阵地，实现公共文化资源供给的普惠性与自主性

依托包括政府、公益性文化单位、拥有文化资源的相关单位、社会团体、社会公众在内的多元化的公共文化资源供给主体，不断拓展供给阵地，构建便于基层群众广泛参与的公共文化资源平台。如，打破传统公共文化资源供给方式拘泥于专门设施、统一时间、特定对象的僵化思路，充分利用“房前屋后”、“田间地头”等百姓居家环境、居家时间，以及邻里关系的社会资源，通过合理规划、统一配送，把百姓的客厅、书房、车库变成了“百姓书社”等公共文化场所，由百姓自主管理，让百姓可就近享用公共文化资源，实现公共文化资源供给的普惠性。

（四）品牌打造坚持基本性与特色性相结合

打造公共文化资源品牌有助于提升公共文化资源服务的水平，增强吸引力。上海市借助社会多方面力量，注重公众的接受性与体验性，坚持基本性与特色性相结合，实施公共文化服务品牌建设工程，打造了一批公众喜爱的公共文化品牌。如，2006 年 7 月浦东新区文广影视局、浦东新区文明办、新民晚报社和上海东方艺术中心联合主办东方市民音乐会，截至 2010 年底，共举办东方市民音乐会 202 场，与之相配合的音乐普及讲座 46 场，累计观众逾 37 万人次，被媒体誉为全国普及型音乐会第一品牌，并被评为“2009 年上海十大文化事件”之一，已经形成政府支持、媒体参与、企业赞助、公司运作的良性模式①。此外，各区县都打造有特色的公共文化品牌，如普陀区拥有“苏州河文化艺术节”、“新上海人”歌手大赛、“图书漂流”等一批在全市乃至长三角地区、全国有较大影响力的公共文化活动品牌②。

---

① 依据 2011 年 4 月《上海市公共文化建设会议交流材料》的浦东新区资料整理。

② 引自 2011 年 4 月《上海市公共文化建设会议交流材料》的普陀区资料。

三 上海公共文化资源供给体系建设的提升路径

根据“十二五”规划，上海要加快发展文化创意产业，提升文化创意产业的竞争力和辐射力，努力使文化创意产业走在全国前列，并且要建设国际文化大都市。这些目标的实现，需要有良好的文化生态环境提供支持，而公共文化资源供给体系正是文化生态环境的基础。为此，上海公共文化资源供给体系建设急需寻求提升路径，以应对这些挑战。

（一）完善多层级的公共文化资源供给体系

1. 发挥上海五级公共文化资源供给体系的联动作用

在已建成的五级公共文化资源供给体系的基础上，推动五级公共文化资源供给体系与现代远程配送网络系统联合共建基层服务站点，形成融宣传教育、信息服务、科学普及、文化娱乐、体育活动等于一体的公共文化资源配送网络；充分发挥以“五个东方”为代表的市级文化资源的关键作用，实现与各区县分中心高效对接；发挥区县一级图书馆、博物馆、文化馆引领文化资源供给，街道社区文化活动中心、居委会文化站主导公共文化资源供给，社会公众活跃公共文化资源供给的作用和功能；积极进行跨区域优势文化资源共享共建，探索街道社区文化活动中心、文化馆与市级专业院团、院校等专业性文化资源的共建模式，实现节目资源、展览资源、文化艺术辅导人才资源、讲座资源和教育资源的共享。

2. 不断改善面向基层、面向流动人口的公共文化资源供给模式

上海流动人口众多，要积极利用上海公共文化资源较丰富的优势，积极推动公共文化资源配送向基层、向流动人口倾斜，注重主流文化产品的生产和传播，以外来务工人员文化需求为导向，提高他们参与的主动性与积极性，打造一个以外来务工人员为主体，以“他给 + 自给”为供给方式的特色文化资源供给体系，弥补目前对外来务工人员文化资源供给不足的现状，加大群众乐于参与、便于参与的文化内容的配送力度，形成社区文化、村镇文化、家庭文化的交融，打造基层文化阵地网络，为促进社会和谐提供支撑。

（二）优化公共文化资源供给流程

在政府主导的框架内，突出“按需供给”的理念，进一步改变现行公共文

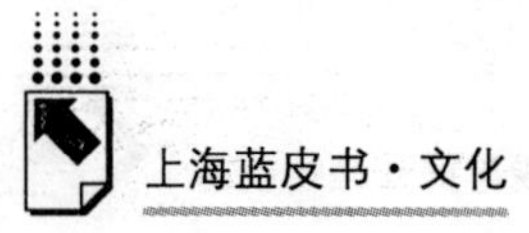

化资源供给以“自上而下”为主的决策机制，建成政府主导与民众需求相结合的公共文化资源供给机制。

1. 定期进行公共文化资源需求调查，把握公众需求动态

科学开展公共文化资源需求调查是确保上海市公共文化资源供给的前提。建立政府主导、社会参与的公共文化需求调查体系，由各城区在不同人群中展开调查，了解实际文化需求情况，梳理居民所需要的公共文化产品的种类与数量，系统地进行分类汇总。同时，建立以居民文化需求为核心的、民主的需求表达机制，给居民搭建一个表达文化需求意愿的平台，引导居民提出自己的要求，对所需要的公共文化内容进行投票表决。综合上述两种调查结果，最终确定公共文化资源供给品种、供给数量和质量标准，为有效提高上海市公共文化资源供给水平夯实基础。

2. 逐步构建、共享公共文化资源库

做大、做强公共文化资源库，是确保上海市公共文化资源有效供给的核心。根据居民文化需求调查和上海市文化资源现状，积极进行公共文化资源的梳理、分类与整合，建成不同类别的资源库，如基础公共文化资源库，读书资源库、节庆文化资源库，群文演出活动资源库、文艺曲目资源库、美术摄影展览资源库等；积极推动各区县开展相应类别的资源库建设工作，并建设各区县特色公共文化资源库，形成全市跨区域的共享机制。

（三）加快建设数字化的公共文化资源供给模式

1. 加快推进公共文化资源数字化工程建设

利用数字化手段加强公共文化服务内容平台建设。“十二五”期间，上海将实现电信百兆宽带接入，建设“智慧城市”，并整体实现有线电视模转数。为此，需要大量的文化内容与此硬件设施相配套。要启动公共文化内容平台的规划和设计，整合国家文化资源共享工程资源、全市各类公共文化内容资源以及社区信息化工程前期集成的资源，依托专业化后台技术支撑，利用云技术、移动互联网技术的发展和移动终端的普及，实现公共文化服务“在线（专网平台）、在场（东方信息苑）、在手（移动终端）”的互动共享服务模式。同时，这一平台将具备公共文化服务设施信息管理等多项功能。

进一步充分利用高新技术加强公共文化资源“联网连锁”的硬件建设，完

善网络系统，加强共享工程资源镜像站建设，提高公共文化资源传播速度；加强文化资源“联网连锁”的软件建设，提升公共文化资源加工制作能力、信息资源服务、辅导培训、技术开发等方面的功能，积极搭建“文化信息交流、文化设施分布、文化人才队伍、文化产品展示、文化服务评估、文化理论研究、文化政策指引”的公共网络平台，实现不同形态的公共文化资源的交融与共享。

2. 积极利用新技术创新传统供给模式

依托上海市无线网络资源的优势，积极探索利用现代云计算等高新技术手段对上海市优秀文化资源进行整合和优化。加快建构由公共文化资源架构的服务器集群，打造以云图书馆为主体的数字文化资源云平台，包括网上博物馆、网上爱国主义建设基地、网上讲坛、网上文化展示平台、网上社区学校等，形成满足公众不同需要的，包括图书期刊、舞台艺术、音乐美术、影视作品、科普知识、文物鉴赏、群文活动等在内的数字文化资源库群落，改变公共文化资源供给受到空间和时间局限的状况；加快公共文化资源供给信息服务网站建设，让民众尤其是年轻一族，只要通过网上点击，就能随时了解公共文化资源供给信息，准确定位自己偏好的文化活动，让更多居民能够共享丰富的公共文化资源。

（四）构建公共文化资源供给的长效机制

1. 推进公共文化资源供给体系的制度配套建设

一是建立社会化、专业化的运作机制，提升公共文化资源供给水平。基于社会管理社会化的趋势，政府应将部分文化管理职能分离出来，交给社会进行管理。上海应在总结已有经验的基础上，逐步推行委托管理，把文化设施整体委托给非营利组织进行管理；优化分类管理，把一些公共文化活动或服务项目委托给具有专业资质的社会机构进行管理，提高管理的专业化水平；建立全市统一的社会化专业化连锁式的运行管理机构。二是在公共文化资源供给体系的基础设施规划、资金投入、服务内容、队伍建设、管理等领域，要加快制定清晰、完整和一致的政策与具体、可操作的制度，调整相关法规政策，使之相互衔接，使管理制度更加适应公共文化资源供给现状和变化趋势。

2. 改进人才队伍建设机制

良好的文化生态有助于吸引优秀创意人才集聚，相反，建设良好的文化生态也需要优秀的文化人才。要实现政府、社区、高校对接，运用培训、交流等多种形式，针对不同的公共文化资源供给部门的差异化需求开展人才培养，提高公共文化人才的服务水平。一是积极培育大量专业的社区文化人才。以各区县文化馆、图书馆、社区文化中心等为依托，建立基层群众文化干部和专业文化人才的培训基地，加强对基层群文创作、基层图书馆业务与社区文化指导员的定期全面培训，加强队伍的服务意识与提高其业务水平；发挥社区文化骨干、文化能人、文化名人能提供艺术指导与培训的作用，聘请文艺教师、懂文艺的离退休人员、民间文艺骨干等为志愿人员，加强对业余演出队、业余电影放映队、农村义务文化管理员等业余队伍的培训。二是大力培养熟悉公共文化资源管理与供给的专业优秀人才，加大（掌握最新科技的）文化人才队伍建设力度，积极发挥其在公共文化资源流通环节中的重要作用。

3. 加大资金投入力度

要研究上海公共文化资源供给资金的标准，通过政府出资、社会融资的方式建立专项资金，专门支持公共文化产品、服务和项目的建设，并将投入比例写入政府规划和相关文化政策里，实现投入的制度化、规范化。一是分期、分批建立一系列有利于提高公共文化资源供给水平的专项引导资金，通过资金、免税或其他税收优惠、政府低息贷款、贷款担保、补贴、津贴等方式，扶持盈利性不高、盈利时间跨度长、风险较大的公共文化产品的供给。二是积极完善财政支持政策，加强财政部门和审计部门对公共文化资源供给资金使用的监管，确保公共文化资源供给资金落到实处。

4. 优化绩效评估机制

绩效评估机制是公共文化资源供给体系的保障体系。一是要建立多元主体评估体系，开展定期评估。多元化评估主体从不同角度对供给绩效进行全方位评价，政府要主导建立评估机构、实施组织领导，将科学、完整、可量化、易操作的公共文化资源供给评估指标体系明确化。二是要建立供给绩效考核制度。完善绩效考核指标体系，设置公共文化资源供给指标、保障指标、组织管理指标与公众参与指标；建立考核责任制，把公共文化资源供给状况与管理状况作为评价各区县发展水平和衡量发展质量的考核指标，纳入上海市各级宣传文化主管部门领导干部的年终考核评比中，确保各级党委、政府和文化管理机构重视公共文化资源供给体系建设，不断提高公共文化资源供给与管理水平。

B.12

上海郊区文化产业园区的建设与文化共享

王海冬*

摘　要： 上海的文化创意园区及文化产业园区多设置于市区，郊区的文化产业园区明显偏少，这增加了上海文化投资的风险性。然而，上海文化是由郊区的江南传统文化与市区的海派文化组成，这是上海建设国际文化大都市最重要的本土资源，前者是后者的母胎。上海相当一部分文化遗产保护项目的传承地在郊区，但多数还没有与郊区文化园区的发展紧密相连。因此，上海应注重在郊区进一步建立文化园区，从而实现上海文化产业与文化共享建设的快速、健康发展。

关键词： 新时期　上海郊区　文化产业园区　文化共享

文化遗产是城市文脉的载体。上海6000年的历史文脉形成了十分丰厚的文化遗产，是上海建设国际文化大都市最重要的本土文化资源之一。但这种文化资源尚未与上海建设国际文化大都市的实践紧密结合，其中一个具体表现就是郊区的文化园区偏少。

一　上海郊区文化产业园区明显偏少

经市委宣传部、市经济和信息化委员会、市文化广播影视管理局、市新闻出版局的联合审定，上海首批15家文化产业园区于2009年正式获得批准，其中有

---

* 王海冬，上海社会科学院文学研究所助理研究员，日本千叶大学博士。

3家在郊区，它们是金山中国农民画村、南汇新场民间技艺文化创意基地、松江仓城影视产业基地①。

位于枫泾镇中洪村的金山中国农民画村聚集着上海金山、吉林东丰、天津杨柳青、云南腾冲、陕西户县等十个农民画乡的画家。近年画村年接待游客已达50多万人次，带动了周边农民500多人就业，实现了比较可观的社会、经济效益。

现属浦东新区的南汇新场民间技艺文化创意基地位于新场古镇，成片的古建筑和沿海传统文化，自然形成了具有上海原住民特质的“民族、民俗、民间”文化集聚区。

仓城影视产业基地是松江区的文化产业。十年前，当台胞投资的胜强影视拍摄基地落户松江仓城时，工业污染源与之比邻。十年后，松江区政府“腾笼换鸟”，将土地资源从工业企业手中置换出来，并依托胜强在影视圈的影响力集聚资源，加大对影视产业发展的支持力度，形成了创意、拍摄、制作、发行的产业链和循环运营机制，一个以仓城、车墩和佘山影视产业基地为核心的“大影视区”的发展前景已清晰。②

目前，上海各区、县对发展文化产业有很大的积极性，建设文化产业园区一定程度上成为区、县加快调整产业结构、转变经济发展方式的有效抓手。但占上海土地资源90%的郊区的文化园区只占总数的20%，明显偏少。

目前上海的15家文化产业园区的大部分在市区，包括位于浦东新区的动漫谷文化创意产业基地、国家数字出版基地，位于中心城区的徐汇电子艺术创意产业基地、徐汇数字娱乐产业基地、2577创意大院、长宁多媒体产业基地、长宁新十钢视觉文化艺术产业基地、卢湾区田子坊、静安现代戏剧谷、普陀天地网络数字内容产业基地、M50艺术品创意基地、杨浦五角场800艺术基地。首批15家上海市文化产业园区中，与网络、数字多媒体等新兴技术相关的文化产业园区至少有7家；“民族、民俗、民间”文化传承与创新的园区有2家，若算上定位于“以民俗文化为主要表现打造国际文化社区”的田子坊，一共有3家；文化艺术原创和艺术品经营的园区有3家；另2家分别致力于发展演艺产业和影视产业③。郊区

① 姜小玲：《上海首批15家文化产业园区“出炉”》，2009年4月17日《解放日报》。

② 姜小玲：《上海首批15家文化产业园区“出炉”》，2009年4月17日《解放日报》。

③ 姜小玲：《上海首批15家文化产业园区“出炉”》，2009年4月17日《解放日报》。

的文化园区只有3家，明显少于正常比例。

目前上海的文化产业园区的布局也不符合上海的文化分布。有人说："上海是近代从一个小渔村发展而来的大都市"，这句话不符合历史。今天的上海已不是民国时期的上海特别市①，而是包括18个区县的大上海。今天上海区域内的每一个非遗项目都是上海的文化资源，都值得重视。上海文化由城区的海派文化与郊区的江南传统文化组成，因此上海的文化产业发展应该兼容二者。

虽然上海建立的非遗三级保护名录体系平均密度列全国前位，但是有一些项目前景不容乐观，如：青浦田山歌是本市国家级非遗项目，目前仍在世的歌手不满百人，且大多进入晚年，还能开口唱田山歌者仅存寥寥数十人。江南丝竹、琵琶艺术②、泗泾十锦细锣鼓和上海道教音乐等国家级非遗项目，演奏人员队伍日趋老化，后继乏人。松江舞草龙和奉贤滚灯都是古老的、带有宗教色彩的民间舞蹈，后续乏人的现象十分严重。松江顾绣、嘉定竹刻、徐行草编工艺是上海独具特色的非遗项目，但目前除顾绣外，其他项目的传承人数量正逐步减少，已到了青黄不接的地步。乌泥泾手工棉纺织技艺传人目前都已七八十岁高龄，传统手工艺面临失传的危险。③ 这是郊区的非遗保护遇到的困境，而目前的文化产业园区的设立不利于改变这种困境。

上海市区在2007年以前就设立了80个文化创意产业园区，非遗在上海勃兴的文化创意产业中罕见其身影。两年前笔者考察了闸北的文化创意产业园区名仕街，该园近年建成，建筑富有特色，设施优良，交通方便。本来要引进意大利的服饰学院与餐饮，但因金融危机，外商未进驻，致使长时间空场，反而成为区政府与相关企业的包袱。类似现象在其他文化创意园区也较为普遍存在，不少主办者的眼光盯住国外，却很少在开发本土资源上下工夫。

近年，我国大城市出现大批文化创意园区，几乎形成一个"文化大跃进"，这不符合文化产业的发展规律，其中乱象杂生，名副其实的少。上海是规划做得多、研究做得少，正如同济大学诸大建教授说："上海一上来就要做100个创意

① 民国时期的上海区域在百年以前也不是一个小渔村。

② 包括瀛洲古调派琵琶演奏技艺和浦东派琵琶演奏技艺。

③ 参见上海市文广局网站2009年2月17日公布的《上海市国家级非物质文化遗产名录项目的生态研究》。

产业园，我们是自上而下，而且还冒进，甚至走题。”没经批准却已经挂牌的园区数量超过了获得批准的。另外，园区的房子因为第一手房租大大低于周边房租，所以“二房东”炒房牟取暴利的现象非常普遍。而且，大量进驻园区的企业并非上海市政府所设想的创意企业，这些问题在各区都普遍存在。①

二 上海郊区的江南文化是市区海派文化的母文化

我们已经认识到：上海文化实际上是由郊区的江南文化与市区的海派文化组成的，但这还不够，只有认识上海郊区的江南文化是市区海派文化的母文化，才比较符合历史，才能比较全面地认识上海文化。这种认识也会影响上海文化产业园区的布局与发展。

近30年来，海派文化受到学术界与媒体的重视。笔者认为：海派文化的前提要素是海洋，其底蕴与基质是在对海洋开拓的历史过程中形成的海纳百川的胸襟与不怕任何困难的群体品格。按此认定，海派文化并非在上海开埠以来的150余年里突然形成的，而有其漫长的历史积淀。据对上海福泉山等古文化遗址的考古发现，至少在6000年前上海已有灿烂的原始文明，拉开了海洋开拓的历史序幕。上海现在也靠海，而且中国最大最长的母亲河——长江从上海出海。所以上海的古文化与海洋有关，上海的原始文化遗址在海边。

上海历史上最重要的三位文化伟人春申君、徐光启、黄道婆是江南文化的杰出代表，如果我们细细分析，他（她）们身上都有海洋的要素，是上海海派文化的伟大先驱。

春秋战国时期，春申君所代表的上海海洋开拓有了新的发展，他也是上海历史悠久的民间神。“战国四君子”之一的春申君，姓黄名歇，是黄国贵族的后裔，以礼贤下士、门客众多而著称。黄歇学识渊博，处变不惊，在任令尹（相国）时得到“春申君”的封号和淮北十二县的封地。公元前241年，楚国都城由陈郢（今淮阳）迁到寿春（今安徽寿县），春申君改封的广大地域内分设都邑，在今上海、苏州一带，治理河道，抑制水患，政绩显赫，深得民心。许多以春申君命名的水利工程和春申君时期修建的建筑代代相传。如江苏省江阴市君山

① 何勇等：《创意产业园“乱象”》，2008年3月9日《中国经营报》。

也叫黄山，现属上海市境内的黄浦江，当时都属吴邑，相传为春申君所疏而得名黄浦江，旧称黄浦、黄歇浦、申江、春申江等都出于同一个原因。上海简称为申，都是因纪念黄歇而得名。2002 年 9 月，上海申博成功的欢庆晚会上，上海人民用一曲《告慰春申君》表达了对他的铭记和告慰。在上海老百姓的心目中，春申君的重要功绩是修理黄浦江，而修好黄浦江的主要目标是为了更好地出海，这说明了当时上海地区海洋文化的发展。

黄道婆生逢宋元鼎革的乱世，出身寒苦，成年后她躲入停泊在黄浦江边的一只海船，流落到海南岛崖州，学习当时最先进的海南黎族妇女的棉纺织技术。黄道婆回乡时已经 50 岁左右，完全投入到棉纺织技术的传播事业中，她的家乡乌泥泾成了一个富庶的村镇。黄道婆的成功与大海相连，她所具有的海洋精神成为上海海派文化的基础。

曾经做过明朝礼部尚书、文渊阁大学士的徐光启是上海地方史上的杰出先贤，是他的目光穿越了海洋，为上海的海派文化的诞生奠定了基础。在利玛窦的帮助与合作下，徐光启首先翻译《几何原本》，这本书成为中国人学习西方数学的启蒙读物①。徐光启编修了《崇祯历书》。他还翻译了《泰西水法》，推动了农业发展。他开创了中国学习西方先进文明的范例，为后来的开明知识分子提供了历史借鉴。

上海先民与当代人一直在为海派文化添砖加瓦。明代以来，上海居民为抗击倭寇进行了数百年的英勇斗争，如今在上海郊区的民间信仰中敬奉了一批抗倭英雄。小刀会起义与两次上海抗战，都众志成城、前赴后继、英勇不屈，如同大海一般坚韧而磅礴。上海成为中国吸收外来文化与科学技术最有效最有影响的具有创新意识的城市。中国共产党成立于上海，许多新思想的传播始于上海。在新中国成立后，上海一直是科技、文化、教育、工业最发达的地区之一，出现了一大批如彭加木那样最勇敢、最有创新能力的科学家。在国难当头的艰难岁月，他们接纳了当时受纳粹迫害的 3 万多犹太人，使之免遭屠杀。实际上，上海是世界上最大的移民城市，不仅吸纳各种人才，也吸纳无数难民，在这个意义上说，上海人做到了“海纳百川”。这一切来自海派文化的海洋要素。

我们多次提出春申君、黄道婆、徐光启是上海最杰出的人文代表，曾向有关

① 张芸:《中西文化交流的先驱徐光启》,《兰台世界》2010 年第 13 期。

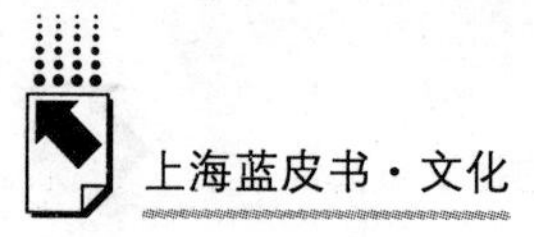

部门建议在未来上海的城市建设中，他们应该是城市雕塑、广场、公园等不可缺少的文化主题，成为上海国民教育不可或缺的基本教材。要采取确实有效措施，使人们通过他们了解一个真实而伟大的上海。

三 上海文化共享建设工程的现状分析

文化共享是一种简称，实际上是指网络的城乡文化共享。利用现代信息技术将中华优秀文化进行数字化加工整合，通过网络[①]与 3G 等新兴技术手段，依托各级图书馆、文化站、文化室等公共文化基础设施，完善城乡公共服务体系，以实现数字文化的全民共建共享。国家的文化共享建设事业由文化部牵头，在教育部、财政部、发改委、科技部、农业部、卫生部、广电总局、新闻出版总署、法制办共同组成的文化共享工程部际联席会议和文化共享工程领导小组领导下开展工作。

上海市委、市政府重视和支持文化共享工程建设，在市、区（县）各有关部门的支持下，“十一五”期间，上海市文化共享工程建设坚持保障人民群众基本文化权益，初步建立了覆盖城乡、层次分明、互联互通、多种方式并用的数字文化服务网络。与城市信息化建设相结合、与上海市中心图书馆建设相结合、与社区文化活动中心和信息苑建设相结合、与农村数字电影播放相结合，形成“处处可以共享文化信息资源，时时可以上网听讲看展，人人可以选择各种媒介学习”的传播社会主义先进文化的大学堂。构建了公共文化服务体系，创新文化共享工程服务网络布局。截止到 2010 年底，上海市已建各级中心和服务点 2411 个。其中包括市级分中心 1 个，区县支中心 18 个，街道（乡镇）图书馆的基层服务点 212 个，行政村和居委基层服务点 1895 个，社区信息苑 204 个，市党政机关、大学、科研机构、民航系统、部队、企业、高级中学、监狱、寺庙等其他类型基层服务点共 81 个。上海实现了全市共享工程区（县）支中心、街道（乡镇）、村级基层服务点建设的全覆盖，形成了覆盖城乡的四级服务网络。

在 3G 移动互联网新技术应用方面，2005 年上海图书馆率先在全国推出了手机“移动图书馆”服务新举措。2009 年上海图书馆又率先在全国图书馆行业中

① 这里指互联网、卫星网、有线（数字）电视、移动通信网、电子政务专网等多种网络。

推出“口袋图书馆”这一全新的“移动阅读”服务方式。2010年又推出了新技术体验中心和读者区域无线服务网络覆盖建设，通过新技术的应用和无所不在的文化信息网络服务，吸引了大批图书馆青年人读者服务群。

在文化信息资源建设方面，上海建立了规模化的文化信息数字化资源建设推进步骤，形成了文化共享工程资源“接收→自建→整合→下发→上传”的“资源传输链”。上海市分中心紧紧抓住2010年中国世博会在上海举办的机遇，在文化部社会文化司、上海世博会事务协调局、上海市文化广播影视管理局的大力支持和指导下，与文化部国家管理中心共同主办了面向全国文化信息资源共享工程的“文化共享世博行”服务宣传活动①。

四　国外本土文化保护与开发的新理论

（一）国际上文化遗产保护理念的更新与发展

近年来多次修改的世界遗产保护《操作指南》（1996）提出：除非特殊情况下，美学条件不能单独作为列入世界遗产名录的标准。从自然遗产的角度来看，美学标准更是越来越被弱化了。一种濒危的物种，其价值可能远远超过一道壮丽的风景。人们更注重生态、地质演进、生物等多样性价值。由此可见：文化遗产的评审标准与价值观已经发生了改变，已将人与环境、自然与文化之间的和谐关系放到了突出位置，反映了对人与自然关系的深刻认识。

例如：2004年被列入文化景观类型的世界遗产中，有一项是葡萄牙一座有百年历史的葡萄种植园。由于种植园建立在海边非常贫瘠的岩石上，人们必须从岩石缝中挖出土壤。为了防风，葡萄架周围还垒起很高的石头围墙。这种特殊的种植方式形成了一道独特的景观，比较完美地反映了人与自然的关系②。

（二）日本郊区五町的兴起与文化产业理论

笔者于2009年11月至2010年9月到日本千叶大学，参加合作课题“日中

---

① 上海市文化共享领导小组：《上海市文化信息资源共享工程工作情况》，国家公共文化网，2011年5月9日。

② 俞孔坚：《世界遗产概念挑战中国：第28届世界遗产大会有感》，《中国园林》2004年第11期。

两国社区文化的比较研究——追求社区文化的再生、创新”的研究，与日本学者探究日本社区的整体营造，考察藤岛町、中富町、今田町的内发性、整体性、活用性理论，以及“人间国宝”政策、鼓励青少年参与文化传承的政策等典型案例，与宫崎老师等讨论中国大陆、台湾及日本、越南等社区文化发展模式的特性与功能，剖析并考察日本千叶的佐原市，还重点探究山梨的早川町经验等，受益匪浅。

日本郊区的五町的昨天就是中国现代化的今天，二者有很大的相似性。相邻的城市因为实现了现代化，都曾经吸引以年轻人为主的社会劳动力，五个町的人口都减少60%以上。日本引以为荣的地方工艺也一度濒于失传，后来在宫崎老师等人的内发性开发社区理论的指导下，五町积极发掘自己的个性，即立足于传统工艺，使社区恢复了活力，人口有所增加。日本郊区五町的兴起证明了宫崎老师等人的内发性开发社区理论框架的正确性。

笔者曾经对日本境港市进行过考察。那里仅4万人口，规模相当于上海的一个镇，该市市政建设以当地一组古老的民间传说——鬼太郎的故事作主题，非遗渗透到该市居民的衣食住行中，大部分居民都成为本土非物质文化遗产的守护者、传承者。非遗不但丰富了他们的精神生活，还吸引了大批海内外的游客，该地成为国际旅游胜地。这不得不令人感叹文化设计的奇妙。

文化产品直指人心。日本的文化产品有很高的世界文化市场占有率，是因为日本拥有众多的高品格的文化设计人才。他们在捕捉人心方面，达到了出神入化的程度，因此能创造时尚、引领潮流。城镇的内发性开发理念在日本非常盛行，他们认为开发的重点在郊区。

（三）美国的廊道发展新模式

遗产廊道发展模式主要盛行于美国，遗产廊道是“拥有特殊文化资源集合的线性景观。通常带有明显的经济中心、蓬勃发展的旅游、老建筑的适应性再利用、娱乐及环境改善”①。截止到2001年，美国国会已经指定和认可了23个类似的项目。

遗产廊道以文化遗产的集体责任为根本，不仅保护有形的文化遗产，更以

① 王景慧：《论历史文化遗产保护的层次》，《规划师》2002年第6期。

社区精神的推动和无形文化遗产的研究、展示和保护为己任，并且都倾向于提供一个区域的跨越边界的保护工作平台，建设一种具有动态特征的文化景观，集文化与生态保护、地区振兴、旅游开发等多个维度于一体①。遗产廊道也多在郊区。

参考美国模式，我们要综合社区中所有的人文资源，将之作为一个整体来保护、传承与开发，可以创建类似“廊道”的小型文化综合展示区。

五　相关建议

（一）关于发展以本土非遗开发为内容的郊区文化园区的建议

“民族、民俗、民间”文化的传承和创新中孕育着上海文化产业新的增长点，上海的非物质文化遗产保护项目也有近半在郊区。上海的文化建设与文化产业要取得大发展、大繁荣，就必须要用科学发展观来指导设计与规划文化园区，防止文化园区的“大跃进”。上海市内的文化园区的建设过快、过密，而郊区十分冷清。甘肃庆阳在10年前挖掘了一个1300年前的古香包，由此发展出一个年产值3亿元的文化创意产业。上海郊区也有许多潜在资源，近年郊区开展的“一镇一品”活动中有不少是非遗项目，这些活动推动了新农村的文化建设。

例如：奉贤区庄行土布是国家级非遗保护项目——“黄道婆棉纺织工艺”在当地的发展成果，清代文献记载江南土布就首推庄行，目前此地也传承了上海地区最多的土布与手工纺织机。

又如：“打莲湘”是金山区廊下镇的传统文化项目，2006年被列入区非遗保护名录②后，镇政府提出人人会打莲湘的口号。于是，村村组织莲湘队，户户争学打莲湘。镇班子成员、基层干部利用双休日学习打莲湘、表演莲湘艺术，带动了全镇民众学打莲湘。他们还在挖掘传统莲湘的基础上，创作编排出了莲湘舞、

① CIIC. 3rd Draft Annotated Revised Operational Guidelines for the Implementation in the World Heritage Convention. Madrid, Spain, 2003.

② 2009年被列为上海市保护项目。

莲湘表演唱、莲湘小品、莲湘操等系列节目。2008 年 9 月成功发起举办了“第十届上海国际艺术节长三角莲湘邀请赛”，成立了长三角莲湘联谊会，使廊下莲湘声名远扬。

再如：青浦区白鹤镇传承的沪剧与清音班都是非物质文化产业的保护项目。以上郊区文化项目也具有庆阳那样的潜力，建议能够成为以非遗为中心的文化产业园区。我们的调查是有限的，实际上郊区可以成为文化产业园区的地方不止这些。我们要将非遗的保护与利用结合起来，其中一个有力措施就是进一步发展郊区的文化园区。而且随着轨道交通的进一步畅通，到郊区的文化产业园区的便捷性会增加。

（二）关于郊区如何实现文化共享的建议

在“文化共享工程”的推进中，我们要用统筹协调的方法，加强农村的文化共享的基础设施，注重以城促乡。上海共有 18 个区县，其中郊区的网络设施还是不如城区，如崇明是上海的“西部地区”，其“文化共享工程”基础设施水平相对滞后。上海要在下一步的“文化共享工程”中加强农村的基础设施建设。这和开辟郊区的文化产业园区可同步进行。

我们还建议在上海的“文化共享工程”的推进发展中注重区域联动，立足上海，服务长三角，服务长江流域，服务全国，形成不同层面和范围的“文化共享工程”的服务点、服务圈、服务带和服务线，进一步实现服务形态的创新。2008 年文化部国家管理中心对各省文化共享工程培训工作进行年终评审，上海市分中心荣获二等奖，我们要看到差距，争取新的突破。

（三）关于上海建设理念要转轨的建议

凡世界著名的文化城市，如巴黎、伦敦、圣彼得堡、法兰克福、威尼斯等，都是以其独特的城市形象著称于世的。但城市文化的物质载体最终都要为该地域的非遗形态的展示、活动提供尽可能完美的空间平台，因为城市是一个社会，不仅要宜居，而且要宜动①。上海有至少 6000 年的历史文脉，各区在城市规划的编制过程中，不仅邀请城市设计规划方面的建筑学专家，以及相关的历史、民俗

① 包括群体与个体的文化活动。

等专家，还邀请当地的居民代表参与①，只有发挥当地居民在城市规划、设计、建设中的主体性作用，才能使区域的城市规划充分反映当地的文化记忆与文化空间。

这里要改变媒体经常宣传的建设理念：上海是“东方巴黎”、浦东是“中国的曼哈顿”，其实这是一个落伍的理念。上海就是上海，上海是中国的，上海应自有其东方神韵、文化风貌。

（四）关于媒体要正确宣传上海文化资源的建议

当下，媒体推介上海历史时往往是从元代出现“上海”这个地名——只有近700年历史——开始介绍的，但实际上，上海已有至少6000年灿烂的文明史。今天的上海区域已是民国时期上海的十几倍，市区是中西文化的交汇处，孕育出了近代的都市“海派”文化，郊区更多地传承了江南水乡的传统文化，郊区文化是市区文化的母体②。上海的非物质文化遗产中就包括了“海派”文化和江南传统文化这两个部分。因此，我们今天要有“大上海”视野，而非黄浦江畔一渔村的小视角。实际上，今天的上海区域历史上就出现过30个以上的经济、文化集萃的古镇、古城。元代以来，上海就是中国的棉纺织中心③。如此才能对上海的本土文化资源有一个比较完整的认识。

（五）关于上海史诗性文艺作品有望在郊区突破的建议

改革开放30年来，上海文艺创作极大繁荣。令人匪夷所思的是，本土题材的史诗性作品一部也没有，像《乔家大院》、《茶马古道》、《闯关东》等这样既有全国影响又有区域特色的电视剧也没有一部。对春申君、黄道婆、徐光启这3位上海历史上伟大的文化名人基本没有全国性的艺术展示；《白杨村山歌》、《林氏女望郎》和《严家私情》是奉贤地区3首长篇叙事山歌，歌词共达6000多

---

① 当下，上海的社区建设规划主要是规划部门的业务，已开始吸收部分历史学家、民俗学家参与，但居民代表几乎没有，这种状态亟须改变。

② 上海郊区不仅传承了江南的农耕文化，也开创了中国古代与近代的海洋文化。崇明曾经是郑和下西洋的出发点停泊处，近代有崇明“海洋三杰”等。

③ 在中国古代，棉纺织是最重要的手工业之一。

行，是罕见的汉族叙事诗，填补了汉族民间文学的空白，但这份宝贵的非遗资源却被长期搁置。上海史诗性文艺作品有望在郊区获得突破性发展。

结　语

上海要建设国际文化大都市，一定要与国际文化遗产保护理念的更新与发展接轨，认识上海所有的本土文化资源，用科学发展观来指导设计与规划各个文化园区，加快建设郊区文化产业园区。

个案研究

Case Studies

B.13 打造"二次创业、二次跨越"新引擎

——浦东新区文化创意产业发展调研报告

华凌磊*

摘　要： 十六大以来，在浦东开发开放战略的指引下，依托对开发区经济体制和外向型经济政策的创造性发挥，浦东文化创意产业在发展基础薄弱、发展动力不足等不利条件下走出了一条独特的发展道路，新兴产业和创新要素形成集聚效应。随着"十二五"浦东以推进"二次创业"、实现"二次跨越"为愿景提出一系列发展目标，文化创意产业作为实现目标任务的"新引擎"的地位更加明晰，而其先天不足也更为凸显。为此，本文提出了浦东文化创意产业发展策略由初期选择"产业融合"转向新时期注重"系统优化"，全面再造浦东文化创意产业发展新格局的观点，并就如何实现"系统优化"从业态结构、区域布局、集成服务、支持政策、体制机制等五个方面提出了一系列建议。

关键词： 文化创意产业　二次创业　二次跨越　发展策略

* 华凌磊，原就职于上海市委宣传部，主要从事文化产业发展规划和政策编制、重大项目推进等工作，现于上海浦东文化传媒有限公司任总经理助理。

2010年，浦东开发开放20周年，作为“抓紧浦东开发开放，不要动摇，一直到建成”的一个里程碑式的节点，这20年获得了外界“浦东奇迹”的评价。自2011年始，浦东开发开放进入一个崭新的阶段，《浦东新区国民经济和社会发展十二五规划纲要》指出，“十二五”是浦东全面推进二次创业、实现浦东开发开放第二次历史性跨越的“重要战略机遇期”，在这个外部环境和发展内涵迥异于过去20年的重要战略机遇期内，文化创意产业被列为浦东除金融、航运、贸易等三大“核心产业”之外的两大“高成长性产业”之一，浦东要用5年时间，确保文化创意产业增加值占地区生产总值比重从“十一五”末的不到8%快速增长到超过10%，进一步巩固其支柱产业地位，文化创意产业首次得以明确其作为未来浦东经济发展“新引擎”的地位。本报告试归纳总结浦东文化创意产业的发展现状、优势和不足，并由此初步回答文化创意产业为什么可以成为浦东“二次创业、二次跨越”新引擎的问题，在此基础上提出提升更新现行文化创意产业发展策略的建议。

一 浦东新区文化创意产业发展现状

十六大以来，我国文化产业取得长足发展。数据显示，2004～2010年间，我国文化产业增加值年均增速超过23%，高于同期GDP年均增速近5%，截至2010年，我国文化及相关产业增加值达到11052亿元，占国民生产总值比重达到2.75%。而运用与上海市文化创意产业同口径的统计指标体系测算，截至2010年，浦东文化创意产业实现增加值达367.43亿元，比上年增长17.1%，占新区GDP比重达7.8%，快于全区GDP增速（4.7%）。

浦东文化创意产业的这份成绩单“来之不易”，同时也“独具特色”。来之不易，是因为十六大以来文化生产力的极大释放，主要得益于文化体制机制的“松绑”，重点则是在经营性文化事业单位转制为企业（国务院办公厅2003年下发《关于印发文化体制改革试点中支持文化产业发展和经营性文化事业单位转制为企业的两个规定的通知》）和民营资本进入文化产业领域（国务院2005年下发《关于非公有资本进入文化产业的若干决定》）两个方面取得关键性突破。在前者，浦西中心城区历来是上海乃至中央大型国有文化单位的聚集地，浦东文化创意产业既无法获得文化单位转企改制带来的直接“红利”，又难以受到大型

国有文化企业高速发展形成的间接辐射。在后者，由于文化产业部分领域开放准入主要面向国内民营资本，对外资基本仍实行严格的禁入政策，浦东鲜明的外向型经济政策和招商策略与这一新形势显然不相适应。

独具特色，是因为面对发展基础十分薄弱、发展动力显著不足的局面，浦东依托对开发开放战略的创造性发挥，在文化创意产业领域取得了突出的成就。创造性发挥之一，是利用开发区经济体制，为浦东文化创意产业孵化培育提供了重要支撑，迅速使文化创意产业在浦东形成了“星火燎原”之势。2004 年 8 月，在上海市委、市政府支持下，上海张江文化科技创意产业基地在国家级高新技术开发区——上海张江高科技园区内正式揭牌运行，短短 5 年，基地文化创意产业产值从不足 15 亿元到突破 120 亿元，造就了浦东文化创意产业的一座里程碑。创造性发挥之二，是利用外向型经济政策优势，吸引了大量的海外优秀华人特别是跨领域技术型人才归国创业，“从无到有”地在浦东形成了数字出版、网络游戏、动漫、新媒体、电子商务、工业设计等若干技术含量较高的新兴文化创意产业业态，奠定了浦东文化创意产业的国内国际竞争优势。

以上两个方面，体现出自十六大以来，浦东已探索走出一条具有“浦东特色”的文化创意产业发展道路，但同时，也表明目前的发展模式还有很大的丰富完善空间。

（一）浦东特色文化创意产业的优势

1. 新兴产业效益突出

《中共中央关于深化文化体制改革推动社会主义文化大发展大繁荣若干重大问题的决定》把加快发展新兴文化产业作为构建现代文化产业体系的重要内容，统计显示，数字出版、网络游戏、动漫和新媒体产业已占据浦东文化创意产业近“半壁江山”（占全部增加值的 43.4%）。

2. 集群效应初步显现

浦东新区目前已形成了张江、外高桥、金桥等文化创意产业集中发展区域，浦东拥有了盛大网络、第九城市、网之易、今日动画、河马动画、城市动漫、上海方正、世纪创荣、中文在线、盛大文学、雅昌艺术、点击书、EDO、聚力传媒等一批优秀文化企业。

3. 创新要素日益集中

国家文化产品交易中心、国家软件产业和出口基地、数字电视国家工程研究中心、国家动漫游戏技术研究和应用示范工程中心、工业设计和创意设计产业国家级高新技术创业服务中心、上海文化产权交易所、上海版权交易中心、上海宣传系统人才交流中心、上海文化产业投融资服务平台、上海动漫博物馆等与产业标准、要素市场紧密关联的重大功能项目先后落户浦东。

4. 发展认识不断深化

浦东党委、政府对文化创意产业在转方式、调结构中的战略意义的认识，对合力推动文化创意产业发展的共识基本形成，文化创意产业在浦东新的生产力布局和“战略招商”工作中的突出作用得到了充分体现。

（二）浦东特色文化创意产业的不足

不足之一是文化创意产业发展基础比较薄弱，新闻出版发行、广播影视和文化艺术服务等文化创意领域实现增加值占全部增加值的比重仅为7%；二是文化创意产业发展内涵比较单一，不同类型的文化创意企业、文化创意人才、文化创意品牌和有影响力的文化创意活动、原创优秀文化创意产品等亟待加快培育；三是缺少有实力、有竞争力、有影响力的文化创意企业和企业集团，对文化创意产业的骨干引领和龙头带动作用没有得到充分体现；四是文化创意产业园区还存在内容简单重复、开发模式单一、开发主体创新创意理念不足等问题，特别是与产业的结合度亟待提高。

二　加快文化创意产业发展与浦东“二次创业、二次跨越”关系辨析

《浦东新区国民经济和社会发展十二五规划纲要》（以下简称《规划纲要》）提出“十二五”浦东推进二次创业、实现二次跨越的发展目标包括以下六项：一是经济发展的结构、质量和效益明显优化。二是“四个中心”核心功能区建设取得决定性突破。三是创新驱动为主的增长模式基本确立。四是以民生改善为重点的社会建设取得更大进展。五是改革开放取得更大突破。六是城市现代化水平和人居环境质量显著提高。该规划纲要使用了明显、决定性、基

本、更大、显著等程度性表述以突出表现“二次创业、二次跨越”与浦东开发开放前20年面临的根本不同的要求和任务，而加快文化创意产业发展，对上述绝大部分目标任务的实现，可以起到支撑、完善、拓展、深化的作用，更与该规划纲要指出的构建与浦东战略定位相适应的文化新格局，努力建设人文浦东，在上海建设国际文化大都市的进程中担当新的重任，展现新的风貌的要求关系密切。

（一）加快文化创意产业发展，为浦东对接国家战略带来新机遇

《中共中央关于深化文化体制改革推动社会主义文化大发展大繁荣若干重大问题的决定》（以下简称《决定》）鲜明提出了建设社会主义文化强国战略，提出加快发展文化产业、推动文化产业成为国民经济支柱性产业。浦东具有适合文化创意产业全面协调可持续发展必要的金融、贸易、科技和其他专业服务环境，文化创意产业本身典型的知识经济、生态经济和新经济特征也十分符合土地刚性约束强、社会建设相对滞后、人才结构亟待调整的浦东的需要。紧紧把握和对接国家提出的文化产业“走出去”战略、文化产业集群战略、文化产业“三跨”战略、新兴文化产业发展战略以及上海建设国际文化大都市等战略机遇，有利于浦东在贯彻落实科学发展观这一主题下发掘经济增长新的着力点。

（二）加快文化创意产业发展，为浦东经济结构调整增添新动力

深圳东部华侨城项目通过文化创意、生态旅游、房地产混合开发，把闲置山地资源转化为当地服务经济的抓手。深圳大芬油画村、北京798艺术区有力地推动当地落后的工业经济乃至农业经济进入服务经济阶段。浦东调整经济结构的根本任务是要形成以服务经济为主的产业结构，世博项目和全球迪斯尼主题公园项目充分证明了重大文化创意产业项目在长期提升服务经济比重方面的突出作用，浦东不仅要配合好后世博和迪斯尼项目建设，同时也要更多关注具有腾笼换鸟需求和条件的开发区、老厂房、老社区等，利用其实施转型、复兴、改造的契机，主动导入战略性、先导性文化创意产业项目，同时，放眼长远，大力扶持，着力增强文化创意产业在区域经济建设中的独立性和主导性。

（三）加快文化创意产业发展，为浦东“四个中心”核心功能区建设提供新支撑

浦东要建设具备跨境资源配置、综合服务功能的金融、航运、贸易中心核心功能区，必须加快推进环境营造。陆家嘴、临港、外高桥、金桥等生产力布局重点区域导入高端高效产业，根本上也要求城市和生活功能布局略领先于产业和生产功能布局。《决定》鼓励增加文化消费总量，提高文化消费水平，要求创新商业模式，拓展大众文化消费市场，开发特色文化消费，扩大文化服务消费，提供个性化、分众化的文化产品和服务，培育新的文化消费增长点。积极引入社会资本，加大文化创意消费项目在浦东生产力布局重点区域的配套力度，特别是加快引进一批在国际上被证明模式可行、具有国际美誉度的文化创意消费项目，使之对浦东建设“四个中心”核心功能区具有支撑引导作用。

（四）加快文化创意产业发展，为浦东确立创新驱动增长模式拓展新内涵

区域创新体系由研发创新资源、科技创新成果、创新性人才队伍和战略性新兴产业构成，而文化引领时代风气之先，更是最需要创新的领域。加快文化创意产业发展，积极创新生产一批有吸引力的优秀文化产品、创新文化创意产业投融资体制、创新文化“走出去”模式、创新文化流通服务体系、创新文化创意产业管理体制和政策保障机制乃至推进文化科技创新，是对浦东现有“创新驱动”增长模式内涵的进一步充实和丰富，有利于浦东创新型城区的加快建成。

（五）加快文化创意产业发展，为浦东构建共有精神家园搭建新平台

“十二五”浦东开发开放，要求功能完善、产城融合的空间发展布局进一步优化，国际化居住和商务环境进一步完善，多元文化交流更加丰富多彩，城区文明程度、市民综合素质和国际化素养不断提高。加快文化创意产业发展，是社会主义市场经济条件下满足人民多样化精神文化需求的重要途径，依据浦东不同人群、不同阶层的需求，积极培育壮大文化创意产业领域不同的社会中介服务组织、机构，提供全方位、多层次、多样化的文化创意服务，将有助于构建浦东开

放融洽、和谐有序、充满活力、富有魅力的共有精神家园，为浦东“二次创业、二次跨越”提供强大的精神力量。

三　新时期浦东文化创意产业发展策略建议

（一）浦东文化创意产业初期发展策略概述

由于基础太过薄弱，浦东文化创意产业从一开始就摈弃了“内生型”成长模式（即传统文化产业内部通过不断的创意生成和技术进步积累实现产业成长），充分运用自身在科技、金融、贸易等专业服务领域的领先优势，选择实施了“产业融合”策略，由于这种“产业融合”恰逢文化创意产品需求急速扩容而短期供给不足、要素投入带动文化创意产业边际效益递增两大历史性机遇，因此浦东文化创意产业在短时期内表现出了强大的爆发力。

1. 文化创意产业和科技的融合

上海张江文化科技创意产业基地正式运行，标志着依托开发区、依托跨界人才、依托科技创新推动文化创意产业发展的“浦东模式”初步确立，把浦东最具竞争力的科技政策“移植”到刚刚兴起的文化创意产业、把浦东最具操作性的高科技企业孵化模式“借鉴”到刚刚起步的文化创意企业，这种“模仿式创新”的思路，让张江文化创意产业产值从2005年的15亿元迅速突破百亿元，一座新的产业“富矿”呈现在浦东面前。

2. 文化创意产业和金融的融合

2006年12月，上海市委宣传部和浦东新区政府开全国文化行业风气之先，在浦东搭建了东方惠金文化产业投融资平台。短短四年间，平台不仅调研了400多家文化创意企业、直接投资了9个文化创意项目、为数十家文化创意企业提供融资担保服务，更参与发起设立了首个在国家发改委备案的文化产业投资基金——华人文化基金，“文化金融”的理念由此在浦东文化创意产业领域深入人心。

3. 文化创意产业和贸易的融合

2007年9月，上海市委宣传部和浦东新区政府成功搭建上海国际文化服务贸易平台，成为中央部委实施文化“走出去”国家战略的创新型载体。依托平台所在外高桥保税区特殊的海关监管政策，“境内关外”的区位优势越来越被专业的文化服务贸易企业所认同。2010年，“世博舞美技术设备租赁服务”在平台上启动运营，为世博园区33块活动场地的2万多场演出活动提供舞美技术设备租赁和运营保障服务的同时，也为平台创新性地开展面向文化创意企业的融资租赁业务作出了有益的探索。

尽管文化创意产业与浦东优势的科技、金融和贸易领域实现了初步融合，但是这种融合并没有带来浦东文化创意产业价值链的延伸拓展以及浦东优势文化创意产业外延的进一步扩容，从根本上讲，目前的产业融合仅仅是实现了文化创意产业本身对其他关联服务业的应用，远没有实现构建系统的文化创意产业创新服务体系。只有在实现文化创意产业本身快速发展的同时，一并推动文化创意产业与旅游、体育、信息、物流、建筑等实体产业融合发展，增加浦东重要战略性产业的文化含量，从而延伸文化创意产业价值链、提高产业附加值，才是浦东将文化创意产业定位为高成长性产业应有的战略意图。

（二）“二次创业”时期浦东文化创意产业发展策略建议

由于外部环境的快速变化，特别是区域竞争的不断强化，继续遵循浦东文化创意产业发展初期通过“产业融合”策略实现“局部领先”的经验，已很难确保浦东文化创意产业保有原先的发展优势，而前文所述的四点“不足”，既是浦东文化创意产业先天缺陷所在，又是浦东文化创意产业实现跨越式发展的可扩展空间，以此为着眼点，建议浦东要转变文化创意产业发展策略，由强调“局部领先”的“产业融合”策略过渡到突出“全面创新”的“系统优化”策略，再造浦东文化创意产业发展新格局。

1. 优化文化创意产业业态结构

建议补足浦东传统文化创意产业业态“缺项”，通过设施、载体和服务平台的搭建，着重引进新闻机构、出版企业、艺术品经纪、演艺机构等，构建更为平衡的浦东文化行业生态系统。建议实施文化创意产业技术改造计划，通过大张旗鼓地鼓励发展数字出版、高科技影视制作、高附加值印刷等行业，导入中央、上海优势文化创意企业的战略转型部门和先进的民营文化企业，培育浦东文化创意产业内生增长动力。建议实施文化创意产业链再造计划，鼓励一批以“渠道为王”的骨干型文化创意企业向“渠道内容并重”转型，如，鼓励PPLive、土豆

网等浦东企业收购内容版权或自制影视作品，提升、增强其在所属行业的地位和影响力。建议在继续深化文化创意产业与科技、金融、贸易等相关服务业融合的基础上，推动文化创意产业与旅游、体育、信息、物流、建筑等实体产业融合发展，通过文化创意产业发展领导小组，形成浦东重大产业项目文化创意主管部门列席机制，积极建立文化创意决策咨询服务机构，确保浦东全区优势资源信息面向文化创意产业开放。

2. 优化文化创意产业区域布局

建议把握后世博、国际旅游度假区以及临港新城建设等三大重要区域发展机遇，除国际旅游度假区已经确定的迪斯尼主题公园项目外，力争在后世博浦东板块和临港新城形成两个具有相对独立运作能力、能够发挥产业主导和产业辐射效应的重大文化创意产业项目，有力推进在临港新城建设以高科技影视为主导产业的上海国际高新科技文化产业园，增强浦东南片地区后发优势和带动能力。建议充分依托浦东开发区体制，形成“一开发区，一主导产业”的差异化、功能互补型的文化创意产业园区发展格局，如，根据张江的产业特点布局数字出版产业、外高桥的外贸环境布局文化贸易和产权交易服务业、金桥的产业升级方向确定发展视讯产业等。建议把文化创意生活消费项目的导入与区域环境功能的再造有机融合，扩张文化创意产业的发展空间，在浦东公共中心体系规划建设区域，如，陆家嘴地区市级中央商务区、南汇新城中心、花木、世博、外高桥、金桥、张江、迪斯尼空港等市级副中心或市级专业中心、各个地区中心及新市镇中心留有相适应的空间，以嵌入的方式引进类似诚品书店、荣宝斋艺术中心、滨江当代艺术馆、国家音乐产业基地培训和教育中心、盛大之城等与人们生活、休闲、娱乐、消费密切相关的文化创意项目，发挥文化创意产业在浦东“产城融合”中的特殊作用。

3. 优化文化创意产业集成服务

建议在优先扶持若干园区的基础上，鼓励发展一批开发模式和产业内容各不相同的文化创意产业园区，培育一批多种所有制的文化创意产业园区开发主体或运营主体，通过倡导有序竞争和优胜劣汰，强化从事文化创意产业园区运营的服务主体的专业服务运营能力，帮助在规模不同、区位不同的园区运营商之间构建产业联动和信息互动关系，确保浦东各类文化创意企业获得更充分的上下游合作伙伴支持。建议利用浦东专门设立的浦东新区文化产业促进中心这一服务机构，为浦东文化创意企业、个人提供一站式集成服务，构建包括信息发布、政策咨询、业务受理、项目对接、成果展示等功能在内的专业服务链，有针对性地提供更全面、更便捷的产业促进服务。建议支持建立浦东文化创意产业发展联合会、浦东文化创意产业俱乐部、浦东文化服务贸易研究中心等一系列社会活动组织、产业研究智库，发挥社会组织联系国家、上海文化创意产业主管部门，联系国际性文化创意产业发展机构，联系国际市场的特殊优势，更好地配合地方政府职能部门服务于重大项目引进建设、服务于文化创意活动开展、服务于文化创意品牌推广、服务于园区和企业更好发展、服务于人民群众享受文化创意产业发展成果。

4. 优化文化创意产业支持政策

建议以国家2012年起在上海部分行业试点增值税扩围改革为契机，测算增值税扩围改革延伸到文化行业对浦东地方税收的影响，争取区级层面尽快决策并主动向国家、市级层面申请在浦东先行先试增值税扩围改革延伸到影视制作、艺术品经纪、会展广告、文化票务、演出经纪、工业设计、建筑设计等若干文化创意行业，结合浦东现行的企业和个人所得税相关优惠政策，构建浦东文化创意产业税收政策复合优势，形成浦东文化创意产业规模增量。建议加大浦东文化创意产业财政扶持力度，积极探索符合浦东文化创意产业发展实际的配套扶持政策，争取形成全覆盖、多层次的文化创意产业财政政策体系——区级层面研究形成有利于引进重大产业项目和形成重点文化创意产品的财政扶持政策，针对国家级重点文化创意产业园区，研究形成有利于特定产业门类发展及其产业链关键环节优化的专属园区政策，积极争取国家、市、区层面一切有利于促进文化创意产业发展的财政扶持政策，通过贯彻落实这些政策优化浦东文化创意产业投资和发展环境。建议转变浦东文化创意产业财政投入方式，从加快形成有实力、有竞争力、有影响力的文化创意企业群，发挥其产业引领和龙头带动作用的角度，加大财政资金投向对浦东文化企业“跨区域、跨行业、跨所有制”兼并重组，对浦东文化企业上市、再融资，对浦东文化企业实施国家、市级财政投入的重大文化创意产业项目，对建立浦东文化创意产业创投基金等市场行为的支持力度。

5. 优化文化创意产业体制机制

建议利用中央、市级国有文化单位深化改革的契机，按照构建完整的文化创意产业链和搭建服务于浦东文化创意产业发展的功能性平台的需要，支持浦东国

有文化企业跨领域、跨区域收购、控股、参股国家或其他省市地区国有文艺院团、非时政类报刊社、新闻网站以及出版、发行、影视类企业等，加快培育核心竞争力强的国有或国有控股大型文化企业或企业集团，在发展产业和繁荣市场方面发挥主导作用。建议按照中央深化文化体制改革工作的要求，使改革在文化创意产业领域取得新的进展，依托浦东数量众多、覆盖广泛的公共文化服务设施，积极创新运行机制，努力把浦东文化事业发展优势转化为有利于促进浦东文化创意产业壮大的战略性资源，重点研究如何转闲置存量为发展增量，转供给空白点为内需增长点。建议进一步完善浦东文化创意产业发展领导小组工作机制，把这一由区领导牵头，近20个委办局职能部门、开发区管委会及集团公司参加的文化创意产业协作配合机制尽快转化为解决浦东文化创意产业推进过程中所涉一系列规划、土地、资金、人才等重大问题的研究协调机制。建议不断深化“部市合作、市区联动”机制，推进文化创意产业发展与浦东开发开放战略、综合配套改革试点等重大战略举措联动，用好“部市合作”机制，在文化创意产业领域推进体制、运行机制、发展模式方面“先行先试”，推进浦东文化创意产业发展与上海“国际文化大都市”和“设计之都”建设的重大战略部署联动，争取上海市一系列改革试点工程和重大文化创意产业项目率先落地浦东。

当前，随着十七届六中全会的胜利召开和《中共中央关于深化文化体制改革推动社会主义文化大发展大繁荣若干重大问题的决定》的发布，人们深刻地认识到，文化与经济社会发展的关系越来越紧密，在综合国力竞争中的地位越来越突出，在推动经济社会发展中的作用越来越明显，文化创意产业日益成为我国经济发展新的增长点，成为增强我国文化软实力的支柱产业。“十二五”时期，站在推进浦东“二次创业”，实现“二次跨越”的高度，同样要求浦东人致力于把文化创意产业培育为经济结构调整的着力点，通过加强市区联动、加大资金投入、争取重大项目、聚焦重点业态、构建核心功能，确保浦东文化创意产业继续保持良好的发展态势，力争将浦东建成全国文化产业示范区重点区域，使浦东不断创造开发开放新奇迹。

B.14

公共服务、社区教育和学习型社会

——上海市徐汇终身学习网调研报告*

蒋卓文**

摘　要："十二五"时期，"创新驱动、转型发展"成为上海经济社会发展所面临的新任务。在此背景下，文化建设对整个社会发展的支撑与推动作用日益突出。其中，推动社区教育的良性发展、完善公共文化服务体系、加快学习型社会建设，是推进文化建设的重要环节。本文以"徐汇终身学习网"为调研个案，着重研究它的发展过程和运作模式，试图发掘其在公共服务、社区教育、学习型城区建设等方面的成功经验及借鉴意义。

关键词：社区教育　公共服务　学习型社会

"十二五"期间，率先实现经济发展方式转变、提高自主创新能力成为上海经济社会发展所面临的新的要求与挑战。在"创新驱动、转型发展"的整体进程中，文化建设的重要作用日渐凸显出来，它以独特的方式为社会发展提供内在支撑和推动力。而文化建设本身的繁荣，又需要各个层面的相互协调发展。其中，加快建设学习型社会、构建终身教育体系，推进社区教育发展和完善公共文化服务体系，更是不可或缺的关键环节。

作为全国社区教育示范区和首批数字化学习先行区，徐汇区始终将社区教育信息化作为自身建设的特色和亮点。自2006年起，经过多年的探索与实践，徐

* 致谢：在本次调研过程中，徐汇区社区学院院长张社、院长助理马丹宇，特别是终身学习网项目主管周炎彬等老师给予了作者大力支持和帮助，在此表示衷心感谢！

** 蒋卓文，毕业于同济大学中文系，现为上海社会科学院文学研究所中国现当代文学专业硕士研究生，主要研究方向为当代文学与文化研究。

汇区逐步形成以区域统筹、重在应用、适应各类人群需求为目的，以学习资源建设为重点，以“徐汇终身学习网”为平台，以“徐汇公共服务一卡通”系统为标志的工作格局，推动社区教育的跨越式发展，不断完善终身教育体系，努力建设数字化学习城区。本文将以“徐汇终身学习网”为具体案例，研究其发展模式和运作过程，试图从中发掘一些成功经验和需要进一步思考的问题，以此来为公共服务、社区教育和学习型城区建设提供借鉴。

一　终身学习网的概况

（一）建立背景

徐汇终身学习网的建立，实际上是在全市推进学习型社会建设的总体工作框架下进行的，以创新发展社区教育、完善终身教育体系为其主要目的。

1. 从学校教育到社区教育

党的十六大报告提出，要建成全民学习、终身学习的学习型社会，促进人的全面发展。在这一背景下，在学校教育之外，如何建设新的教育体系来满足人们终身学习的需求，让每个公民都有接受教育的权利、机会，开始引起各相关部门的思考和探索。

2004 年，国家教育部在《关于推进社区教育工作的若干意见》中指出，各地教育行政部门要把开展社区教育作为推进社区建设、构建终身教育体系、建成学习型社会的重要内容和措施，纳入地方教育发展计划，纳入教育检查评估范畴。2006 年，中共上海市委、上海市人民政府出台《推进上海学习型社会建设的指导意见》，明确要求把社区教育发展纳入区县经济社会发展整体规划，开展多层次、多内容的市民教育，到 2010 年要基本形成终身学习的社会共识，使多数市民能将学习作为一种生活方式①。

各级指导文件的相继推出，标志着作为推行终身学习理念的重要载体的社区教育，在学习型社会建设的过程中，被摆在了一个十分重要的位置。

---

① 徐汇区社区学院：《从学校教育到社区教育》，2010 年 12 月：http：//www. xhzsxx. net/html/lwhcnew/2006 －11/21/1012610175799641. html。

2. 以信息化推动社区教育创新发展

2005 年，徐汇区人民政府在其出台的《徐汇区深入推进社区教育发展的实施意见》① 中指出，要发展远程教育和建设课程学习平台：以网络技术为支撑，建立覆盖区域、涵盖一生的终身教育体系；依托上海远程教育集团的资源优势，通过区政府的信息平台，建设徐汇区社区教育信息网（即改版前的“终身学习网”），开展面向社区和家庭的远程教育，实现社区学院和各街道、镇社区学校的信息资源共享。

随着社区教育的不断深入，徐汇区根据自身特点和教育现代化的要求，进一步提出以信息化带动社区教育数字化与虚拟化，提高社区教育参与率和覆盖率，为社区教育跨越式发展找到一个新的突破口。

至此，徐汇终身学习网的建设被正式提上议程，成为社区教育信息化的先导工程。同时，区教育局启动“社区教育信息库”建设工作，明确网站建设、资源建设、队伍建设“三结合”的信息化发展思路。

（二）发展过程及现状

徐汇终身学习网于2006 年 3 月 30 日正式开通，同年 10 月交由徐汇社区学院负责建设和维护。五年来，终身学习网已由原本单一进行新闻报道的网站，逐步建设成为以“宣传、资讯、学习、互动、服务”为定位的综合性教育类网站②。在这一转变过程中，学习网大致经历了以下四个发展阶段：

从 2006 年开始的第一阶段，当时的终身学习网尚处于相对封闭的状态，虽已着手进行课程资源建设，但仍以新闻报道和部分社区教育工作管理功能为主。其面向人群大致分为两类：一是区内各级相关部门、各层次管理人员，经由网站浏览、沟通工作信息；二是专职的新闻从业人员，通过网站宣传、报道社区教育动态。

2008 年，终身学习网第一次进行全面改版，正式面向全区的社区居民，网站建设进入第二阶段。学习网在原有基础上，开始逐步拓展、完善各类资源，提升其在远程教育方面的各项应用功能，并开通网上学分记录系统。

2009 年之后开始了第三阶段，终身学习网一方面拓展资源建设途径，由徐

① 该文件为上海市徐汇区人民政府［2005］33 号文件。

② 参考徐汇区社区学院《徐汇区社区教育信息化工作介绍》，2011 年 8 月，第 1 页。

汇区牵头，长宁、静安等八个区的社区学院组成“数字化终身学习资源建设联盟”，签订共同协议，实现各区之间的网络资源共享，同时联合团购新的资源。另一方面，学习网致力于促进网站与用户之间的互动，大力鼓励居民积极参与网上活动，自建网上学习资源。

2010 年，终身学习网步入第四阶段的建设。为了将“徐汇公共服务一卡通”项目作为重点民生工作在全区推行，徐汇区政府提出以终身学习网为数据后台，在配套系统方面提供有效支持和保障。学习网顺应这一要求，于 2010 年 10 月完成第二次改版，加紧建设相关数据系统，更新各项硬件设施，将自身功能拓展到公共服务领域。

经过五年的建设，徐汇终身学习网在远程教育、公共文化服务等方面都起到了重要作用，知名度与影响力日渐提升。目前，学习网的实名注册用户数已超过 70 万，每日平均点击率达 4000 余人次。网站提供各类学习课件 3346 个（包括三分屏、视频、PDF、Flash 等），拥有全国 32 个省、市总计 372 份每日更新的电子报刊，并根据居民需求自行开发一些课程资源，比如“世博专题类”、“装修建材知识普及”等。2011 年 7 月，为方便居民互动交流，网站开通了“徐汇社教微博”系统。

二　网站特色与创新举措

作为徐汇社区教育的门户网站，徐汇终身学习网是社区居民参与社区教育活动、进行网上自主学习的主要途径。自 2006 年开通以来，终身学习网不断深化发展，推行了一系列创新举措，在资源利用、互动方式、激励办法、功能定位等方面逐步形成了自身的优势和特色。

（一）动静结合，激活资源

除了资讯、报刊这样的动态资源，网络学习资源中也包含很大一部分静态资源，比如一些学习课件、讲座视频等。如何让存量资源不成为闲置资源，并能得到反复、充分的利用？对此，终身学习网采用的是动静结合的办法，即让动态活动来激活存量资源，提高利用率。

终身学习网曾于 2009 年购置了一整批网络资源，其中包括 1100 个讲座视频。

网站方面首先对这些资源进行了分类，然后寻找适合的时间段，以专题活动的形式，将部分资源整合后集中推出。例如2011年上半年主要是红色经典的读书专题，网站就在这批资源中挑选一些出来组合包装。而下半年则主推双十协定和辛亥革命100周年的专题。同时，网站方面也考虑在11月、12月份组织比较大型的活动，基本确定为老上海、上海风情的主题，其中也将用到一部分以前购置的资源。对于积存资源，学习网通过适时地找一些专题活动来激发其活力，使得动态活动与静态资源相得益彰，既让资源得以循环利用，同时又增强了活动的趣味性与多样性。

（二）“学习者也是参与者”

居民是社区教育的主体，也是社区教育顺利开展的重要基石。因此，徐汇终身学习网十分重视与居民的互动，本着“学习者也是参与者”的理念，通过资源共建、在线交流的方式，充分激发用户的自主性。正如终身学习网的相关负责人所说，推行终身教育的网站不能仅由少数人来建设，也不应是信息的单向传递，而是需要社区居民的共同参与，使网站真正成为居民自己的学习家园。

1.“市民自建”专栏

《上海市中长期教育改革和发展规划纲要》提出，要“建设人人享有、人人利用、人人贡献的数字化优质教育资源”。终身学习网积极践行这一目标，开设“市民自建”专题栏目，由网站管理方搭建平台，鼓励社区居民自己搜集、整理、上传各类知识，以词条的形式打造市民自己的网上百科全书。

截至目前，市民自建词条已达10807条，内容涵盖历史、金融、医疗、艺术、教育、生活常识等各个领域。同时，每条词条都配有“添加内容”的功能，以便居民对已上传的资源进行即时修改、完善。通过这样的专题模式，社区居民能够自主建设、发掘新的学习资源，这一做法不仅让终身学习网的线上资源更为丰富、多样化，同时也在一定程度上节省了部分资源购置成本，可谓一举两得。

2. 学习论坛、微博系统

推动资源共建之余，终身学习网也在不断加强网站的线上互动功能，并开辟新的交流平台，希望能让社区居民在互动中交流，在交流中学习。

网站专设“学习论坛”版块，定期推出一些专题来让居民参与讨论，其中既有诸如“看世博、爱家园、我为徐汇发展献一计”这样以国家大型活动为背景的话题，也有偏重日常生活类的，比如华泾镇编织大赛，主办方将毛衣作品的

照片放到终身学习网上，鼓励居民进行评论，说出自己的想法，充分发挥网络平台的互动作用。同时，网站方面每隔一段时间，就会对一些精彩评论加以整理，集中展示出来，以便让更多用户浏览、探讨，从而促进居民间的相互学习。

2011 年 7 月，终身学习网的微博系统开通，进一步拓展了网站的互动途径。为了能使这一平台得到充分利用，徐汇社区学院调动各街镇的骨干力量（包括文教干部、学习积极分子等），组织社区居民开展“如何使用微博”的学习活动，带动居民在新平台上发起一些话题，与网站方面进行交流。

（三）灵活有效的激励机制

为充分调动居民的学习热情，终身学习网开通网上学分记录系统，并根据《徐汇区社区教育网上学习激励方案》和《徐汇区社区教育课程学分认定标准》两份政府文件，制定了网上学习的评价与衡量标准，以此为基础建立了学分奖励机制。①

终身学习网将居民在社区内的各种学习活动转换为统一的标准，即学分。然后由社区学院组织，每年进行两次学分兑换奖励。2011 年上半年，网站开展了首次兑换活动。为方便居民领取奖品，全区共设立了 13 个兑换点。在历时 45 天的活动中，来自 8 个街镇总计 304 人参与兑换，发放奖品 419 件，总价值 11190 元，其中 100 元的书城卡、4G 的 U 盘、30 元的移动充值卡被兑换一空，活动后期不得不追加奖品数额。

通过这次活动，学习网方面发现，这样一种奖励制度不但有效地提升了人气，有助于网站平台的推广，更有利于促进整个社区的学习氛围的形成。为了能获得更高价值的奖励，居民会自发地参与更多的网上或实体学习活动，以增加自己的学分。这样一来，就能有效激发广大社区居民的学习积极性，为终身教育体系的最终形成夯实群众基础。

（四）功能平台的多元化拓展

从提供教育学习功能的网站扩展为覆盖公共服务的平台，网站功能的多元化

① 参见徐汇区社区学院《上海市徐汇区“数字化学习社区建设”自评报告》，2009 年 10 月，第 7 页。

拓展是终身学习网的又一重要创新举措。

2009年，在徐汇区“市民终身学习卡系统”实事项目的推动下，网站结合“学员个人信息库、课程管理信息库、师资管理信息库、综合资源信息库”的建设要求，积极推进网站平台的功能化开发，逐步实现居民网上学习、课程检索、网上报名等功能，为徐汇市民的网络学习、教育机构的工作管理提供了良好的运行环境。

2010年，基于公共服务体制完善的需求，徐汇区以“市民终身学习卡”项目为基础，提出“数字民生”的建设要求，将“徐汇公共服务一卡通”作为重点工作在全区推行。在这一背景下，徐汇终身学习网的服务领域开始由单一的社会教育，逐步向终身教育、体育、文化、卫生等社会发展领域延伸。网站为“公共服务一卡通”建立运维中心，实行统一的后台管理，有效整合全区社会事业的条块资源，深化公共服务发展。截至2011年7月，212个刷卡终端已覆盖区域内13个街镇的社区学校、文化中心，以及28所中小学的37个校区①。居民在进入上述场所活动前到指定处刷卡，学习网的后台就会记录下来。这个记录会转换为学分，积累到一定分数也有奖励，比方说可以免费到社区学校学习，免费参观活动，免费购买书籍。目前该卡已发放了大约6万张，卡内含居民的身份证和手机号信息，以便管理。终身学习网由纯粹的教育类网站拓展到社会公共服务平台，这一做法在全市尚属首例。

三　主要运作经验

经过五年的建设和发展，徐汇终身学习网在逐步形成自身特色与优势的同时，也在政府支持机制、多方合作模式以及如何促进数字化与实体化之间的良性互动方面，积累了一定的成功运作经验。

（一）政府支持，提供重要推力

徐汇区委、区政府高度重视社区教育信息化的推进工作，成立了社区教育委员会办公室，以之作为徐汇终身学习网的直接管理部门，并由社区学院专门负责

① 参考徐汇区社区学院《徐汇区社区教育信息化工作介绍》，2011年8月，第3页。

网站的具体建设。

五年来，政府在政策、资金方面都给予了学习网大力支持，并以实事项目的方式不断推进网站的建设与完善。此外，区相关部门还会定期召开信息化专题推进会和现场调研，这一方面能充分了解工作进度，一方面也有利于解决实施过程中遇到的一些问题。

从2005年的《徐汇区深入推进社区教育发展的实施意见》到2011年的《徐汇区中长期教育改革和发展规划纲要》，徐汇区始终将徐汇终身学习网的建设作为工作重点，坚持以现代化为目标，以信息化为抓手，依托终身学习网，实现“覆盖区域、涵盖一生”的社区教育，加快建设数字化学习社区，提升居民整体素质。至于资金方面，根据有关文件，区政府在信息化方面的投入原则上遵循人均2元，区财政每年的固定投入是200万元，各街镇再为自己辖区居民追加人均5元~10元。同时，也采用“项目投入制”的方式。由网站方面向上级部门申报项目，审核通过后下发专项资金。从2006年到2011年上半年，各类项目总计投入大约300万元，主要用于硬件设施的更新（服务器、电信网络租用等），以及课程开发系统、远程教育开发系统和学分认证、学分管理系统。

与此同时，为了能在实际操作层面更好地推动信息化建设，徐汇区政府采取将实事项目与网站建设相结合的办法。2009年，终身学习网的建设被列为徐汇区政府十个实事项目之一；2010年，网站的资源建设被列为上海市教委十个招标项目之一，专门投入40万经费；2011年，“公共服务一卡通”又成为区里的重点民生项目，由网站负责配套系统的开发。每个实事项目都对网站不断提出新的要求，从而推动终身学习网向更完善的方向发展。

（二）多方协作，形成发展合力

除了政府提供的有力支持，终身学习网的发展同样也离不开多方协作的运作机制。这一机制在社区教育工作管理、活动参与度、资源建设等方面都具有非常积极的意义。

1. 三级网络管理机制

为了保障各项工作能在基层顺利、有序地开展，以终身学习网为平台，由徐汇社区学院牵头，形成了一个三级网络管理体系：区级层面就是社区学院，再由学院辐射到13个街镇的社区学校以及委办局的有关科室。然后由各街镇的社区学校往下，全区又有312个居民教学点。由此，构建起徐汇区社区教育的三级网络。而学习网在其中扮演的是信息采集和传递的角色。通过这一网络，社区学院能快速、高效地将工作要求传达给各执行部门。同时，社区学校和教学点也可以及时向社区学院反馈相关工作信息。

以徐汇社区教育课程管理系统为例，2008年，学习网基于居民需求和区内自身的课程体系优势，开发并启用了课程管理系统。此前，居民若要了解社区各类课程的开课情况，需要自行前往教学点进行查询，得到的信息却十分有限。而现在，每年各个社区学校、教学点的课程情况全部通过该系统上报给社区学院，再由网站集中发布，这样一来居民就可以看到全区的课程情况，选择面更广，也节省了时间。由此，社区教育的工作效率和管理水平都得到了有效提高。

2. 了解不同需求，提高居民参与度

社区中的居民通常涵盖各个年龄层次，如何了解不同人群的需求、开展有针对性的活动来吸引他们参与？对此，终身学习网的做法主要是与各委办局开展相关合作，比如团区委、妇联、社工组织等。一般来说，这些部门与各人群有更直接的接触，对他们的需求也有更全面的了解。网站方面与其凭一己之力去重新采集素材，不如与专业人士加深合作，即时了解居民需求的变化，找到合适的发展方向，然后就沿着这些方向整合资源、开展有关活动。同时，网站也会在各社区学校的协助下，进行实体走访。2008、2009年，学习网相关负责人两次调研实体课程，收集相关数据，分析哪些课程是受居民欢迎的，哪些是符合居民的学习意愿的，依此来进一步调整网站的配套资源建设。

此外，网站也充分利用委办局平台能有效发动特定人群的特点，形成专题类活动资源。如结合“迎世博和建国60周年”的主题，依托团区委、教育局、文化局等资源，开展面向少年、青年、老人的“我向祖国献礼”系列活动；又比如“徐汇区中小学生电子小报评比活动”，有效投票数达到29470票，活动开展的一个月内网络总点击次数达到44395次；还有“徐汇青年网上摄影作品评比活动”、“迎世博书香社区行——学习状元评选活动”以及“绿色世博我先行——环保志愿者网上活动”等①。这些活动都得到了辖区内广大中青年群体的积极响

① 参见徐汇区社区学院《上海市徐汇区“数字化学习社区建设”自评报告》，2009年10月，第6页。

应，大大提高了社区活动的居民参与度。

3. 共享共建优质资源

在远程教育中，丰富而优质的网络学习资源是满足学习者需求、进行个性化学习的重要保证。因此，随着社区教育的蓬勃发展，各地区都在积极开展网上学习资源的建设。但是，由于单一区县力量有限，常常造成资源总量不足、投入分散、资源结构不合理、利用率低等问题。为了改变这一现状，终身学习网积极探索新的资源建设模式。2009 年，由徐汇社区学院领头，长宁、静安等八个区的社区学院组成“数字化终身学习资源建设联盟”，初步尝试资源建设的协同合作机制。签订互信协议后，梳理各学院现有的网络学习资源，形成共享目录，实现资源共享利用。同时，联盟各成员间合作开发新的网络资源，拓展资源建设渠道。基于目前在资源优化上取得的良好效果，联盟下一步将考虑开展与其他机构、团体的合作，带动网络学习资源的高效整合、建设，促进社区教育信息化工作的可持续发展①。

（三）数字化与实体化的良性互动

在社区教育中，数字化与实体化密不可分。如何实现两者之间的良性互动，共同促进社区教育的优化发展？终身学习网对此作了自己的尝试，并取得了较为显著的成果。

1. 网站资源与实体课程互补

2009 年市教委曾提出有关议题，希望各个社区学院集思广益，解决社区学校“老面孔”的问题。社区学校受场地、教室的制约，每个班级最多容纳 40 个人。面对这样有限的条件，“老面孔”的出现便成了一个比较棘手的问题。究竟是什么原因，造成学员对同样的课程要反复学习的状况？社区学院经调研后发现，中老年人记忆力衰退是其中一个很重要的因素。那么，如何帮助这一人群强化记忆？学习网的对策是将部分实体课程做成视频资源，放到网上供居民随时学习、巩固。以手工课程为例，在教室学习的时候，可能由于座位比较靠后的原因，部分学习者对老师的动作看得不是很清楚。而通过网站视频，能够很清晰地

① 参考社区教育网络学习资源建设实验项目组《〈社区教育网络学习资源建设〉实验总报告》，2009。

看到老师手部的分解动作，如此一来，就能很好地促进学习和记忆。

同时，根据居民在使用网上资源时遇到的问题，社区学院会开设相应的实体课程，并专门请相关老师编写系列书面教材。该教材由区政府投入资金，免费向居民发放。比如《龙华英烈精神品读》一书，就和终身学习网进行的龙华魂网上展厅相呼应，一个是实体教材，一个是网上学习资源，两者形成良好的互补关系。

2. 资源内容与实际生活相结合

终身学习网在内容建设方面，尤其是在资源建设上，十分重视融入日常生活感受，将生活和工作结合在一起。2010 年，网站曾做过一系列课件，主题是家庭装潢的建材、选购方面的常识，获得上海市教委课件评选的最佳创意奖。再如，网站方面注意到，随着百度、谷歌这样的搜索引擎的出现，居民整个生活习惯发生了很大的变化。但在这种变化中，网站也发现了一些问题。比如在百度上任意搜索一个词，可以搜出成千上万的信息，那么其中哪些是有效的？对网站来说，就需要帮助居民做筛选的工作。学习网通常会设法筛选出一些比较具有权威性的信息，或者通过交叉选择法挑选出大家共同认可的信息，将它们汇总起来呈现在网站上，既让居民享受到信息化的方便快捷，又避免了信息过量对日常生活造成的负面影响。

另外，学习网还通过大量的生活资讯类栏目来提供更多文化信息，比如近期上海有哪些话剧、演唱会，包括电影的排行榜之类的，居民都可以通过网站了解到。网站负责人表示，将这些内容放到网站上的目的，就是想要表明居民需要什么我们就尽量提供什么。终身学习网在自身定位上的关键之一，就是紧紧结合居民的实际生活和文化需求，而这对社区教育的普及化发展无疑具有十分积极的推动作用。

3. 网络平台整合实体资源

作为推进全民学习的重要平台，终身学习网除了提供生活类的资讯外，更主要的作用在于整合区域内各类教育资源，积极探索区域终身教育网群的建设思路。按照“平台联动、资源共建、管理自主、数据分享”的发展理念，网站方面努力完善整合各种教育资源的模式，依托终身学习网已经形成的品牌优势，与徐汇业余大学、斜土街道宝宝乐中心、徐汇区老年大学，以及漕河泾社区学校等实体单位的网站构筑起“一站式”双向链接功能，利用网站平台带动实体资源

的整合，充分发挥徐汇终身教育资源的组合优势，形成了“徐汇终身教育网群”的雏形①。

此外，网站在社区文化资源的整合方面也初见成效。学习网通过行政机制保障下的自主申报以及对公开信息梳理再加工等方式，加强辖区内各类文化信息的宣传工作。比如每月更新的“徐汇区文化活动、餐饮娱乐、体锻场馆等信息表”，“东方讲坛”、“徐汇社区大讲堂”等市民学习品牌的预告信息，以及各街镇、各委办局、相关企事业单位的终身教育类活动信息。通过将实体资源的动态以信息化的方式呈现给居民，更好地引导他们参加相关实体活动，提高实体资源利用率，有效扩大社区文化活动的影响力。

四　当前问题与难点

与同类网站相比，徐汇终身学习网的建设已走在社区教育数字化的前列，形成了较为成熟的运作模式与发展理念。但在资源整合、人员建设、信息反馈机制等方面，学习网同样也遇到一些问题和难点，需要进一步调整与改进。

（一）理顺管理机制，推进资源整合

可以说，终身学习网的快速发展离不开政府各有关部门的指导与支持。然而，随着社区教育事业的日渐推进，多部门共同管理的机制也给网站建设带来了新的问题，主要表现在以下两方面：一是工作的持续性与稳定性受到影响，二是资源的匹配度与利用率难以确保。

目前，除了区社教委办和学习办两大主管部门，基于各种形势的需要，终身学习网的工作内容也要根据其他一些委办局的要求来开展。其中，市级层面主要包括教委、文明办，而区级层面有教委、老龄办、体育局、文化局等。当这些管理部门分别下达工作指示时，由于侧重点各有不同，往往会给网站方面带来种种压力，难以保证其主体工作的持续性和稳定性。比如教委先提出工作重心要放在青少年课外活动、素质教育这方面，而老龄办则要求加强老年课堂的建设，过一

① 参见徐汇区社区学院《上海市徐汇区“数字化学习社区建设”自评报告》，2009 年 10 月，第 6 页。

段时间文明办又会提出新的工作方向。这样一来，网站就需要不断地调整原有工作目标和实施计划，手头进行到一半的工作也可能被搁置。因此，网站建设确实受到了一定影响，工作进度有所放缓。

与此同时，上述各委办局的管理部门每年都会发放一定数量的实体资源和网络学习课件到社区学院。尽管这一做法对网站的资源建设确实有较大帮助，但在资源选择、整合方面还有欠考虑。各委办局在下发资源前，通常很少能事先了解社区学院的实际需求。这种情况下，一是容易出现资源数量不足的现象，使得一些比较好的资源无法在社区居民中间广为传播；二是资源种类可能与用户学习需求不匹配，从而导致部分资源不能得到充分利用，造成长期闲置的局面。另外，不同部门自行发放资源时，由于彼此间缺乏沟通，还可能带来资源重复投入的问题，这样既增加了不必要的成本，又造成了资源浪费。

针对以上这些问题，为了更好地推动网站建设，各相关部门应尽快协同理顺管理机制，加强相互之间的工作交流，整合各自资源，形成更为完善的合作模式，共同促进终身学习网向更高层次发展。

（二）人才队伍建设有待加强

随着政府实事项目的不断推进，终身学习网需要为越来越多的大型活动提供支持，以充分发挥其平台作用。这一背景下，网站在人才队伍建设方面存在的不足日益凸显，主要是现行人员编制与工作量的不平衡，以及团队执行力不足与专业人员缺位等问题。

目前，学习网的日常维护、规划和发展工作，全部交由社区教育办公室成立的一个专门项目小组负责。该工作小组的人员配置采取“1+1+2”的模式，即一位总负责人，再配备一名助理，然后加上两个实习生（分别负责美工和文字编辑）。面对日渐增加的工作量，这一模式中存在的问题逐渐显现。其一，由于在编人员仅有两人，多项活动需要同时开展时，难以保证人力的及时跟进，很可能因此影响活动的进度和效果；其二，实习生的流动性较强。因为编制受限，实习生一般无法转为正式员工。故而，虽然网站方面投入大量的时间、精力培养实习性，但由于求职、就业等原因，实习生往往参与工作后没多久就要离开，而新进的实习生又要重新熟悉相关工作。频繁的人员流动一方面增加了指导成本，一方面也降低了工作效率，对网站的建设十分不利。

网站工作小组的团队执行力不足以及专业人员缺位，也是亟待解决的问题。据相关负责人介绍，当一项新的工作计划需要实施时，由于部分人员缺乏专业知识和经验，往往不能很好地执行事先制订的方案，使得网站建设规划在实际操作层面难以达到预期效果。另外，虽然有专业的外包公司为网站提供技术支持，但长远来看仅靠外部力量的支撑是远远不够的，网站工作小组也应发展自身的专业人员。而以现在的情况来看，网站在专业人才供给方面仍有较大缺口，有待进一步补充。

基于上述问题，为保障各项活动能够平稳有序地开展，终身学习网应加强相关人才队伍建设。一方面要对现有员工进行集中培训，提升专业素养，强化团队执行力。另一方面也要充分调动社会力量，招募各领域专业人员，组建相对稳定的志愿者队伍，为网站的建设提供更广泛、更专业的人才支持。

（三）互动管理成本与社会和谐安全

在远程教育领域，徐汇终身学习网的互动功能可以说已走在全市同类网站的前列，但与此同时，它在用户反馈方式、沟通渠道的实际操作层面也遭遇到几大难点。

虽然网站目前已开通“市民自建”专栏、学习论坛和微博系统，但这些平台离真正全开放式的互动还有一定距离。比如在论坛和微博中，居民尽管可以对某一专题发表评论，但还不能更直接、更自主地发起新的话题，而需要经由各街镇相关人员的统一指导。此外，用户在使用上述平台的过程中遇到的一些问题，以及对网站开展活动的想法建议等，也仍要通过相关人员进行转达，而没有直接向网站方面表达各种诉求的渠道。

对于为何不实现全开放平台，终身学习网的负责人表示他们确有难处。首先是管理成本的问题。如果开设即时反馈的功能，网站方面就要派出专人负责这方面的工作，且需投入相应的硬件配套设施，提高网站管理成本，增加经费负担。其次从社会和谐安全的角度考虑，信息化平台传播快、范围广的优点有时会成为一种社会安全隐患。倘若别有用心的人利用平台散播一些虚假信息、谣言，即便网站发现后及时举报和清理，这些信息仍会在居民中间扩散开来，容易对社会的和谐稳定产生不良影响。正是由于上述顾虑，网站才将平台设定为半开放状态。

那么，如何在充分发挥平台互动功能的同时，尽可能避免出现上述问题？关于这一问题，大致可尝试从两方面着手：一是政府在资金方面酌情考虑增加投入，以支持网站的平台管理工作。二是建立更完善的平台运作管理机制，一方面能让居民直接表达意愿和具体需求；另一方面也要有系统的监督机制，对不良信息进行及时排查，力求在其发布前就予以处理。

五 借鉴意义与发展愿景

通过对徐汇终身学习网的深入研究发现，学习型社会建设落到实施层面，依据现实基础和现有条件，仍需从基层工作展开，通过大力推进社区教育、社区文化的建设，加快公共文化服务体系的落实与完善，推动公民社会的形成，促使公民素质的提高。

（一）实现教育信息化，推进学习型城区建设

学习型社会要求人人参与学习，人人都有条件学习。而社区教育是全民教育、终身教育的区域集合，开展社区教育应当以社区全体成员为对象，坚持全员覆盖原则。正是在这一背景下，如何实现真正的“人人皆学、时时能学、处处可学”，成为发展社区教育的重要课题。徐汇区经过不断探索，明确了要以信息化来推动社区教育的创新发展，并依托徐汇终身学习网，努力推进学习型城区建设的整体进程。

据相关负责人介绍，每年到徐汇社区学校报名参加实体课程学习的居民大约有 8 万，占户籍人口的 1/10，但是，要建设全民参与的学习型城区，仅靠这 8 万人是远远不够的。因此，徐汇区决定借助信息技术的优势，通过终身学习网这一数字化平台，整合社区教育资源，扩展教育空间，提高居民参与率。经过五年的建设，学习网初步实现将社区教育的管理、服务与每一位居民相联结，使管理者、教育培训提供者与社区居民之间能够进行多种形式的信息交流，为居民提供了一个全天候的学习平台，从而与社区实体教育形成互补，共同促进学习型城区的构建。

（二）整合多方资源，完善服务功能

从“市民终身学习卡”到“徐汇公共服务一卡通”，徐汇区依托终身学习网的信息技术平台，系统整合了包括教育、文化、体育、卫生等方面在内的全区各

类社会公共资源，在参与机制、管理方式上有所创新，从而有效推动了区内公共服务体系的健全与完善，让社区居民得以真正享受到政府提供的各项服务项目及优质资源。

当前，随着公共文化建设的重要性在社会总体发展中日渐显现，政府各相关部门都已投入大量的人力、物力在全市范围内加紧建设市民公共活动场所，更新配套设施，并推出一系列惠民项目。然而，由于存在宣传力度不够、管理机制不完善等问题，许多公共资源并没有得到充分利用，部分公共文化活动也未能广泛开展。

为了弥补不足，徐汇区积极发挥网站的平台作用，一方面以政府实事项目为导向，将各条块内的资源整合起来，提高相关公共服务信息在居民中的知晓度，引导居民参与各类项目，使用公共资源。同时，在实体活动中延伸网上学分的奖励机制，激发居民的积极性，鼓励其更科学、长期地参加公共服务项目。另一方面，网站为各活动场所提供后台管理保障，准确记录居民的活动信息，在人员管理、设施维护等方面给予有力支撑，既保证了居民活动的充足空间，又免除了场地提供者的后顾之忧。

徐汇区利用信息化优势，完善辖区内的资源整合，提升了公共资源的服务功能。这一做法对全市加强公共文化服务体系的建设，提高公共文化活动的群众参与度，都有很好的借鉴意义。

（三）以网络平台为推手，促进公民社会的形成

尽管终身学习网在运作机制方面尚存在一些问题，但其在拓展公共交往空间、促进公民社会建设等方面，仍起到了很大的推动作用。

在实体层面，由于时间、地域等原因，居民的公共活动空间往往受到一定的限制。而网络平台则不同，它不会受限于这些因素，所以能够形成一个更为广阔的公共空间。事实上，这一空间对公民社区的形成有着非常重要的促进作用，具体表现如下。

其一，基于终身学习网的辐射效应，居民能在短时间内获取大量信息，即时了解社区动态，这有助于提高居民对社区事务的知情能力，并增强其主动关注公共事务的意识。其二，学习网提供跨越地理界限的平台，使得一些在实际生活中难以相聚却又志趣相投的个人，经由网站走到一起并逐渐发展成固定的活动团

体，这一点对增进居民之间的情感交流、人际联络十分有利。其三，居民通过学习论坛、微博系统，能够对网站推出的某一专题发表各自观点。不同观点汇集在一起，就会形成公共空间的对话交流。这一方式将有助于达成合理的共识，促使居民以更客观、全面的方式看待问题。其四，网站开通“市民自建”栏目，充分调动了居民的创造热情，让他们以网站为契机，积极尝试自主建设、自主管理，从而将他们的内在活力激发出来，为社区未来的创新发展储备重要动力。

一个真正有活力的社会，首先应是一个公民社会。那么，如何在全市范围内加快公民社会的建设？关于这一点，徐汇区以网络平台为推手的成功经验，应该能为我们指出某种探索性的方向，具有一定的参考价值。

（四）未来发展：功能定位的提升

徐汇终身学习网发展至今，虽在教育数字化、公共服务体制健全、公民社会建设等方面发挥了重要推动作用，但随着学习型社会建设的深入推进、社会转型速度的逐步加快，网站的功能定位也需要在现有基础上进一步提升。

上海要实现经济发展方式的转变，需要一定的社会文化条件为依托。而城市的整体创新能力、公民良好的文化道德素养，就是其中至关重要的条件和基础。为促使上述条件和基础尽快形成，整个文化、教育体系都要为其提供大力支持。由此，在上海的整体转型过程中，终身教育的重要性日渐突出。然而，目前全市终身教育建设基本还处于比较初级的阶段，其功能定位主要在于满足社区基层群众基本知识技能方面的需求。那么，在社会转型发展的大背景下，作为终身教育的实践者，尤其是像终身学习网这样有助于促进教育体系完善的新型网络平台，如何进一步提升其功能定位？

首先，网站应成为覆盖面更广的知识与技能的更新平台。随着社会的高速发展，各行各业、各个层面的劳动者都面临着巨大的知识更新与技能提高的需求。因此，在完成基础教育、学历教育之外，在职人员仍需要不断学习，不断充电。世界上很多发达国家都已充分意识到这一需求，其终身教育十分强调与社会经济发展的结合，注重中青年群体的专业技能、职业素质的培养、提升①。因此，终

① 参见梁新潮、刘丹《国外社区教育的实践及启示》，《福建论坛（人文社会科学版）》2008年第4期。

身学习网站也应借鉴国外的成功经验，充分利用数字化、信息化的优势，与企业等社会团体扩大合作，加强联动，努力为在职人群搭建学习平台，紧扣社会需求，助力职业培训、技术创新和专业知识教育。与此同时，网站也应提高自觉意识，开辟各种空间来加强公民教育，提升公民素质。当前，从基础教育到高等教育，我国都还没有在真正意义上将公民教育落实为重要的教育环节，而众所周知的是，公民的整体素养如何，将直接影响到社会的安定团结与健康发展。因而，作为面向基层的终身学习和社区教育的实践平台，终身学习网也应当有意识地将“公民教育”的理念明确提炼出来，并运用信息化手段落实下去，广泛宣传公民的权利、义务，切实培养公民意识，全面提升其文化道德修养，为建设学习型社会，也为实现新形势下的社会转型，提供更坚实的人文基础。

B.15

解读“国际文化大都市”

王兴全*

摘　要： 上海“十二五”规划提出建设“国际文化大都市”，其发展目标涵盖文化、体育、旅游和文明等方面。如何以此综合定位为契机，在原有基础上实现创新发展，整合四个维度实现统筹发展，配合“创新驱动、转型发展”的城市阶段性总目标实现协同发展？在考虑国情和市情的同时，还需要借鉴“国际文化大都市”发展的经验，解读“国际文化大都市”的成熟模式和典型特征，从而丰富和充实对上海国际文化大都市建设和城市转型任务的认识，支持上海形成高效、高质、低风险和高匹配度的国际文化大都市发展模式。

关键词： 国际文化大都市　创新驱动　转型

一　观察分类

国际上鲜见明确以“国际文化大都市”作为建设目标的城市，即使以“文化大都市”作为建设目标的也不多①。对文化大都市的观察和研究分散于“创意城市”、“都市文化”、“全球城市的文化维度”、“文化产业”、“创意产业”、“版权产业”等研究领域，存在于城市排名评价、城市战略报告等之中，因而可以操作性地圈定实际意义上的国际文化大都市作为观察和分类对象。

（一）观察对象选择

基于经验筛选②和 MAX 算子③的逻辑，在不考虑中国内地城市的情况下，选

* 王兴全，上海社会科学院信息研究所知识管理研究中心主任，副研究员。

① 明确使用此概念的包括伦敦市政府和蒙特利尔市政府。

② 考虑一个城市的国际文化影响、区域文化影响、历史文化影响、特色文化影响四个角度。

③ 取一个城市上述四个角度的最强点。

定35个城市作为国际文化大都市的观察和分类研究对象①。这些对象城市除了无争议的4个国际文化大都市（纽约、伦敦、巴黎、东京）之外，还包括：

（1）亚洲：首尔、台北、香港、新加坡、孟买、迪拜、曼谷

（2）欧洲：巴塞罗那、罗马、米兰、佛罗伦萨、维也纳、布鲁塞尔、柏林、阿姆斯特丹、雅典、圣彼得堡、莫斯科、伊斯坦布尔

（3）南美洲：里约热内卢、圣保罗、布宜诺斯艾利斯、墨西哥城

（4）北美洲：芝加哥、洛杉矶、旧金山、多伦多、蒙特利尔

（5）大洋洲：悉尼

（6）非洲：约翰内斯堡、开罗

（二） 分类依据

对上述35个国际文化大都市的分类研究主要基于四个有递进关系的依据，即主要由影响范围决定的国际文化大都市发展空间，主要由经济主维度决定的国际文化大都市发展体量，主要由历史影响持续性决定的国际文化大都市发展轨迹，以及主要由社会选择决定的国际文化大都市发展意志，分别涉及空间、经济、历史和举措四个方面。

1. 发展空间之辐射范围

一个国际文化大都市的发展空间，基本取决于它单向辐射的地域经济体规模，由于辐射影响往往呈现渐变，所以辐射区域也因影响程度不同而可分为四类，即主影响区域、副影响区域、弱影响区域和微影响区域。以首尔为例，首尔大都市区域人口约2300万，占韩国人口的近一半，其主影响区域为韩国整体，发展空间受韩国的经济水平和文化消费及参与水平的直接影响，副影响区域为中国、日本和东南亚，文化跨度较小，文化产品和服务具有较强的传播力；弱影响区域为美国等具有较强经济联系、文化单向跨度较大的地区；其他为微影响地区。这样的四个层次和每个层次的消费力/接受程度决定了首尔作为国际文化大都市的竞争发展空间。

2. 发展空间之经济体量

四个层次的竞争发展空间在多大程度取决于辐射范围的经济体量？对此问题

---

① 由于本研究的探索性质，对象的选择难以做到无遗漏，选择的标准也未量化统一，而主要基于经验判断。

的回答可以截然不同。

一种观点认为文化大都市是大都市经济的副维度，认为文化附着于经济。如Abrahamson① 所归纳的："城市的文化层级只是反映了经济层级模式……对政治经济模型的追随者而言，文化霸权是短暂的；文化只能强化而不能塑造政治经济联系，后者才是核心。"比如美国的大都市文化产业一直是在版权产业框架②和市场逻辑中发展的，政府的角色在于维护国内国际的知识产权环境，对市场失灵的方面进行干预、补贴和必要组织，主要通过市场机制和竞争环境来保持国家和城市文化的活力和竞争力。

第二种观点与之相反，Horvath③ 比较了伦敦和巴黎，以及历史上巴塞罗那、威尼斯、罗马面对经济影响快速上升的阿姆斯特丹、佛罗伦萨而能保持文化优势，确认了大都市文化维度的独立性。1984 年开始的欧盟文化首都项目，成为当地文化发展和城市转型的催化剂④，体现了文化的主动地位。联合国教科文组织 2004 年设立的创意城市网络，与强调发展的联合国贸发局不同⑤，着重于促进文化多样性的主目标⑥。

第三种观点采取了融合的视角，认为"现代经济产出的相当部分明显带有文化内容的烙印，而文化本身的供给也日益呈现商品化产品和服务的形式……作为生产投入及作为最终产出关键成分的高层次认知和表达内容，完全渗透至供需双方，因而实际上在高级资本主义社会的背景中，文化地理和经济地理之间原则上几乎不可区分"⑦。

3. 发展空间之路径依赖

第四种观点相对比较折中，认为国际文化大都市在相当程度上是城市经济维

① Abrahamson M. (2005), *Global Cities*, Oxford University Press.

② Siwek S. (2009), Copyright Industries in the U. S. Economy: The 2003 – 2007 Report, prepared for the International Intellectual Property Alliance (IIPA).

③ Horvath (2010), Londres et Paris dans la République mondiale des Lettres, Synergies Royaume-Uni et Irlande, pp. 211 – 222.

④ Palmer R. (2004) Study on the European Cities and Capitals of Culture and the European Cultural Months (1995 – 2004), European Commission.

⑤ UNDP 官方网站。

⑥ UNESCO 官方网站。

⑦ Scott, A. J. (2001), Capitalism, Cities, and the Production of Symbolic Forms, Transactions of the Institute of British Geographers, 26: 11 – 23.

度的跟随指标，但自身路径依赖性强，因而对于城市具有长周期跨期收益的特征。“即使当某生产中心的所有的创意和创新能量都已枯竭，这种竞争优势可以使其生存下去，有时会持续相当长的时期。在许多对此现象的展示性案例中，包括某些长期确立的欧洲陶瓷生产中心，比如伊特鲁利亚（Wedgwood）、麦森或利摩日，其产品已达到某种风格的地位”①。再以地中海欧洲国家为例，其历史上的经济繁荣早已不在，但至今仍通过文化观光、时尚产业等支持经济，对就业和文化产生影响。

4. 发展空间之主动发展

其他可能在上述因素之外影响国际文化大都市形成和/或发展的变量，主要包括在空间、经济和历史维度所界定的范围内的结构性措施和发展，或是来自官方的积极的文化产业政策，或是来自民间的高度的互动和参与文化，或是来自某种社会偏好的特色文化突出，或是与文化密切相关的信息技术基础设施发达等。

（三）类属识别

基于以上四个维度，可以对之前圈定的35个国际文化大都市进行基本分类（见图1）。分类可见国际文化大都市呈现一定程度的类群发展，以地域性为主，兼受网络联系、经济水平、宗教文化等影响。四个最具影响力的类群分别为美国城市、英联邦城市、欧陆城市和东亚城市，其对应的最重要的中心分别为纽约、伦敦、巴黎和东京，四个城市在不同程度上成为世界文化中心。这基本呼应Peter Taylor② 对一般城市网络的分析。

通过空间、经济、历史和举措，可以解释这些国际文化大都市或都市群的地位和特征。①以东京为例，凭借3500万人口的都市圈和巨大的区域经济体量，形成文化都市主影响圈——日本，副影响圈——韩国、新加坡、中国、其他东南亚国家、美国，弱影响圈——南美的辐射格局，加之较为强势的文化产业政策，造就了东京国际文化大都市的地位。②以佛罗伦萨为例，虽然语言、经济规模等

① Scott, A. J. (2001), Capitalism, Cities, and the Production of Symbolic Forms, Transactions of the Institute of British Geographers, 26: 11 -23.

② Taylor P. J. (2004), Regionality in the World City Network, *International Social Science Journal*, 56 (181): 361 -372.

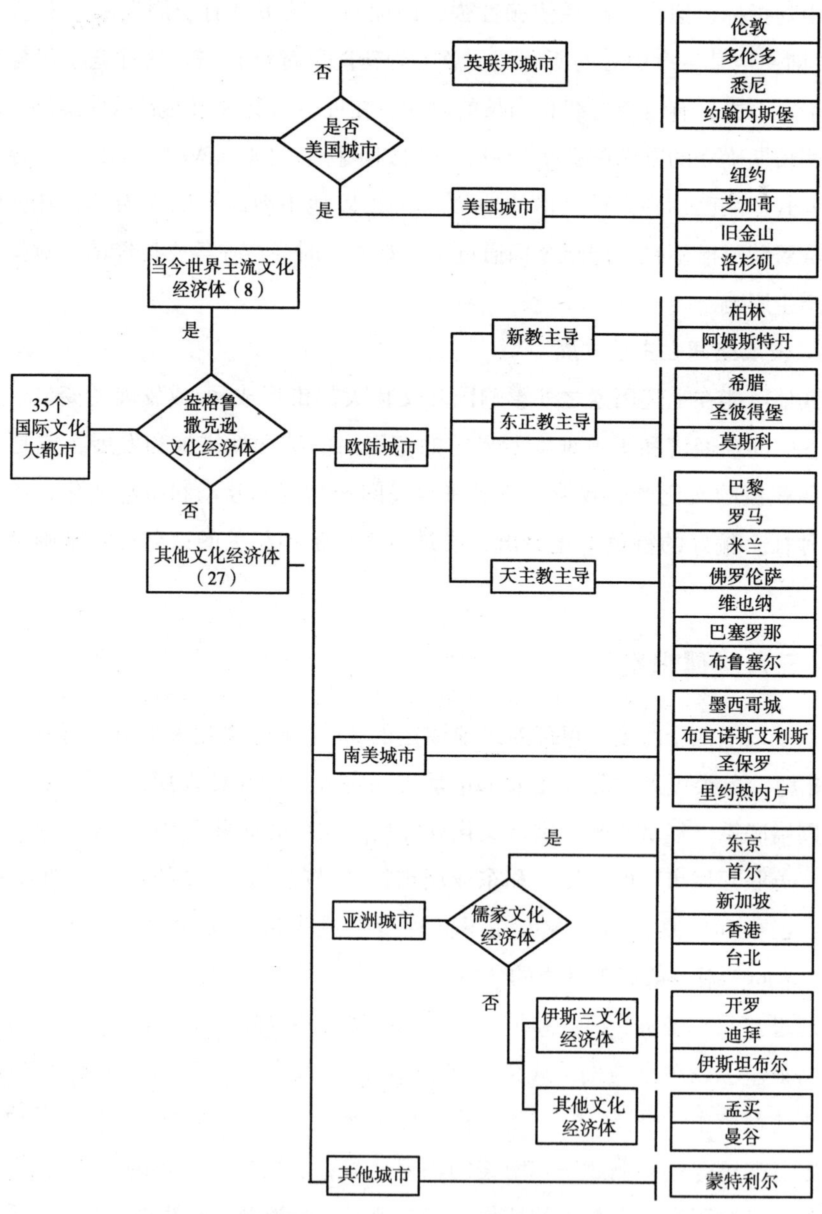

图1　国际文化大都市分类系统

早已不能支撑其成为国际文化大都市，但文艺复兴时期留下的文化遗产，包括乌菲齐和皮提美术馆、佛罗伦萨美术学院等，仍能使其享有文化观光和交流城市的国际声誉。③新加坡、迪拜等大都市的文化维度则明显是其经济维度的副线。

二　特征归纳

对国际文化大都市的具体特征表述在文献中较为少见，但创意城市的研究特别是创意城市的指标体系揭示了一些文化大都市的特征。在回顾这些指标体系的基础上，本节通过构建国际文化大都市立基的文化经济系统，总结国际文化大都市的十二个基本特征。

（一）创意城市研究的贡献

主要有如下三类指标体系可供借鉴。

1. 环境营造

Charles Landry① 的创意城市指标体系，可用于评价和度量城市的想象驱动力，是对国际文化大都市发展的愿景综述，其主要指标有 10 项：①政治和公共服务框架；②特色、多样性、活力和表达；③开放、信任、宽容和便利；④企业家精神、开拓和创新；⑤战略领导力、灵活和远见；⑥才能和学习前景；⑦沟通、联通和社会网络化；⑧环境和环境营造；⑨宜居和幸福；⑩专业和效率。

另外，在一些城市综合排名研究中，如 2010 年《外交政策》杂志发布的《全球城市指数》②，以及普华永道公司 2011 年的世界《机遇城市报告》③ 的文化维度的测度也是基于文化软硬基础设施，如表演艺术场次、大型体育活动、酒店设施等。

2. 人本创造力

Florida（2005）④ 的全球创意指数可应用于分析国家或分析国际文化大都市，一级指标有三个：①人才，包含创意阶层、人力资本和科学人才三个二级指标；②技术，包含研发指数和创新指数（专利）两个二级指标；③宽容，包括价值观指数和表达自我指数两个二级指标。这一指标体系体现了创造性人才与技术和容异环境之间的互动。

---

① Landry C.（2008），The Creative City：A Toolkit for Urban Innovators，Earthscan.

② Global Cities Index，*Foreign Policy*，September-October，2010.

③ Price Water House Coopers（2011），Cites of Opportunity Report.

④ Florida R.，*The Flight of the Creative Class*，New York：Harper Business，2005.

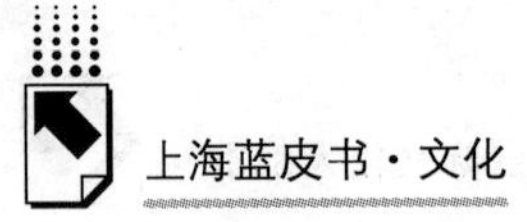

3. 城市软实力

某些解读扩大了文化大都市的维度，将其等同于城市软实力。比如 Hui 等① 的 5C 模型，包括五个一级指标：①创意成果（经济贡献、经济部门的发明活动、创意的非经济贡献）；②结构/制度资本（法律体系、腐败、言论自由、信息通信基础设施、社会和文化基础设施、社区设施、金融基础设施、企业家精神）；③人力资本（知识发展环境、知识阶层、人力资源流动性）；④社会资本（广义信任、制度信任、相互性、效率感、合作、接收多样性和包容性、对人权的态度、对外国移民的态度、支持现代价值、表达自我、政治参与、社会参与）；⑤文化资本（公共部门和公司资源对文化艺术发展的贡献，对创造力、艺术、艺术教育和知识产权保护的文化标准，社区文化参与的层次和程度）。

（二）框架依据

本报告从同心圈模型②和文化创意产业链两个维度出发，建构了一个文化大都市的系统图，集中反映文化大都市的特征（见图 2）。第一个维度包含的是文化内容的四种基本形式，即文字文学、视觉艺术、听觉艺术和表演艺术。第二个维度是这四种基本形式的创意链和价值链的延伸，包括这些文化内容的生产、孵化、传播、展示、融资、交易、消费、出口、活动、教育研究等。两个维度的交叉构成了文化体系的整体结构和国际文化大都市的综合定位。如果将文化经济作为文化生产、交换和消费的系统，那么城市就是这种系统的空间载体；国际文化大都市在大区域范围内，通过其现实和虚拟空间优势，成为文化价值链的治理和协调者。

（三）特征判别

对图 2 所提供的结构图进行综合研判，一个国际文化大都市应该具有以下十二个特征。

---

① Hui D., Ng C., Mok P., Fong N., Chin W., Yuen C., A Study on Hong Kong Creative Index (Interim Report), Commissioned by the Home Affairs Bureau, The Government of the HKSAR, 2004.

② UNCTAD/UNDP (2010), Creative Economy Report 2010.

		文字为主	造型为主		音乐为主		表演为主			
		文学 历史 哲学等	艺术类	设计类	古典 音乐	流行 音乐	大众 传媒	表演 艺术	体育 赛事	民间 表演
			绘画雕塑 摄影	建筑、城规、动漫、工业品、时尚、网游、玩具			电影 电视	歌剧 话剧 杂技	球赛 赛车 赛马	街头 表演 等
文化内容生产	个人	作者、撰稿人、译者	画家、雕塑家、摄影师	设计师	指挥 演奏家	歌手 作曲家 职业人员	演员 主持人 导演等	演员 导演等	赛手 体育 明星	民众
	企业	出版社、报社、杂志社	经纪	设计公司 公司设计部	交响 乐团	娱乐 公司	电影 公司 电视台	剧团 中介	球队 车队	自组织
	协会 服务	出版协会、作家联盟、评论网络	协会、评论网络、守门人	设计协会、知识产权服务	行业协会评论网络	行业协会评论网络情报网络	行业协会等	行业 协会	行业协会博彩	公共 设施
传播媒介或展示空间		图书馆 书报亭 书店	博物馆 美术馆 画廊	地标、文化遗产、产品和游戏	音乐厅	各类演出场所	电视台 影院	歌剧院、 戏剧院	体育 场馆	公共 空间
融资 交易		商业渠道 公共开支	公共开支、慈善捐助、艺术银行、拍卖	风险投资 商业融资	公共开支慈善资助演出收入	商业渠道广告收入	商业渠道公共开支广告收入	商业渠道公共开支慈善资助	商业渠道广告收入	参与 和 分享
消费		书籍购买 网络阅读 （广告+免费）	购买（收藏、装饰、投资）	购买（装饰、使用、娱乐）	购票 观赏	购票 观赏	购票 付费 网络	购票 观赏	购票 观赏	文化 参与
出口 （交换）		文化影响力，语言	巡展、国外收集者	产品或设计出口、文化观光	巡演、文化观光	巡演、文化观光	文化 出口	巡演 文化 观光	观光 外出 比赛	观光
活动		书展	美术展	工业设计展设计节	音乐节	音乐节	电影节	戏剧 节等	体育 赛事	狂欢节节日游行街头表演
教育与研究		大学、 科研院所、 文化氛围	美术学院 各类艺术 学院	设计学院 各类 艺术学院	音乐 学院	音乐学院民间大众传媒	电影 学院	戏剧 学院	体校 体育 学院	自组织

图 2　文化体系结构

1. 文化内容生产：规模化、复杂度和成熟度

国际文化大都市区别于一般城市的重要特征之一，是作为复杂文化产品的生产特别是协同空间，其文化生产协调机制成熟，投入产出规模化。比如伦敦在出

版、表演、媒体、流行音乐、建筑设计、博物馆、文化遗产等多个方面具有世界级的优势。再比如国际文化大都市拥有一流交响乐团的前提是有大量的音乐从业者可以使其优中选优。

生产复杂度和协调成熟化：国际文化大都市不仅仅有人才集聚，而且有专业化、网络化和社会化的融合模式。专业化是指艺术家、评论者、把关人、投资者、研究者、经纪人、服务机构更趋于专业；网络化是指专业化个体之间通过信任、情报、资金、人才、理念、服务构成网络联系，比一般性城市更为有机、更为经济和更为惯例化；社会化是指一般社会人群都具有文化的鉴赏力和对文化创意持支持、欣赏甚至资助的态度。

2. 文化个人主体：名家、大师、名人和明星荟萃

国际文化大都市聚集着文化艺术方面的大师级人物，以及通俗文化艺术名人和体育明星。这些名人处于城市文化创意体系的顶端，之下还有大量的文化创意人才。国际文化大都市区别于一般城市的是人才规模，特别是顶级的名家、大师、名人和明星，这些人可能集散于一流的歌剧院、球队、大学，可能散落于曾经或今天仍然辉煌的纽约苏荷区、巴黎蒙马特和伦敦 Spitalfield 市场等场所，也有可能是城市的经常性访客。国际文化大都市作为世界文化孵化器的功能在人才方面表现得非常明显：各地的文化创造和创造力汇集于此，希望国际文化大都市的文化和商业传播力能够将其文化创造的价值最大化。

文化创造动机通常可以分为内部动机（决心、能力、参与感、好奇感、快乐和兴趣）和外部动机（对能力的质疑、激励、报酬、评估、认可、监督和限制）①。国际文化大都市为艺术人才提供的文化环境应该是：通过文化的社会认可度推动内部动机，成熟的薪酬体系、融资体系和交易体系推动外部动机，两者的合力推动城市文化发展。

3. 文化组织主体：品牌化和标志性的机构

国际文化大都市普遍具有标志性的公共文化展示场所、媒介组织和商业机构。国际文化大都市的相关场所和机构应具国际知名度，是业界人士的高端交流空间，也是非业界人士观光和观赏的重要选择。比如：①知名的表演和展示场

---

① Runco M., *Creativity Theories and Themes: Research, Development and Practice*, Burlington, MA: Elsevier Academic Press, 2007, p. 309.

所：歌剧院、博物馆、图书馆、音乐厅；②一流的出版社、报社、电视台、杂志社、通讯社等媒介组织；③著名的表演组织：交响乐团、剧团、球队等；④大型的娱乐业、时尚业等商业组织。

以巴黎为例，加尼埃歌剧院、卢浮宫、国家图书馆、世界报社、法新社、巴黎交响乐团、迪奥、维旺迪等等国际著名的场所和机构，构成了国际文化大都市的组织基础。

4. 城市文化标志：文化遗产与地标具知名度和主题化

除去一些历史沉淀下来的文化遗产之外，国际文化大都市知名度很高的地标和形象，往往成为文学、电影、戏剧、绘画等国际文化产品的主题。“后福特式资本主义文化经济的显著进步体现在城市部分景观及其符号内容的复兴。建筑和设计行业在这种联系中发挥了重要作用，不仅是因为它们是文化生产大体系的繁荣成分，而且因为城市景观本身也是它们的主要产出之一”[①]。①文化遗产：一些历史文化遗产构成了部分城市的文化地标。比如罗马的竞技场、伊斯坦布尔的蓝色清真寺等。②地标：巴黎的埃菲尔铁塔、伦敦的大本钟、纽约的帝国大厦和自由女神、里约热内卢的基督像、悉尼歌剧院等均为认可度极高的近现代建成的文化地标，起到帮助识别和推介城市的作用。③形象与符号：无论最初创自官方还是民间，一些国际文化大都市的形象得到广泛的认同，成为城市无形资产的一部分，比如不眠城（纽约，The city that neversleeps）、浪漫之都（巴黎，City of Romance）、永恒之城（罗马，The eternal city）、音乐之都（维也纳，Capital of music）。

5. 文化融资交易：多样化和多层次的体系

文化产品具有需求不确定、产品差异化和收益时间长的特征[②]，所以文化资源的配置较普通商品复杂得多，除了市场机制以外，还需要各种制度安排来解决各类不确定性、跨期收益、外部收益、网络效应等问题。这样形式多样的融资和收益安排就在国际文化大都市的互动空间中应运而生。

①存在艺术银行、风险投资、资本市场、商业贷款等一系列风险和时间偏好

---

① Hutton T. (2000), Reconstructed Production Landscapes in the Postmodern City: Applied Design and Creative Services in the Metropolitan Core, *Urban Geography* 21 (4): 285 - 317.

② Caves R., *Creative Industries: Contracts between Art and Commerce*, *Cambridge*, MA: Harvard University Press, 2001.

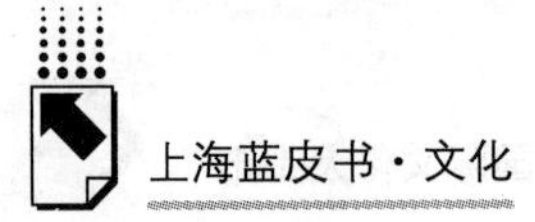

不同的融资方式。

②在文化产品形成的整个过程中，公共支持和慈善捐助会有选择地介入，保障文化活动的外部收益内部化。

③多种收入形式，包括直营收入、经由经纪中介的收入、广告收入、知识产权收入，反映了内容与渠道在文化产业中的特殊关系。

所以文化产品交易融资渠道的规模化、便利性、多样化和精品化对国际文化大都市至关重要。公共开支、商业融资、慈善捐助、风险投资、文化经纪、拍卖行、广告收入、展示机构、知识产权交易市场等多元交易融资方式组成的交易融资体系，使得文化供应者可以集中精力于文化产品和服务本身，然后通过低摩擦力的市场通道，将文化能够通过适宜的传播渠道和定价机制传播至潜在消费者，进而推动文化融资和交易行业的产业化。

以纽约为例，依附于全球金融中心的各种融资机构、半数以上的全球顶级广告公司、具有世界行业标准影响力的文化艺术协会、著名的慈善机构、全美最大的文化基金机构（纽约市文化事务局）①，构成了国际文化大都市的顶级融资交易平台。

6. 居民文化消费：消费市场和市民参与活跃

国际文化大都市的居民文化消费力强、文化消费倾向高、文化参与互动多、文化体验要求新，文化与商业和生活紧密融合。许多发达国家和城市在统计中，重视调研文化消费和文化参与，将之作为文化政策制定和信息资源商业开发的基础。有代表性的包括：美国艺术参与和消费统计，Eurostat 收集的欧盟 27 国年度文化参与数据（包括不同文化产品、服务和活动的参与者的收入、年龄、职业、种族等人群特征），澳大利亚统计局的细目文化消费统计，加拿大统计部门的文化消费和参与统计等。

一般来讲，文化消费是资产状况和消费倾向的函数：①对文化产品的需求随着收入的上升、财富的增值和保障的合理化而增加，部分文化需求变得相对刚性，部分文化需求弹性较大。现有的国际文化大都市多处于发达国家和地区，本地居民财富和收入水平高，这对文化的孵化具有催化作用。

① 主要作用：一，以资金支持文化机构为纽约市民提供服务；二，直接补贴 33 个市属文化机构；三指定机构的建设和修复。资料来源：纽约市文化事务局官方网站。

②文化消费倾向对文化消费和国际文化大都市的影响可以从两个角度来理解：一是一般居民的文化消费倾向高，二是某些人群或阶层“偏执”于某些类型的文化消费。同时国际文化大都市能够提供各种层次的表演和展出，满足居民的炫耀、体验和互动文化消费需求，通过品位培育推动都市的文化活力和文化经济发展。以伦敦为例，其“炫动城市”、“表演场景空间”的定位，既是城市参与性文化目标的体现，更是城市消费型经济目标达成的手段。

7. 城市文化节事：节事活动造就动态城市空间

国际文化大都市不断承接各类大型国际文化活动：奥运会、世博会、电影节、设计展、宗教集会等，节事游行、街头表演等民间文化活动也极为丰富，城市成为全方位的表演空间，发挥积极的活化都市文化和吸引游客观光的功能。许多国际文化大都市都曾举办或申办奥运会，世博会也曾经帮助一些城市创造了全新的城市景象（巴黎、上海等），作为欧洲三大电影节之一的柏林电影节每年为柏林带来约3000名记者和数十万人流，里约热内卢的嘉年华更成为了城市的文化名片。

8. 文化教育培训：全方位的文化艺术知识传播

国际文化大都市具有相当规模的国际著名文化艺术教育机构，城市提供从高端艺术需求到普通民众文化学习的全方位教育培训服务。由此形成的文化艺术知识系统是文化创意活动得以发生的基础，知识的调整是相对系统和长期的工程，因而国际文化大都市的形成缓于经济大都市。

国际文化大都市的形成往往依托于著名的艺术学院，因为它往往是名家的荟萃之地，是未来大师的摇篮，是新锐思想的发生之所，引领艺术思潮。纽约、伦敦、巴黎、东京、北京等，都是艺术学院汇集的中心，设计之都柏林也与著名的包豪斯设计学院相聚不远。以纽约为例，有以舞蹈、表演、音乐为特色的茱莉亚音乐学院，有纽约大学蒂什文科学院和视觉艺术学院等一流的视觉艺术院校，有专业的美国芭蕾舞学院，有纽约时装技术学院和帕森斯设计学院，有纽约市建筑中心等建筑设计尖端机构。

另外国际文化大都市还有很多市政、非政府组织等提供的培训项目，为市民等提供免费或低财务门槛的文化艺术培训，以提升市民文化参与水平，促进城市文化活力。

9. 文化来源多样：多样性文化的有机组成

国际文化大都市的特质往往体现在城市文化的多样性方面，国际文化大都市的社会结构、价值取向和教育体系能够有效地认同文化创意和艺术型人格，一般来讲，容错和容异的社会价值对国际文化大都市非常重要。

它除了一般性的移民国际社区外，特别需要吸纳大量国际商业机构、国际投资机构、国际组织入驻，其人口、文化、饮食、语言、生活方式因之具有丰富性、多样性。除了纽约、伦敦、巴黎等城市之外，布鲁塞尔、维也纳等通过引入欧盟委员会、国际原子能机构等高层次国际组织，提升高端文化需求的多样性，亚洲的东京、香港、首尔也通过国际性商业机构的总部和地区总部经济，促进了文化多样性的文化大都市的国际化。

10. 政府文化政策：持续地、有力度地推进

政府发展国际文化大都市的政策可以有两种视角：一是对市场失灵的补充，认为对文化产品的公共需求是解决文化艺术外部性问题的重要途径，如大型公共设施的设计、装潢及大型表演、对博物馆的补贴、对艺术品消费的税收优惠，只是资助的力度和方式有待研究和选择①；二是与之相通的相对突进的文化产业政策，包括城市文化发展推进计划，比如城市品牌宣介、大型文化项目和活动的组织或积极参与、居民文化生活服务、游客文化观光导引、基金补贴、文化就业指导、文化艺术培训、提供公共文化空间、文化遗产清点编号、姐妹城市联系、支持文化出口等。

伦敦和首尔都是运用文化产业政策推动国际文化大都市发展的典范。①伦敦一直以来具有极为深厚的文化产业基础，1997 年布莱尔工党政府上台后，借助创意产业进行产业整合，推介国家文化品牌，伦敦在此基础上实施了大规模的行业统计、出口、就业、中小企业扶持政策，当然还包括推出了大量的政府研究报告②。②在受益于国家文化产业政策③的同时，首尔市政府积极采取了一系列的文

① Blaug M. , Where are We Now on Cultural Economics, *Journal of Economic Surveys*, Vol. 15, No. 2, 2001, pp. 123 – 143.

② Staying Ahead: the Economic Performance of the UK's Creative Industries (2007), *London: A Cultural Audit (2008)* 等。

③ 《文化产业振兴基本法》、《电影振兴法》、《文化产业发展 5 年计划》、《21 世纪文化产业展望》和《文化产业发展推进计划》等。

化举措：比如首尔市政府积极协助连续剧拍摄，将城市设计和故事叙述融为一体；考虑到新型文化产业业态的优势，将其列为首尔的新增长动力，如网游、网络信息服务、移动相关内容业务等；复原城市文化遗产，将历任总统的旧居变成文化空间；支持艺术创造，开发多种基金和保险；举办和承办2010年世界“设计之都”、“世界设计城市峰会”等活动。

11. 城市文化辐射力、凝聚力和吸引力

国际文化大都市的文化辐射力强、范围广，通过大规模的文化产品出口、文化观光导入、文化人才集聚等实现文化的经济价值。另外，城市在国际上具有风格、时尚、主义的引领地位，市民身份认同感强。

实现国际文化大都市辐射价值的文化外部消费主要有两种方式，一是导入型的游客文化观光消费，二是导出型的文化出口。前者的代表城市是巴黎和曼谷，巴黎2009年国际游客数量居世界第一，为1480万人；曼谷居第八，为845万国际游客①。后者的代表城市是洛杉矶和首尔，洛杉矶通过好莱坞向全世界输出文化产品，首尔则是通过“韩流”将表演、影视、游戏输出至亚洲邻国乃至西亚等全世界各个地区。

在风格的引领方面国际文化大都市的作用更是举足轻重：比如1880年代印象派全盛时期的巴黎，世纪之交Berg、Schonberg和Webern发展“无调性”音乐时期的维也纳，1950年代Kooning、Motherwell、Pollock、Rothko和其他画家组成的抽象表现派处于其创意巅峰时期的曼哈顿②。

12. 信息技术影响：开放的城市

信息技术已从根本上改变了文化创造的工具、文化传播的方式、文化产业的业态和文化经济的运行模式，但目前为止对国际文化大都市的已有格局并未产生颠覆式的影响。网络流量信息公司Alexa的数据显示，三年以来，无论是全世界范围内还是在中国，搜索引擎、社会媒体、门户网站、电子商务、即时通信占据了绝大部分网络流量。该现象背后是四种网络趋势：搜索引擎转化为“内容云”服务商；硬件和软件多样化支持媒介融合快速进行；社会媒体加速崛起；智能网

---

① 按照世界观光机构官方网站公布的2009年的调查，文化观光已占观光总量的40%。

② Lévy J. (1999), Le tournant géographique, Penser l'espace pour lire le monde, Collection Mappemonde.

开始初始布局。以维基百科、Facebook、Pachube 等为代表，文化创意生产者和消费者逐渐拥有空前便利、超大规模、质量优化和整合有序的服务平台。一方面文化消费和生产组织的地域概念变弱，另一方面一些基于区位的应用潜力巨大，这成为未来影响国际文化大都市特征的重要不确定性因素。

结　语

国际文化大都市虽然存在上述基本特征，但并不存在统一模式，也不存在实现的统一路径。与一般城市相比，国际文化大都市体现出文化经济体系规模庞大、文化产品和人才高端化、区域分工倾向于文化经济体系的价值链治理者三大特点。正如上述十二个特征所显示的，除了具有支撑文化大都市发展的生产、消费、交易的基本架构之外，无形的城市品牌、有形的城市地标、流动的文化名人、主动的文化政策、完备的文化教育、互容的文化环境、引领的文化风格、永续的文化活动等所提供的溢出效应，是国际文化大都市保持可持续性竞争力的主要因素。

B.16

北美公益性文化设施及服务考察报告

杨庆红*

摘　要： 本报告对美国、加拿大不同城市的公益性文化设施进行了大量调研，梳理了公共文化基础设施建设状况及管理模式，以及北美国家公益性文化设施管理经验，在与上海公共文化服务体系建设现状的比较中，提炼出可资借鉴的经验，进而探索“十二五”期间上海公共文化服务体系建设发展的新机制、新模式。

关键词： 北美　公益性文化设施　公共文化服务

本报告对美国、加拿大不同城市的公益性文化设施进行了大量调研，包括美国旧金山山景城老人活动中心、旧金山市公共图书馆、丹佛市公共图书馆、丹佛市艺术中心、华盛顿国家美术馆、费城克罗克活动中心、纽约公共图书馆、纽约林肯艺术中心、加拿大多伦多 YMCA、多伦多市政厅、加拿大国际文化基金会等10 余家政府机构及非营利性公益文化机构。探求西方不同体制国家的公共文化基础设施建设状况及管理模式，以及北美国家公益性文化设施管理经验。以此为借鉴，深入认识上海公共文化服务体系建设的现状，探索“十二五”期间上海公共文化服务体系建设发展的新机制、新模式。

一　北美公益性文化设施概况

（一）北美公共图书馆

北美图书馆馆长由董事会任命，图书馆经费基本来自本地的税收，有时图书

* 杨庆红，上海市文化广播影视管理局公共文化处（非物质文化遗产处）处长。

馆可以根据项目申请到联邦拨款补助金。收取图书逾期费和非本区居民的会议室租赁费也是图书馆的收入来源之一。图书馆工作人员的工资地区间差别较大，一般为60000～130000美元/年。美国图书馆大部分都设有少儿阅览室，丹佛市图书馆中的少儿图书室经过重新设计与装修，规模比较大。本地区居民可以免费申领图书卡，借书数量不限，还书期前会有邮件提醒，逾期还书收0.1美元的滞纳金。非本地居民申领图书卡要交纳少量费用。图书卡功能包括：借书、网上预订、馆内电脑免费使用和各类型会议室预订。每个图书馆都有义务免费向本地居民提供会议室服务，但需要预约；非本地居民租用会议室要支付一定费用。图书馆每周还举办幼儿故事会，开办青少年自修及作业辅导日，与学校开展联谊活动，举办读书竞赛和各类文化艺术展览等活动。

目前北美许多城市图书馆已建成卫星图书系统，借书实行“一卡通”服务，如多伦多市图书馆成立于1990年，中心图书馆加分馆共有97个，17个区级分馆，79个社区分馆，全部实行“一卡通”，从而优化服务，增加选择，减少运行成本。当地图书馆如果没有读者所需藏书，可以通过卫星图书馆调用。但是，图书馆不对外出借研究资料，只能在馆内阅读。

美国图书馆的电子阅览室人气十足，因此空间都比较大。以丹佛市图书馆为例，电子阅览室布局科学，注重拓展。出于安全性及管理的便利性考虑，电子阅览室集中在同一楼层；电脑桌以九边形排列，以便新增桌子的叠加和拓展。当考察团成员问及网络安全时，管理人员介绍网络安全是全球课题，他们的做法是全部开放。在公共空间上网的安全性主要依靠管理人员的巡查监督，还需要相互监督和自觉。

加拿大多伦多图书馆内的中国图书占外语图书资料的34%，中国图书的借阅量占外国图书流通量的56%。这说明了中国移民数量在不断增加，西方学中文的人数也在增加，图书馆为此提供了相应服务。

（二）北美文化活动中心

考察团走访了旧金山山景城老人活动中心，费城克罗克活动中心、加拿大多伦多YMCA、丹佛市艺术中心及纽约林肯艺术中心。前三个中心是公共文化服务设施，丹佛市艺术中心和纽约林肯艺术中心虽然面向市场，但在某些做法上也很具借鉴性。

1. 老人活动中心

旧金山山景城老人活动中心与上海的社区文化活动中心非常相似，由当地政府出资建设，中心只有两名政府派遣的工作人员，其余工作人员都是志愿者，志愿者不拿任何报酬。政府每年拨给中心 1 万美元的活动经费。活动中心规定 55 岁以上的老人可以进入中心活动，不需要检查证件。每天约有 500 ~ 600 人来访。中心根据周边居民的投票设置活动项目，并根据季节的变化进行调整。中心设有电脑室、放映室、活动室、乒乓室、语言学习室、健身房等，每个活动室门口都标有盲文标志。可免费使用电脑，但时间上有所控制，一般设为 45 分钟，到时自动关机。每周有三天播放电影，每天一次。新片上映过后，其 DVD 一经市场发行即可在中心放映。中心设置各类免费或收费课程，有科学和技术类的，有热门话题研讨会、法律援助课程，还有语言教学。中心还提供低价午餐，2.5 美元/份；为非营利组织提供发放免费食品的场所，拿社会保障金的家庭可每周来中心领取一次免费食品。考察团在中心访问时正值免费食品发放日，不同肤色的老人拉着小推车、提着环保袋来领取食品，食品袋中有蔬菜、面包、肉肠、罐头、黄油等。老人活动中心每年只有 1 万美元的政府拨款引起了考察团的极大兴趣，在探讨中了解到捐赠是活动中心经费的一个重要来源，每年约有 2000 人捐赠。在中心的门口贴着一棵捐赠树，以树的形式从低到高体现捐赠额度。活动中心还建有菜园，低价租给喜欢种菜种花的当地居民。活动中心周末休息，但可以出租，租金上交给当地政府。

2. 克罗克社区综合活动中心

克罗克中心创始人是麦当劳·克罗克遗孀，1998 年她向美国救世军组织捐赠了 9000 万美元在加利福尼亚州圣地亚哥建立了第一个社区综合活动中心。2003 年克罗克夫人去世，其 15 亿美元的遗产几乎悉数捐赠给救世军，她希望按照费城克罗克活动中心的模式在全国建立一系列最先进的克罗克中心。目前全美已建成并运营 11 个克罗克中心，2011 年计划再建 9 个。克罗克中心的建设宗旨是在美国的不发达或不富裕的社区建设最先进的健身娱乐和艺术表演中心。以为人们提供无限机遇，让人们体验知识、全面成长、尝试挑战、学习技能、以成功为使命，对所有人开放。

费城克罗克中心是全美最大、环境优美的综合社区活动中心，耗资 1 亿美元，占地 12.5 英亩。其中 7000 万美金是麦当劳·克罗克基金资助的，另外 3000

万美金通过社会募集而得。克罗克中心有室内标准游泳池、训练池和儿童玩水池、室内篮球（排球）场、舞蹈房、健身房、艺术表演剧院、图书馆、电子阅览室、体操房、攀岩墙、各类教室、祈祷室、家庭精神救助中心、儿童托管室等。

中心有会员4000~6000名，会员费39美元/人·月，会员可以免费使用大部分设施，一些课程要收取低廉的费用。成为会员后即可以参加项目培训，如健身培训，有专门的营养师和健身专家提供45分钟的培训。这些营养师和健身专家都是健身和营养专业的大学毕业生，另外还可以通过支付费用获取私人教练服务。

游泳池每天上午5~9点开放，每个年龄段的会员都可组建自己的游泳队，有正规的游泳比赛；孩子们过生日时也可以租用这里的party room；大人来此锻炼时，可以把小孩放在托管室，每小时交费1美元。一家石油公司为费城克罗克中心捐赠了六间电子阅览室，可免费上网，还有专人指导上网（适当收取一些费用)。救世军组织制定了安全上网的管理标准。

费城克罗克中心有140名雇员，50名是专职员工，工资都比较低，他们大多是出于慈善目的来工作的。志愿者则有数百人。中心周边有许多很好的大学，如滨夕法尼亚大学，学生们很希望来做义工，还有很多社会组织也希望来此做义工。但是中心对挑选人员非常慎重，严格把关，要确认他们的目的是为了帮助和服务别人，才予以接受。

中心将经营预算的75%作为创收指标，其70%~80%来自会员费，基本通过上课获得。中心还为低收入家庭提供助学金。我们在考察中看到美国Wells for Go银行捐赠了50万美元，它可在中心做广告宣传，也可以在中心免费举办各种会议和活动、使用其设施。

3. YMCA（基督教青年会俱乐部）

YMCA（基督教青年会俱乐部）于1844年在英国创立。当时已经实现了工业化的伦敦有大量从农村来到城市打工的青年农民需要帮助，于是，一个名叫乔治·威廉斯的商人希望通过坚定的信仰和开展社会服务活动来改善青年人的精神生活和社会文化环境。经过160余年的发展，YMCA现已蓬勃发展于世界各地，在全球124个国家拥有4500万会员，其总部设在瑞士日内瓦。青年会活动自1851年传到美国后，逐渐从单纯的宗教活动转变为号召青年职工的团体，成为

以发展“德、智、体、群”四育为宗旨的社会活动及服务机构。上海 YMCA 所属的华爱社区服务中心作为卢湾区打浦路街道社区文化活动中心的委托服务机构，在业内享有良好信誉。鉴于 YMCA 在社区公益性服务方面有丰富的经验，考察团专程访问加拿大多伦多 YMCA 总部。

多伦多市 YCMA 总部是一幢 7 层楼的建筑，2 ~ 4 层是专为新移民服务的场所。现在世界各地的 YMCA 仍然保留着为新移民服务的场所和项目，如语言测试和培训、找工作培训（如何接受面试、写简历）、为新移民介绍城市生活经验，开展法律咨询等业务。这项服务是政府通过招标来委托 YMCA 的，招标通过后签约三年，政府每年都要进行评估。

多伦多 YMCA 内有两所学校，一所是专为特殊孩子设立的从初中到高中的学校，这些孩子因为有一些病症如多动症等，在学习上有特殊的要求；另一所是烹饪学校。

YMCA 的设施建设的基本资金来自基金会和个人捐赠。虽然每个国家设置了总部，但分散在各地的 YMCA 具有高度的自治权。每个 YMCA 通过董事会运作，董事会会员每年选举一次，董事年薪在 45000 ~ 120000 美元。YMCA 的员工数根据地区、规模的不同而不同，一般拥有 40 ~ 100 名员工，志愿者有数百人。志愿者的工作时间从每年几小时到每周几小时不等。各地区会费也不相同，每月约 35 ~ 85 美元。YMCA 总收入的 35% 来自会费，55% 是从活动、课程缴费中获得，剩下的 10% 来自社会捐赠。

低收入家庭可以申请减免会费并获得各种活动、课程补贴。YMCA 的活动形式大部分为健身活动，也设置游泳、艺术与人文教育、健康知识、青少年领导能力培训、幼儿园和学龄前儿童课程或中小学生放学后的托管学习、夏令营及各种运动学习和培训。

4. 丹佛艺术中心

考察团在科罗拉多州拜访了该州政府文化署长并访问了州首府的丹佛市艺术中心。该州政府对文化投入高度重视，建立了良性的文化投入制度，成为除加州和纽约外，在全美文化活动和艺术演出最多的州。

丹佛作为该州的首府共有 200 万人口，这里的文化氛围非常浓厚。丹佛综合艺术中心是全美第二大艺术建筑群体，占地 12 英亩，通过公共集资和私人募捐建造。共拥有 9 个剧院，还有芭蕾学院、歌剧院、交响乐团。最现代化的剧院内有2634个座位，舞台在中央，是全美唯一舞台在中央的剧院，剧场顶上有105个音响，座椅背上也装有音响设备。歌剧院有座位2000个，有三层之高；Buell剧院有2800个座位，主要上演百老汇剧目；Hallen Bonfils共有4个剧院，各有150～700个座位。艺术中心内有四个演出公司，2009年6月至2010年6月共组织演出1000余场，年观摩人数为160万，共上演28个剧目。每年有15个百老汇的剧目来此演出，并在这里举行巡演首场，票价为25～150美元。

艺术中心有一个项目组，专门致力于发现并挖掘好剧本，以鼓励作者将新剧本送来排演。剧院为女作家创作的剧本提供特殊优待，给予排练机会。这些措施给无名作者或青年作家提供了展现自己的机会和舞台。

剧院运营经费的10%来自市消费税，10%是社团捐赠，80%来自票房收入和剧场出租费。在美国，非营利机构不用交税，因此票房收入也不需交税。

丹佛市政府建立了文化投入税收制度，即从每10美元销售税中拿出1美分给文化事业，并建立了文化艺术基金会，每年有4000万美元资助丹佛市非营利组织发展文化。资助的方式分为三级：一是芭蕾舞团、歌剧院、交响乐团、动物园、植物园五大机构，每个机构约获得500万美元；二是营业额超过100万美元的非营利机构如小剧院、博物馆等文化艺术机构，一般在50万～100万美元；三是个人和团队，资助经费在500～10万美元不等。通过报名、评估、评审、审计等程序进行资助。

二　北美公益文化设施考察体会

（一）公共文化服务是一个城市乃至一个国家人民生活幸福不可缺少的重要内容

在北美城市所看到的公益性文化设施，如艺术中心、图书馆、社区综合活动中心、老人活动中心等，已成为一座城市滋养人文精神和人文素养的土壤，丰富了当地居民的生活，提升了生活的幸福指数。由于公益性文化服务的价格低廉而且质量高、服务内容多元，因此深受百姓欢迎，成为百姓生活中必不可少的精神依托。

我们惊奇地发现两个制度完全不同的国家，在公共文化服务设施的建设理

念、功能布局、服务内容、服务对象、手段方法等方面都非常相似。然而，更让我们感触深切的是，中国改革开放一路走来，国家对文化民生的重视程度越来越高，特别是近十年来国家对公共文化设施的建设力度之大，在财力投放、规划布局、制度建设、服务内容等方面都花了大力气，下了大工夫，让中国的老百姓在享受富裕物质生活的同时也能充分获取精神食粮。国家的高度重视充分体现了社会主义的优越性，体现了我党的高瞻远瞩和前瞻性。相比之下，中国的公共文化服务设施覆盖面更广，更深入基层，更贴近百姓，更具有凝聚力。

（二）硬件条件差距不大，服务上要更强调以人为本

北美国家的公共文化服务由政府、企业、社会组织和个人四个方面架构而成，缺一不可，自上而下地形成了国家、州、市及社区四级网络结构。以纽约为例，其公共文化服务机构的数量与上海相差无几。据 2010 年统计，纽约公共图书馆的数量为 214 个，上海为 245 个；纽约公共博物馆是 47 个，上海是 111 个；纽约电影院数量是 145 个，上海是 64 个；纽约剧场数量仅百老汇地区就有 39 家，上海是 105 家。政府公共文化总支出方面纽约为 1.37 亿美元，占政府财政支出的 0.21%；上海是 4.04 亿美元，占政府财政支出的 0.87%。上海目前已建成社区文化活动中心 203 家，居委、村文化活动室 6000 余个，形成了较为完善的四级公共文化服务设施网络架构。上海在公共文化服务内容和方式上也在加大力度努力创新，如上海图书馆的“一卡通”覆盖全市 27 个区县图书馆、245 个街镇图书馆，方便读者异地借阅；上海社区文化指导员派送工作为广大社区文艺团队深爱；遍布所有社区文化活动中心的东方信息苑是最受居民欢迎的公共电子阅览室；等等。

对比之下，上海的公共文化服务并不逊色。然而随着了解的深入，不难发现北美的公共文化服务更注重以人为本。纽约公共图书馆持卡人数占纽约总人口的 64.7%；借阅流通量 6662.3 万册；上海公共图书馆的持卡人数占上海总人口的 4.64%，借阅流通量 1452.5 万册；纽约年举办电影节超过 45 个，上海目前只有一个电影节；纽约文化节庆一年中连续不断，上海每年举办各类文化节庆 15 个左右。美国的公共图书馆对所有人开放，不管是流浪者还是乞丐都可以进入。为了保持图书馆内空气流通，丹佛市图书馆在公共空间放置的椅子是镂空透气的。图书馆借书数量不受限制，到期还书通过电子邮件提醒。在丹佛市图书馆正门口

放着一个巨大正方形的还书箱，每个进出者都会清楚地看到它。此箱如同广告在告诉读者，在这里阅读可以为你提供最方便的服务。多伦多市图书馆作为中心图书馆辖 97 个卫星分馆，读者要借阅的书本若中心图书馆没有，可以从任何一个卫星图书馆借调。美国老人活动中心除授课收取公益性的费用外，其他服务项目都是免费的。这些服务并没有特别惊人之处，也非创意之举，却随处可见服务之用心、方法之灵活。其服务手段、模式和机制的建立，都是围绕着让更多的人享受到方便的公共文化服务的宗旨，让每一项服务都能够贴近他们的需求，所有服务的内容、项目、环境、设施都是针对如何让服务对象更加方便、更加喜欢、更加受益而设计的。

（三）社会广泛参与公共文化服务，民间承载着公共服务的社会责任

由于制度的不同，政府对北美公益性文化服务所起的作用是指定性地建设公益性文化设施，如老年活动中心；对部分公共设施给予经费保障和资助，如公共图书馆的运营经费由政府承担，对美国社区老人活动中心的运营经费政府只提供很小的额度，政府负责宣传本地区文化优势、制定税收优惠政策及对部分有较大社会意义的文化项目提供补贴。旧金山山景城老人活动中心，每年的活动经费仅为 1 万美元，其差额部分均来自社会的捐助和公益性项目收费，近 5000 平方米的建筑中仅“2 个半”政府工作人员，所有运行管理工作更多依靠志愿者的共同参与和承担。其他的美国公共文化设施也均由非营利社会组织负责建设和运行。费城克罗克社区综合活动中心由麦当劳基金会买下废旧的厂区，并由基金会支持 70% 建设经费，剩下的 30% 向社会募集。运行经费由该基金会投资收益、社会捐赠及向会员的公益性收费构成。多伦多市新移民服务中心项目，是由政府公开招标，由加拿大 YMCA 非营利性社会组织中标并完全自主运行，由社会专业化的团队有效提供多伦多新移民求学、就业、医疗、语言、生活等服务。丹佛市艺术中心由公共集资和私人募捐建造，产权归丹佛市，运行管理由四家非营利性组织负责，其运行经费由公益性票房收入、场地出租、政府税收减免等组成。北美社会力量参与公益性文化服务，在税收上可以享受优惠，在文化理念和价值观上他们主张家庭留给孩子的财富不宜太多，否则对孩子的人生发展有害而无益。因此，在税收政策和价值观的引导下，他们非常关注社会公益事业，一个家庭从对居住社区公益事业的关心，到对孩子学校倡导的公益事业的参与，对周围的公益

捐赠活动等都会有不同程度的参与。他们对自己特别有兴趣的事，会捐赠得更多一些。在西方，个人基金会数量多也与此紧密相关。

考察团在老年活动中心、克罗克社区活动中心、YMCA 了解到在那里工作的志愿者是不收取任何报酬的，而且数量超过中心的工作人员几倍甚至几十倍。进入中心工作的志愿者都经过了严格的审核，急功近利者是不受欢迎的。美国人从孩提时代起就把自愿参与公益事业作为人生的必修课程，视为光荣和责任。这也是他们求职、求学中必不可少的经历及重要的评价标准。

（四）以需求为导向、以满意为标准体现北美公益性文化服务的质量

美国的公益性文化设施给美国人的生活带来了极大的便利，价格便宜、环境舒适、服务周到且方式灵活、为市民提供的各项服务都贴近需求，使每个家庭都能找到适合自己需要的服务内容。在美国，人们是根据各自的需要、方便来选择公益性文化设施，在挑选场地上没有贫富等级观念。

在对近 10 个文化设施和机构的考察中，了解到这些设施的建成、运行都需要经过严格的前期需求调研，以确保公益性文化设施建设和服务项目设置的合理性。如：对旧金山山景城老人活动中心，市民通过投票决定活动中心的服务项目设置，根据老年人的需求及当地气候条件每季度更换服务内容。费城克罗克活动中心是一个超大型的建设项目，因此其功能布局通过一家社会机构进行前期需求调研来确定，服务项目和内容则由董事会通过意见征询和反馈来设置，以确保中心建成后吸引周边更多的人走进来。事实上，费城克罗克中心已成为当地最受欢迎的活动场所，方圆几十里的人都会驱车来此锻炼。中心的负责人告诉我们，周边的人希望建设一个户外儿童乐园及活动场地，他们已经开始在预留的空间里进行规划设计。

（五）良性机制推动社会广泛参与，保障公共文化服务设施可持续运行

在美国考察期间，所到之处均可见社会对公益性文化事业的捐赠。在活动中心可以看到捐赠树、捐赠墙，以此展示捐赠数额：多到上千万美元、少到几百甚至至 10 美元。还有捐赠的物品，如电脑、图书等。在公园绿地可以见到捐赠的公共椅子，椅子背上挂着写有捐赠者姓名或捐赠组织名称的铜牌作为纪

念。在美国捐赠是一种传统风尚，孩子从小接受家庭、学校、社会全方位的教育，特别是有宗教信仰的家庭更注重善举。美国的税收政策在推动全社会捐赠上起到了极大作用。如科罗拉多州，州政府制定法律条文，规定从每10美元销售税中提取1美分作为文化基金来扶持该州的文化事业发展。在美国，每年4月底要交税，最高要交33%的税。如果交税前对公益事业进行捐赠，就可以减少税收，对于收入高的个体或是有大量遗产的家庭来说，以捐赠的方式为社会作贡献比上缴税收更具有意义。因此，美国的家庭和个人都会根据自己的实际情况考虑如何为社会做一些力所能及的事情，既体现社会责任感，也减少了个人纳税。美国、加拿大的非营利组织负责运行管理各类公共服务设施，其公益性收费都享受免税政策。

三　北美公共文化服务建设的借鉴意义

（一）高度认识公共文化服务体系建设在“十二五”社会发展转型中的重要性

上海在“十二五”规划中提出要建设时尚魅力的国际大都市，其公共文化服务体系作为文化惠民的基础工程要在“十一五”设施网络布局基本完成的基础上，加大建设力度，使网络布局更加合理、使服务内容更加贴近百姓、受百姓欢迎。通过北美之行，我们清楚地看到无论是社会主义国家还是资本主义国家，都深刻认识到完善的公共文化服务是国家稳定的基础，是一个国家核心价值观发挥教育引导作用的阵地，更是老百姓安居乐业、获得精神寄托的乐园。当前我国人均GDP已达到4000美元，文化需求快速增长。上海的人均GDP已超过1万美元，文化需求呈井喷状，公共文化服务体系更需要加快建设步伐，加大政策研究和制度建设的力度，要敢于突破制约和阻碍公共文化服务体系建设的陈规旧章，找出解决问题的办法，把好事办得更好、实事做得更实，如此才能让老百姓真正受益、找到精神寄托的场所、提高幸福生活指数。

（二）以需求为导向，切实提升上海公共文化服务质量和水准

北美公益性文化服务从设施建设到服务内容无一不是通过前期调研、意见征

询来确定的，即便是政府建设的老人活动中心，其服务项目也不能拍脑袋自行决定，而是要通过对周边居民的需求调查，并根据季节变化来不断地变更内容，满足当地老人的需要。上海公共文化设施硬件条件足够好，迫切需要加强的是以需求为导向提升设施的服务质量和功能。如最近黄浦区为解决一些街道看电影难的问题，区委区政府及时调研，根据当地老百姓的需求，开设了社区免费放电影的项目，每周放映五天，深受老百姓的喜爱。打浦桥社区文化活动中心周边居民的文化欣赏水平比较高，管理团队根据需求开设了歌剧沙龙，也很受居民的欢迎。上海社区文化指导员派送中心根据需求派送文化指导员的服务模式及指导员的服务质量受社区赞扬。静安区图书馆考虑到白领少有时间走进图书馆，装置了一辆“流动1号图书车”，每周三天中午开进静安区三个中心广场，利用白领午餐休息时间为他们提供服务，办理图书“一卡通”，让白领们又惊又喜，非常受欢迎……诸如此类的案例各区县都有很多。树立以需求为导向的服务宗旨，建立百姓文化需求的反馈机制是“十二五”期间公共文化服务体系建设深入推进的重要内容。上海要结合全国公共文化服务体系示范区创建，在试点区率先推进市民文化需求反馈机制建设，推动全市各类公共文化服务机构根据各自的特点从服务项目到整体制度建设上进行试点，使上海的公共文化服务真正贴近百姓需求，受到百姓的欢迎。

（三）因地制宜研究制定地方性政策法规，加大力度鼓励社会力量参与

上海作为经济发达城市，应当率先尝试制定激励社会组织及个人参与公共文化服务体系建设的政策，上海政府的职能部门应学习西方国家成熟的经验和做法、试点研究并制定区域性的鼓励社会组织和个人参与公共文化事业的免税政策。如从每一笔个人消费中提取1分钱作为公共文化发展基金，或是制定一些灵活可行的政策，如消费者通过消费捐赠进行积分，达到一定点数可以享受文化消费方面的优惠服务等等，旨在让更多的人关注公共文化，将生活中一般意义的行为与社会责任结合起来，为社会多做些力所能及的奉献。还可以在大专院校建立鼓励学生参与的社区公共文化服务实践评价机制和绩效评分制度，设置在校学生参与公共文化服务的必修课，根据实践的时间、内容、成果进行绩效评分，以之作为学生毕业后择业的评价指标之一。

中国的公共文化服务需要社会的广泛关注和参与，需要更多的志愿者加入，无论是学生、退休人员还是在职人员，鼓励参与需要有良好的社会机制，要通过机制建设来推动全社会的爱心培育、增强社会责任感。作为政府职能部门的工作人员，我们从未像现在这样感到责任和压力之大。公共文化服务对当今中国社会转型发展具有极其重要的意义和必要性，因此在制度机制建设、保障措施加强、职业队伍培训、推动立法出台等方面都必须加快步伐，加大力度。

B.17

伦敦：以文化战略助推城市经济转型

任 明*

摘 要： 2004 年 4 月和 2010 年 11 月，前后两届伦敦市长肯·利文史通（Ken Livingstone）和鲍里斯·约翰逊（Boris Johnson）分别出台了“市长文化战略”（*Mayor's Cultural Strategy*），对伦敦城市文化发展的理念及战略重点进行了阐述与安排。两份“市长文化战略”在“创意产业是伦敦核心产业”的战略目标指引下，将创意产业的发展作为文化发展最明确的经济目标，并通过对城市形象推广、文化空间塑造、人才培养等方面的部署，力争为城市经济转型奠定长期的基础。

关键词： 伦敦 创意产业 市长文化战略 经济转型

2004 年 4 月和 2010 年 11 月，前后两届伦敦市长肯·利文史通（Ken Livingstone）和鲍里斯·约翰逊（Boris Johnson）分别出台了“市长文化战略”（*Mayor's Cultural Strategy*），对伦敦城市文化发展的理念及战略重点进行了阐述与安排。仔细考察这两份“市长文化战略”，会发现它们与伦敦城市经济转型有着密切的联系，不仅从文化角度强调了创意产业对引领城市活力的作用，更在“创意产业是伦敦核心产业”的战略目标指引下，将创意产业的发展作为文化发展最明确的经济目标。为了实现大力发展创意产业这一核心目标，《伦敦市长文化战略》在城市形象推广、文化空间塑造、人才培养等方面也进行了部署，力争为城市经济转型奠定长期的基础。

---

* 任明，博士，上海社会科学院文学研究所助理研究员，主要研究领域为城市文化、电影艺术。

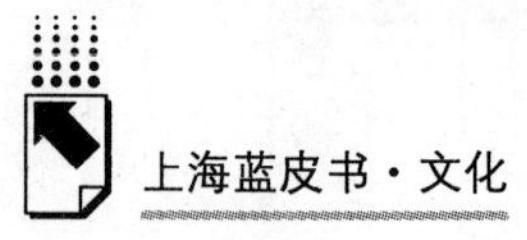

本报告将分别考察两份《伦敦市长文化战略》的主要内容及侧重点，介绍并分析其对伦敦经济转型的推动、成果及启示。

一 《2004伦敦市长文化战略》及其对伦敦经济转型的推动

2004年4月，时任伦敦市长的肯·利文史通（Ken Livingstone）发布了伦敦历史上第一个市长文化战略——《伦敦：文化资本——实现世界级城市的潜能》（*London*：*Cultural Capital-Realising the Potential of a World-class City*），计划以10年为期，将伦敦发展成为具有文化杰出性及创造性的中心。领导该战略起草工作的伦敦文化战略小组（London Cultural Strategy Group）主席詹尼特·阿诺德（Jennette Arnold）在“前言”中表示：“创意产业已被确定为伦敦的核心产业。为了伦敦的繁荣发展，需要树立一个强有力的文化身份及方向感，这就是起草文化战略的原因。”2004年发布的《伦敦市长文化战略》，是第一个通过战略合作方式，探讨包括艺术、体育、历史遗产及创意产业等在内的文化问题的战略性文本，对伦敦的战略转型——尤其是创意产业的发展——起着重要的推动作用。

（一）《2004伦敦市长文化战略》的主要内容

1. 出台背景

“全球化正在重新调整伦敦经济活动的中心。国际投资与财富在伦敦的扩张及其附属行为——法律服务、金融分析等，要求伦敦提供一种全新的人力资源。”① 从1973年到2001年，伦敦金融及商业服务领域的工作岗位增长了64.3万个，与之相对应的，是传统制造业及码头工人等岗位的显著流失。

与传统制造业岗位流失相对应，1973～2001年间，“以个人为中心”的服务业，尤其是娱乐、休闲及创意产业，为伦敦提供了18万个工作岗位。与金融及商业服务领域不同的是，创意产业对打造新的“伦敦制造”作出很大贡献。大伦敦政府认为，在新一轮以“知识”为基础的经济中，伦敦具有很大优势去扮演一个重要角色。目前金融业及创意产业分别是伦敦第一、第二大产业。

① *London*：*Cultural Capital-Realising the Potential of a World-class City*, 2004, p. 35.

除了产业转型的要求，伦敦本身所具有的三大特点也是起草该战略的重要背景：①伦敦是英国文化及创意活动的中心。伦敦吸引了英国超过一半的海外游客。②伦敦是世界上文化最具有多样性的城市之一。多种文化的混合是伦敦在创意领域成功的重要因素。③伦敦城市人口到2016年将有显著增长，预计将达到810万（2004年为730万），城市文化设施需要获得更多资源、进一步改善并实现可持续发展，才能满足城市人口增长的需要。

2. 四大主要目标及战略内容

《2004伦敦市长文化战略》为城市文化发展确立了四大目标：杰出性、创造性、参与性及效益性。

（1）杰出性（Excellence）：强化伦敦世界级文化都市的地位

·伦敦需要确保其文化机构和文化活动具有世界级的高品质。国际大型活动可以带来正面宣传、团结市民、形成共同关注与文化氛围等好处，能对伦敦经济起促进作用。

·提高基础设施扶持水平对实现伦敦多样化的创意潜能很有必要。“多样性”是伦敦在创意产业中具有竞争优势的关键条件。

·伦敦需要发展自己的城市品牌，提升其世界文化城市及旅游目的地的形象。“夜间经济”（Late Night Economy）对伦敦创意经济发展及提升其“激动人心的活力城市”的声誉有很大帮助，但其不利的方面也需要消解。旅游业所带来的好处需要扩展到各自治镇。

（2）创造性（Creativity）：大力弘扬造就伦敦辉煌的中心力量——创造性

·应该认识到创造性是造就伦敦辉煌及促进经济发展的重要因素。伦敦创意产业的人才储备吸引了很多国际投资。在这一以自我雇佣及小型企业为主导的领域中，需要建立对小型企业及人才培养的扶持体系。

·教育及“终身学习”体系必须在培养创造力及提供就业渠道等方面担当起重要角色。不同层次的文化教育项目都应该得到扶持，以确保新的人才能够进入创意产业。

（3）参与性（Access）：确保全体伦敦人都拥有参与城市文化活动的权利

·参与文化活动的权利应该是全体伦敦人的权利。

·文化应该被看做是赋予伦敦各种族、社群更大力量的一种方式。不同社群都应该有表达自己的空间。文化可以使人们聚在一起，分享共同遗产，在彼此间产生理解、欣赏及尊重，帮助社群增强力量并建立起对话。

·高质量的文化供给应该在伦敦不同层面广泛分布。在非中心的几个地区间建立大型的剧院、博物馆及艺术中心，以满足周边自治镇的需要。

·在伦敦的发展与复兴项目中，文化活动应该受到鼓励。

·应该全面认识文化的价值及伦敦公共空间的潜能。“为伦敦人打造空间”（Making Spaces for Londoners）项目将为伦敦打造100个公共空间。

（4）效益性（Value）：确保伦敦文化资源产生最大价值

·伦敦文化领域应该获得与其人口规模、经济发展及空间需求相对称的资源。文化领域的就业人口对伦敦的成功非常关键，需要有相应的资源为其服务。

·伦敦的文化部门与资金应该为全体伦敦人提供最好的服务。伦敦文化领域需要有一个统一的发声渠道，为此目的而成立的伦敦文化战略小组，将确保资金发放的公正性，并协助市长实现城市发展的整体目标①。

（二）《2004伦敦市长文化战略》对伦敦经济转型的推动

《2004伦敦市长文化战略》第一次为伦敦文化发展提供了整体理念和目标，为文化领域的规模、特征提供了基本数据。通过对公共与私人领域的可观投入，文化发展得到了政策制定者们前所未有的重视，取得了很多进展，尤其是启动了一系列大型活动，使伦敦的公共生活活跃起来。尤为重要的是，该战略从创意产业、旅游业及文化空间布局的角度，为伦敦经济转型及城市繁荣奠定了基础。

1. 推动伦敦创意产业发展

《2004伦敦市长文化战略》指出，伦敦经济正在转向以服务的生产与消费为主。新的产业体系不是建立在制造业而是建立在智力内容上。通过创意产业集群及一些重大文化机构的再发展，文化及创意在地区复兴、提供就业及发展地区经济等方面都是重要的驱动力。

利文史通市长通过“创意伦敦”（Creative London）项目，集中在以下四个方面推动伦敦创意产业的发展：

---

① 市长对伦敦的整体目标是：“将伦敦发展成具有典范意义的、可持续发展的世界级城市”，一个“繁荣之城、公平之城、人民之城、绿色之城、开放便捷之城”。——London：Cultural Capital-Realising the Potential of a World-class City，2004。

（1）人才（talent）。发现人才并为其提供在创意产业获得成功所需要的技能及网络，为崭露头角的创意人才提供新的学习机会、培训及发展的渠道。

（2）创业（enterprise）。通过全面投资扶持创意产业的成长，同时也为市场上无法解决其发展问题的个别部门提供有针对性的扶持，使其能实现潜能。“创意伦敦”为小型企业提供种子基金、投资扶持及知识产权建议，使创业者及实践者可以管理并利用自身的知识产权增值。

（3）物业（property）。确保创意产业在任何发展阶段都能得到合适的、负担得起的工作空间。创意经济在科技、规模经济、协作及网络等方面的互相依赖，意味着它们倾向于在特定区域内集聚发展。其中一些是出于历史性的原因，譬如布鲁姆斯伯里（Bloomsbury）的出版业及克拉肯威尔（Clerkenwell）的手工业，也有一些是因为当地有便宜的工作空间，譬如画廊与艺术家工作室在哈克尼（Hackney）的增长。

（4）展示（showcasing）。加大对创意领域的宣传力度，展示其对伦敦及其经济增长的意义与重要性。

利文史通市长以将伦敦发展成为高工资、高技能的经济体为目标，创意产业作为新的、以知识与天赋为基础的经济形式，对实现伦敦经济转型及总体发展目标，具有至关重要的作用。创造性越来越被各领域的商业部门视为一种重要能力。创意产业是英国经济中增长最快的部门，也是大伦敦政府发展的重要领域之一。最大化地实现伦敦的创意潜能，确保伦敦居民在新的增长领域拥有合适的技能，保障就业，是利文史通市长为推动创意产业发展而设立的长期目标。

2. 推动伦敦旅游业发展

“文化”对伦敦旅游业发展所具有的重要性并不令人吃惊。“文化旅游”（为参加某项文化活动而进行的旅游）占全世界旅游行为的37%，并正以每年15%的速度增长①。“文化”对那些更追求轻松自在的游客来说，也并非全然没有关系，2/3的并非以“文化假期”为目标的度假者仍然会将参观博物馆或是其他文化场所当做假期活动的一部分。伦敦文化活动的丰富性吸引着旅游者：一次对伦敦的访问可以包括艺术、古迹、博物馆及体育赛事等各项内容。《2004伦敦市长文化战略》中的数据显示，旅游业占伦敦GDP的10%，旅游业从业人数占

① S. Briggs, *Cultural Tourism*, British Tourist Authority, 2001.

伦敦就业总数的13%。

利文史通领导下的大伦敦政府对伦敦旅游业进行了一次审核，并出台了《伦敦观光：市长对伦敦旅游业的规划》（*Visit London: the Mayor's Plan for Tourism in London*）。规划指出，伦敦国内游客市场与英国一些地区及其自身的国际游客市场相比较为逊色。为避免受不稳定的国际市场的影响，伦敦必须提高自身对国内游客的吸引力。平衡国内及国际游客市场是伦敦市长旅游发展计划的一个长期战略目标。

"伦敦观光"（Visit London）提出通过以下三种途径推进伦敦旅游业的发展：①根据伦敦居民及游客不断变化的需要，对夜晚娱乐活动进行灵活高效的管理。②对旅游产业进行战略性的领导与引导，将公共与私人部门联合在一起，争取实现伦敦旅游业经济效益的最大化。③在国际范围内推广伦敦的文化。

3. 加强文化空间布局

《2004伦敦市长文化战略》指出，一些国家级文化机构聚集的市中心地区，包括温布利体育馆（Wembley）、格林威治河岸区[①]（Greenwich Riverside）、南肯辛顿博物馆综合区[②]（the South Kensington Museum Complex）、巴比肯中心[③]（the Barbican）、南岸[④]（the South Bank）、西区[⑤]（West End）、索霍区[⑥]（Soho）、柯芬园[⑦]（Covent Garden）等，既是重要的旅游目的地，也是战略文化中心，应该得到保护和完善。战略还提出下列改造建设构想：南岸中心（the South Bank

---

① 格林威治河岸区有建于17世纪的"女王宫"及18时期早期的水手医院（现属于格林威治大学），拥有伦敦最美的河岸景致。

② 南肯辛顿博物馆综合区包括维多利亚与阿尔伯特博物馆、科学博物馆、自然历史博物馆等重要文化机构。

③ 巴比肯中心是伦敦三大音乐表演场所之一，也是欧洲最大的艺术、娱乐与会议中心。1982年该中心开放时，伊丽莎白女王曾赞誉其为"现代世界的奇迹"。

④ 南岸包括电影博物馆、设计博物馆、伦敦水族馆、泰特现代艺术博物馆、国立电影院、皇家国立剧院、皇家节庆厅、莎士比亚环球剧院等著名文化场所。

⑤ 西区道路两边是剧院的沙夫茨伯里大道（Shaftesbury Avenue）及特罗卡罗德（Trocadero）娱乐中心，是伦敦商业剧院的聚集地。

⑥ 著名的特拉法加广场、皮卡迪利广场、莱斯特广场环绕索霍区南端，是伦敦商业性娱乐中心，法国、意大利及中餐馆聚集于此，有著名的唐人街，也有国家美术馆、国家肖像美术馆、圣马丁教堂等历史文化场所。

⑦ 有著名的柯芬园批发市场、皇家歌剧院、伦敦交通博物馆等。

Centre）现有的物理状态不符合它作为世界上最大的艺术中心之一的地位；国立电影院（The National Film Theatre）要进行重建及扩张；对西区剧院的改造进行投资，使这些拥有100多年历史的古老剧院达到现代水准；将水晶宫（Crystal Palace）打造成体育运动场所等。

为解决伦敦当时没有一个国家级体育馆的问题，大伦敦政府2004年1月公布了“温布利发展计划”（Wembley Development Plan），市长利文史通想要通过打造温布利体育馆实现以下目标：

①确保伦敦拥有一个高品质的国家级体育馆，可以举行重大世界级活动如世界杯或欧锦赛等。

②确保伦敦的文化设施与其世界级都市的地位相匹配。

③复兴温布利地区，该区（原来）是全英最贫穷的地区之一。确保自治镇布伦特（Brent Borough）的居民通过这样一个重大文化设施能够分享地区复兴的好处。

④通过打造新的工作岗位及提供其他发展机遇，振兴伦敦西北部的经济。

⑤确保提供充足的交通设施，最大限度地利用公共交通系统。

⑥确保伦敦从这样一个国家级体育馆的联动效应中获益，譬如宾馆住宿、餐饮业及其他服务等。

为将温布利打造成一个全国及世界级的体育运动、娱乐及商业场所，有关部门与企业投入7000万英镑将温布利体育馆附近的公路、铁路、人行道等进行了更新。新的温布利体育馆于2007年落成并投入使用。

虽然文化经济的增长主要体现在伦敦北部及西部的中心区，但其他区域也有一些小型的聚集区出现，并同样具有可以发展成文化聚集区的巨大潜能。《2004伦敦市长文化战略》指出，伦敦东区已经存在一个小型创意企业的网络，对其需要加以扶持和鼓励发展，并预计如果伦敦申办2012年奥运会成功，伦敦东部地区将会成为发展的焦点，而这在今天已经渐渐成为现实。

伦敦在过去30年形成的诸多文化区面临的主要挑战之一是所谓“高档化”的过程。衰落地区为艺术家及小型文化机构、公司提供了便宜的物业，然而，当新的活力进入这些区域、使其变得“时髦”以后，吸引了更大型的、资本雄厚的商业机构及居民，导致该地区的租金上涨；结果，艺术家及当地居民被迫搬出该区域。《2004伦敦市长文化战略》指出，文化区的发展需要保持平衡，以确保其对当地经济的贡献不会导致对原有居民的挤压，并提出可以通过下列手段为文化及艺术工作者提供可持续发展的物业：

①指定文化发展的区域。

②鼓励将生活与工作合二为一的开发方案。

③对新的发展计划提出限制，要求开发商为可能受该计划影响的创意产业从业者提供帮助，譬如为其提供别的可自愿选择的、价格负担得起的工作场所。

二 《2010伦敦市长文化战略》及其对伦敦经济转型的推动

（一）《2010伦敦市长文化战略》的主要内容

1. 出台背景

2008年，击败肯·利文史通当选伦敦市长的鲍里斯·约翰逊（Boris Johnson）成立新的伦敦文化战略小组（London Cultural Strategy Group），着手起草新的市长文化战略，并于2010年11月正式发布。自2004年第一个“市长文化战略”出台以来，伦敦经历了下列变化：2005年，伦敦赢得2012奥运会和残奥会的主办权；同年，伦敦经历了7月7日地铁爆炸案的悲剧；2008年5月，新当选的市长鲍里斯·约翰逊上任；2009～2010年，英国陷入了自20世纪20年代以来最严重的经济低迷；2010年5月，英国新政府经选举产生，新政府决定削减一部分文化预算……2010年出台的《伦敦市长文化战略》阐释了在经济不景气的背景下坚持文化投入的理由、文化在伦敦城市发展中的重要地位、当前亟待解决的现实问题。在经济不稳定、政治版图迅速改变的背景下强调对文化的支持与投入，再一次凸显了文化对伦敦经济发展的重要意义。

文化环境是伦敦在国际大都市竞争中的一个重要优势，这一点伦敦人自己也已认识到。大伦敦政府的一项调查显示，87%的被调查者同意伦敦的文化景观对确保其经济繁荣非常重要。2005年伦敦金融城对全球中心竞争力的研究显示，是否拥有高技能的员工是决定城市竞争力的最重要的因素，而对这样的员工来说，城市文化生活很大程度上决定了该城市的吸引力。强调文化财富是伦敦最重要的资产，是《2010伦敦市长文化战略》的一个主要出发点。

2. 六大内容

①保持伦敦作为世界文化之都的地位（Maintaining London's position as a world city for culture）。伦敦是众所周知的文化艺术及创意产业中心，这些领域对伦敦经济发展至关重要，不仅为伦敦创造了大量的就业岗位、180 亿英镑的产值，在促进观光经济及确保伦敦作为全球创意与商业之都方面，也起到重要作用。保持这一地位需要持续的投资与扶持，然而，最近的经济不景气已对该领域造成了影响，除了私人赞助与捐赠减少，该领域也将面临着接下来几年公共投入的减少。

②扩展民众与优秀作品的接触（widening the reach to excellence）。城市居民可以参与的文化活动与其生活质量紧密相关。伦敦各区的文化供给差别很大，尤其是外围地区，面临着资源与知名度的双重考验。约翰逊市长支持地区拨款机构加强与伦敦外围文化部门的联系，也积极通过其他方式来提高伦敦文化艺术活动的开放度与参与度。

③教育、技能与职业（education，skills and careers）。伦敦文化领域未来的竞争力取决于其从业人员的才能与技巧。市长支持伦敦的大学为文化领域提供创新思维及技能培训，也鼓励它们开放自己的知识与专长、与更大范围内的居民与社群建立联系，鼓励在文化机构和商业团体间发展合作关系。

④基建、环境与公共空间（infrastructure，environment and the public realm）。城市景观包括城市的历史与传统。需要付出持续不断的努力来保护伦敦的人文景观，包括伦敦街区的风格与特征——是它们呈现了伦敦的独特性。要采取更多措施来加强公众对伦敦历史的接触与理解。通过公共艺术、大型活动及节日让伦敦的城市空间焕发生机。

⑤ 2012 年的伦敦与文化（Culture and London in 2012）①。2012 年伦敦奥林匹克运动会将为伦敦的多彩文化与国际主义提供一个独一无二的宣传与庆祝的机会。除了已经进行四年的"文化奥林匹克"项目外，大伦敦政府还将通过节日、产品、展览及各种形式的文化活动赋予伦敦的公共空间以活力，保证参与"文化奥林匹克"活动的人群最大化，并提供高质量的培训机会、商业支持及志愿者服务项目，确保奥运会为伦敦东区留下可持续发展的公共空间、经济及文化

① 2012 年奥运会将在伦敦举行，因此围绕奥运会的文化活动及文化发展战略被单独列出。

遗产。

⑥文化战略的实施（Delivering the Cultural Strategy）。不像伦敦交通署与伦敦发展署，大伦敦政府没有一个主管文化的部门来确保文化战略的实施，其自身也不是伦敦文化领域的一个直接拨款者。大伦敦政府及市长的职责是与文化领域的机构合作，确定优先目标，提供领导权，确保长期的改进。为保证市长文化战略的统筹发展与实现，伦敦文化战略小组需要伦敦委员会、2012 年伦敦文化奥林匹克委员会等组织协同合作。

从上述内容可以看出，保持伦敦文化环境的杰出性、确保市民对城市文化活动的参与，是两份市长文化战略共同关注的内容，二者共同认同的是，具有民众向心性的文化环境是增强城市活力的基础。

（二）《2010 伦敦市长文化战略》进一步推动伦敦经济转型

《2010 伦敦市长文化战略》基本上是以伦敦文化领域所面临的现实问题及市长为解决这些问题所能起到的作用为出发点的，推动创意产业发展、重视人才培养、提供服务、鼓励创业、通过文化艺术活动来推广城市品牌等都是这一任市长关注的中心。

1. 推动创意合作关系

伦敦创意产业为英国经济创造了可观的财富。《伦敦创意生产力》（2010 年 2 月）的最新统计结果表明，截至 2007 年，伦敦创意产业雇佣 38.6 万人，并且有 41.1 万人在创意产业以外从事创意工作，创意劳动力的总数为 79.7 万人；伦敦创意产业的总附加值是 185 亿英镑①。

伦敦文化与创意领域的发展重点是数字技术与创新。数字技术极大改变了创意产品及服务生产、供给与消费的方式，这在音乐领域中表现得最为明显，它同时也正在改变电影、电视及出版业。在伦敦举行的“交叉实验室”（Crossover

---

① Working Paper：London's Creative Workforce（2010 update）指出，在英国文化、媒体体育部界定的 9 种创意产业——广告、建筑、艺术与古玩、时装、电影与录像、娱乐软件、音乐视觉与表演艺术、出版、广播电视——中，创意劳动力岗位可分为两类：创意产业职位（38.6 万人）与创意职位（共 59.9 万人，其中有 41.1 万人从事创意工作但并不属于商业性的创意人员）。http：//www.london.gov.uk/who-runs-london/mayor/publications/business-and-economy/londons-creative-workforce－2010－update，2011 年 3 月 11 日。

Labs）项目，是一个对数字媒体的内容及服务进行创意探索的国际性工作室。该工作室通过将影视制作、动画、电子游戏、戏剧、网页设计和新媒体等不同领域的专家聚到一起，建立不同类型的跨界合作，为新媒体设计样本并进行实验。工作室通常为期5天，除专家指导团队外，成员最多不超过25名。跨界组成的团队在最后一天向由制作人、出版商、广告公司、公共及私人投资机构组成的评审团展示自己的项目，从而获得投资机会或有价值的反馈。

由于数字与科技创新越来越取决于一种新的、联合的处理方式，近年来伦敦成立了很多将技术人才、创意人才、创业者及投资者聚集到一起的合作组织与平台①。大伦敦政府视这些组织为伦敦文化部门的一个重要组成部分，它们不仅仅是展开社交活动的场所，也是创意部门进行创新、发展合作伙伴关系、保持竞争力优势的关键组织。

2. 重视人才技能培养

从后期影视制作工业中的最新编辑软件，到保护中世纪手稿所需要的传统技术，这些都是具有很强操作性与专业性的技能。《2010伦敦市长文化战略》指出，伦敦文化与创意产业的竞争力取决于其人力资源的创造力、对科技与高端技能的掌握。研究显示，71%的伦敦创意媒体领域的员工具有本科文凭，相比之下，伦敦全部劳动人口仅有35%具有本科文凭。英国每年的本科毕业生中有11%来自艺术或设计专业，总数达2.5万人，他们都希望能在伦敦找到一份与创意有关的工作。面对这种人才超额供给的局面，如何为毕业生提供适当的、及时的、针对就业市场的信息与建议至关重要。《2010伦敦市长文化战略》认为，需要将这些刚毕业的年轻人引向被雇主认可的教育及培训中心，增加他们进入该领域的机会。

为解决文化创意领域普遍存在的“没有经验等于找不到工作”这一难题——73%的英国创意产业的雇主认为刚毕业的学生缺少适当的技能与才干——伦敦创意与文化技巧委员会（Creative and Cultural Skills）联合文化创意产业的雇主，于2008年9月推出“创意学徒”项目（Creative Apprenticeships），为想要进入该领域

---

① 其中既包括比较不正式的网络如Tuttle、Chinwag、NMK，它们在网络与现实生活中都表现活跃；也有成员俱乐部性质的如The Hospital、The Hub，还包括原来就有的、行业协会性质的机构如Royal Society of Arts（RSA）、British Library and the Institute of Contemporary Arts（ICA），它们都利用技术合作领域的专业互动，成功开辟了新的空间及技术服务项目。

的年轻人提供受业界认可的初级岗位培训机会。培训由在岗的实际工作培训与脱岗的理论培训两部分组成。雇主为学徒提供工作岗位，政府及相关机构出资，付给学徒工资。学徒可以学习与实际工作相关的知识与技巧并获得证书。该项目得到了文化创意领域雇主的支持。英国博物图书档案馆委员会（MLA）承诺将在两年内为博物馆领域的50个学徒职位提供资助。

文化领域的实习制度也很重要。实习制度可以提供一个与实际工作相接触、进而决定自己是否真的要从事这一行业的机会。然而，文化行业的实习机会普遍存在着不公开、不正式、将实习生当做廉价劳动力而非人才培养的弊端。为此，大伦敦政府正在联合相关部门出台有关实习制度的准则，使实习机会能够更加公开、透明，实习的内容与质量也能得到提升。

3. 提供服务、鼓励创业

为伦敦创意产业培养人才的大学，如今也成为鼓励创业的推手。伦敦40多家教学机构本身构成了一个特殊的经济体，拥有40多万名学生、近10万名教职员工及超过100亿英镑的产值。在教学与研究之外，它们也扶持创业活动，帮助培养与孵化新一代的创意产业，其中比较典型的有伦敦城市大学为家具生产商所提供的设计服务支持、格林威治雷文斯本设计与传播学院的电视制作与孵化空间、中央圣马丁艺术与设计学院的创新中心、玛丽王后学院的数字音乐中心等。时尚创业中心（Centre for Fashion Enterprise）位于著名的伦敦时装学院校园内，由大伦敦政府拨款成立，目标是培养有创意的年轻人、设计人才，将他们的想法变成高成长性的公司。该中心向全社会开放，通过对设计师作品及商业目标进行筛选，决定扶持对象。中心为扶持对象提供配套的设备、商业建议、营销支持及与时尚界的专家、大腕接触的机会，目前已取得显著成果，极大解决了人才在“伦敦培养”却在纽约、米兰等城市“成名”这样曾经长期存在的问题，打造了一个与时尚工业紧密结合的高度专业化的培养体系。

大伦敦政府本身也努力为企业提供高质量、便捷的服务。“商业连线”（Business Link）是其为中小企业经营者及创业者提供服务的平台，提供免费的实践指南，介绍更加专业化的服务。Own - It（创意产业中的知识产权服务）、Film Passport Programme（电影国际发行培训）等都为创意产业的客户提供了量身定制的、专业性的服务。

4. 通过文化与艺术活动推广城市品牌

伦敦政府部门认为，艺术和艺术家将在一些地方创造视觉奇观与长久的价值。最新的例子就是2012年将耸立在奥林匹克公园里的大型钢铁雕塑“安赛乐米塔尔轨道”（Arcelor Mittal Orbit），该雕塑高达115米，建成以后将是英国最大的雕塑作品，比美国的自由女神像还要高。塔内设有超高速电梯，每小时可运送700人至观景台，俯瞰伦敦全景。这一看起来扭曲、分裂、具有破坏性的红色铁塔，与2012年伦敦奥运会的徽标一样惹人争议，但包括市长鲍里斯·约翰逊在内的支持者认为它将为伦敦提供绝无仅有的视觉效果。另一个例子是开始于20世纪90年代的特拉法加广场的“第四基座”公共艺术计划①，通过在“第四基座”上展示当代艺术家的作品，“第四基座”已经成为世界名胜，每年为伦敦吸引了大量游客，入选作品也成为艺术界关注的焦点。

自1863年伦敦地铁建成通车的1个多世纪以来，顶级艺术家、设计师和建筑师纷纷被委托为伦敦地铁设计车站标志、海报及艺术作品。伦敦交通署正在进行的“地铁中的艺术”项目，继承这一传统，在“地铁”及“人群”这一独一无二的背景中，展示当代艺术作品，极大体现了伦敦作为文化都市的多样性及先锋性。

为了更好地推广伦敦作为文化大都市的吸引力，伦敦市长成立了由他亲自带头的“伦敦推广委员会”（Promote London Council），由商业领袖及中介机构的资深代表组成，寻找联合、高效的海外推广活动。这种对城市的推广不仅与旅游业的发展有关，也体现了伦敦如何能在更广维度上为自己定位，塑造一种具有涵盖性的品牌及一种可以吸引并提供给投资者、商业组织、旅游者及学生的特殊品质。《2010伦敦市长文化战略》提出要积极利用世博会、伦敦时装周、伦敦建筑节、伦敦设计节等重大国际活动展示伦敦城市品牌。

---

① 伦敦著名景点特拉法加广场（Trafalgar Square）上有四个基座，其中三个耸立着历史名人的雕像，只有广场西北角的第四个基座一直空着。20世纪90年代末，英国皇家艺术学会决定向艺术家征集作品，以轮换方式摆在这个基座上，后来伦敦市长专门成立了“第四基座（Fourth Plinth）委员会”，负责筛选作品。将入选作品向公众展示，经过公众讨论与评价后，由市长宣布评选结果。目前“第四基座”上展示的是由艺术家Yinka shonibare创作的“纳尔逊之船”——一只放在巨大玻璃瓶里的正在航行的船。

三　伦敦城市经济转型的成果及启示

（一）伦敦成为发展创意产业的首选之地

2010 年 11 月，Think London 作为伦敦的海外投资中介及推广机构，推出《伦敦创意产业：您事业进一步发展的必要步骤》（*London*：*Creative Industries*，*the Essential Next Step for Your Business*）宣传手册，列出 8 项客户应该在伦敦发展创意产业的理由，展示了伦敦在创意产业发展上已然形成的优势。

1. 人才及文化多样性

伦敦拥有世界上最好的大学、最好的艺术教育；伦敦居民说 300 多种语言，来自 200 多个不同国家，40% 的劳动者来自海外。

2. 丰富的消费者基础

伦敦及其邻近地区是欧盟最大的都市区，拥有近 1200 万名消费者。到 2025 年，伦敦将是世界上第四富裕的城市。伦敦也是欧盟 27 个国家的门户。欧盟是世界上最大的单一市场，拥有 5 亿人口。

3. 对知识产权的保护

伦敦是全世界保护知识产权的最佳地点——Taylor Wessing 2009 全球知识产权保护排名中，英国排名第一。伦敦是引领全世界法律服务的中心，全球律师事务所 100 强中，排名前三名的总部都在伦敦。英国政府出台的《2010 数字经济法案》（*The 2010 Digital Economy Act*）在欧洲是独一无二的，它澄清并加强了与侵犯版权、互联网域名登记、数字电视与广播服务等有关的法律。

4. 奥林匹克机遇

伦敦将举办全世界第一个“数字奥运会”，为新媒体发展、手机游戏、社会网络服务、广告公司等提供了独一无二的机遇。

5. 丰富的灵感

从丰富的博物馆、美术馆、剧院到尖端艺术、建筑、夜生活及艺术节，伦敦拥有地球上最具启发性的环境，是新想法的孕育地。

6. 商业友好型的税收、交通、用工环境及法律

英国在商业上的限制较少，在伦敦经商比在欧洲其他城市都要容易。在互动媒体领域，自由职业者及合同承包者占据了人力资源的20%，为企业提供了扩大及缩减规模的自由。到2014年，英国的公司税将从28%降到24%，是G20集团中居倒数第五的低税率。伦敦是欧洲交通最便利的城市，有五个国际机场，直飞300多个国际城市。

7. 提供急需的资本与资金

在伦敦经商可在最需要的时候获得关键性资金。伦敦是世界领先的金融中心，并为与电影有关的商业活动提供重大减税优惠。

8. 先进的数字设施

伦敦宽带覆盖率达到100%，同时具有世界领先的无线、数字网络及数字存储服务，方便开展以数字网络为基础的服务。2012年，伦敦中心wifi的覆盖率将达到100%。

“很少有城市能够像伦敦这样，能够快速提供将想法变成利润所需要的人才、跨界合作、全球触角及金融服务。”Think London这句带有推广意味的评价并不是空言。伦敦拥有全世界最有天才的设计师、广告人、电影制作专家、游戏软件开发者、动画人才、艺术家、音乐家及作家。伦敦创意产业中尤其出众的是它的数字广告、电子游戏、影视广播及产品设计。2/3的国际广告公司将它们的欧洲总部设在伦敦。

《金融时报》的调查显示①，2003年以来，伦敦的新兴创意产业所吸引的外国直接投资至少是其他欧洲城市的两倍；2003～2010年间，伦敦吸引了200多项新兴创意产业的海外直接投资（位于第二位的是巴黎，吸引了100项，随后是纽约、洛杉矶、柏林、汉堡）。在欧洲城市中，伦敦在以下五个方面被评为第一：①市场进入渠道；②有资质的员工供给数量；③交通便利；④电信沟通手段；⑤所使用的语言。② 可见，伦敦在全球化背景下所拥有的城市竞争力已不容小觑，其中，其历任市长在文化建设及经济转型上的高瞻远瞩、对人才储备及城市文化氛围的重视无疑也起到了不可忽视的作用。

---

① FDI Intelligence from The Financial Times Ltd, 2010.

② Cushman & Wakefield, European Cities Monitor, 2009.

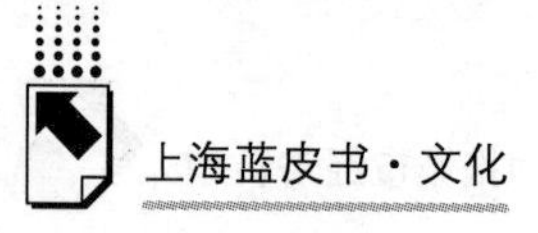

（二）启示

1. 长期目标与现实举措并重

社区发展与复兴、文化空间营造、人才培养、公共素质提高，这些都需要长期的重视与投入，也是一座城市长远发展的驱动力与条件。然而，长期目标要与现实举措相结合才能确保一座城市的活力与吸引力。从两任市长的文化战略中可以看出，伦敦城市文化发展既有长期规划目标，也有短期的、可以体现伦敦城市精神面貌与活力的具体活动，譬如“文化奥林匹克”项目及各种艺术节、对伦敦文化形象进行因地制宜的推广、对志愿者的培训等。

另外，有的文化机构与活动可以产生立竿见影的经济与社会效益，有的则不能。大伦敦政府意识到，接受公共拨款的文化部门对确保创意产业的成功具有重要作用，要保持投入才能确保伦敦文化资源的领先性。2009 年，伦敦西区的商业戏剧中有 41% 是从接受政府扶持开始起步的。公共拨款的文化部门具有长期的社会与经济效益，它提供了信任、开放及互相包容的气氛，创意因此能在其中开花结果。

2. 重视调研与引导

大伦敦政府非常重视调查研究的作用，推出了一系列研究计划，如对西区剧院的经济效应、电影的经济效应，艺术家的经济效应等进行研究。为促进伦敦各少数族群的经济增长及在文化领域的就业，大伦敦政府还安排对多样性项目进行总结，目前已完成了对“亚裔领导的创意产业发展”的研究报告。伦敦国家级艺术与遗产机构容易获得商业赞助及慈善捐赠，地方级文化机构却很难吸引到此类赞助，为推动各自治镇政府对文化机构进行投入，伦敦委员会出台了政策性文件——《他们的角色：文化体育活动对首都生活的贡献》，为地方政府指出文化与体育领域通用的原则及不同的侧重点。

3. 文化发展与其他领域的发展相结合

一些涉及文化发展的问题经常与经济问题、环境问题、交通问题甚至安全问题相关联，譬如经济不景气对伦敦文化领域获得个人及企业赞助的影响、公共空间的生态保护与美化、参观中心区文化设施所面临的交通拥堵、缺少停车空间等问题及夜间娱乐活动可能碰到的交通问题、安全问题……大伦敦政府对这些问题采取全盘考虑、统筹解决的方式，就相关问题在不同部门间搭建合作解

决问题的平台。

4. 成立专家团队提供决策咨询并实行专业管理

为确保城市文化发展的战略统一与有效实施，大伦敦政府成立“伦敦文化战略小组”来负责市长文化战略的起草与实施，它在城市文化发展中起领导与协调的作用。同样的，为统一领导伦敦城市品牌的推广，成立“伦敦推广委员会”，由商业领袖及中介机构的资深代表组成，寻找联合、高效的海外推广活动。大伦敦政府还成立了“伦敦大型活动小组”（The Events for London team），帮助各自治镇、各社团完善活动的策划、组织及推广过程。这种成立专家团队负责专门问题的做法，可以对相关问题进行专业管理，也可以对外发出统一声音，确保组织的协调性与有效性。

5. 重视建设城市品牌

《2004 伦敦市长文化战略》已提出：伦敦需要实施自己的品牌战略，推广其作为世界文化之都及旅游目的地的形象，并指出举办大型国际性活动可以产生诸多好处：国际媒体对伦敦的正面宣传、在伦敦市民及不同社群中产生向心力、刺激经济发展等。尤为值得注意的是，不管是 2012 年伦敦奥运会会徽，还是即将耸立在奥林匹克公园里的大型钢铁雕塑“安赛乐米塔尔轨道”（Arcelor Mittal Orbit），都在设计界及民众间激起激烈讨论及截然相反的意见。大胆的设计为伦敦打造了现代、前卫、奔放的新形象。与伦敦的音乐、时尚及电影产业一样，这些设计活动都是对伦敦文化品格与文化形象的最新阐释，其释放出来的是“伦敦”作为城市品牌与文化品牌的吸引力与活力。

B.18

21世纪日本文化产业发展推进政策与战略

李艳丽*

摘　要：日本曾以汽车、电子等一部分制造业为引领，迅速成为产业大国。然而，进入21世纪以后，日本经济及支撑经济的产业已经陷入严重的困境之中。随着新兴国家经济和市场的高速成长，日本必须架构“体现日本文化的产业群”，为发展经济产业与创造雇佣机会发挥作用。在这样的背景下，2010年日本树立“文化产业立国”的国家战略，积极开展产业结构调整、提升文化产业软实力、推进文化体制与政策建设。

关键词：文化产业　产业结构　文化体制　国家战略

引言　经济产业大臣给日本人民的信

2010年6月，日本经济产业大臣直嶋正行发表了《产业结构愿景2010——致日本人民》①。

金融危机之后，日本人对当下的生活充满了困顿感，对将来也没有明朗的希望。在这种背景下，日本将来依靠什么赚钱、依靠什么去雇佣，成为严峻的课题。

---

* 李艳丽，上海社会科学院文学研究所助理研究员，主要研究方向为明治前期文学与文人思想、清末小说。

① 直嶋正行《何故、今「産業構造ビジョン2010」なのか~国民の皆様へのメッセージ》。后收入经济产业省经济产业政策局产业再生课编《業構造ビジョン2010》，财团法人经济产业调查会发行，2010年7月。

很多年来，关于日本产业结构有着各种各样的看法。有人认为日本向来以高品质制造闻名世界；有人认为制造业已经很陈旧了，必须依靠金融与IT。有人认为今后必须以内需为主；有人则认为企业都迁到国外去了……诸如此类的日本礼赞论、悲观论等，其实正说明了日本产业结构处于困境之中。

近年，日本产业附加价值的增加主要依靠了汽车等特定的全球制造业。然而，事实上日本的输出率在国际上属于低水平。这说明了除了特定的企业外，日本很多企业与世界正在成长的市场是没有直接关联的。尽管日本的劳动生产率得到了很大提高，然而20年来，工资水平几乎没有上升，个中主要原因就在于此。至于号称“日本技术世界第一”的液晶和DVD，其实也只是在最初的几年席卷世界而已。随着世界市场的急剧扩大，日本份额已急剧下跌。这不仅是特定产业的问题，也体现了日本产业界共通的经营模式弊端。

虽然全球化造成了国内雇佣的空洞化，使得拉动内需成为一个重要课题；但是对于少子高龄化的日本来说，世界市场的扩大必然是向着新兴国家转移的。在地理方面，岛国日本不具有优势，很多日本企业和外国企业开始将据点从日本转移至亚洲其他国家。因此，如何积极参与全球化、如何增加附加价值而获得较高雇佣率，成为各国政府热议的论题。

面对严峻的环境形势、能源匮乏和少子高龄化危机的日本，不能单纯为了提高企业效益才前瞻远景、制定政策。必须向着“让每一个人都能享受到丰富生活”的目标，政府与民众共同努力。

一　日本产业结构的困境及其转换战略

2010年6月，日本经济产业省发布了《产业机构审议会·产业竞争力部会报告书》，探讨日本产业在国际上所处的位置。这份长达300多页的报告书提示了世界主要推手、成长市场、决定竞争力的关键要素，彻底分析日本产业的现状与课题，整理各国政府应对世界市场巨大变化的政策。

（一）什么样的困境？

目前，日本经济及支撑经济的产业已经处于严重的困境之中。进入 2000 年以后，无论是人均 GDP 还是国际研究机构的国际竞争力评价，都显示了日本在世界市场的地位急剧下滑。曾经雄霸世界市场的半导体、液晶、DVD、导航仪等高新技术产品，逐渐丢失了世界份额。在亚洲市场迅速崛起之时，欧美企业的亚洲经营据点和研究开发据点、机场和港湾的物流、上市金融市场，纷纷从日本转移至亚洲其他国家。其原因除了亚洲其他国家相继崛起以外，还有日本经济产业本身存在重大弊端。这些弊端可归纳为三个方面：第一，产业机构整体的问题；第二，企业的经营模式问题；第三，国家经济基础建设的问题。

要克服上述结构问题，不能单纯施以“对症疗法”，而需要政府与企业双方发挥所有智慧。

（二）走出困境的“四个转换”

1. 调整产业结构

主要有三条措施：第一，从依存汽车业的一条线转向多线发展；第二，附加价值的来源从高品质产品销售转向系统销售，向文化附加价值型发展；第三，针对环境能源与少子老龄化课题，发展“课题解决型产业”。

针对上述措施，日本着力于：基础设施建设、系统输出（水、原子能、铁路）；环境能源的课题解决型产业（如 Smart Community 绿色节能区域、新时代汽车等）；文化产业（时尚、创意、饮食文化、旅游等）；医疗、健康、护理、育儿服务；尖端领域（机器人等），以引领经济成长。

2. 支援企业经营模式转变

随着数字技术的普及和市场向新兴国家的转移，即便拥有技术优势的日本，也遇到了困境。这促使日本对技术和事业模式进行改革。首先，企业要在确定核心技术的基础上，明确哪一部分必须成为国际标准化的目标。政府则推进相应的国际标准化政策。其次，改变以往注重国内企业之间技术切磋的产业模式，根据世界竞争的“投资规模与速度”的关键因素去选择全球市场，由政府进行产业重组。

3. 调和“全球化”与“国内雇佣”

随着市场从发达国家向新兴国家转移，拒绝全球化而闭门造车将使一国陷入贫困的局面。一国要想创造本国的附加价值、增加雇佣量，就必须提升国际竞争力。因此，不仅需要加强以国际水准为目标的法人税改革、物流基础设施建设，还需要引进全球化的高级人才、培养本国的投资人才、支援中小企业开拓海外市场。

4. 政府职能的转换

在“企业选择国家”的时代，各国都争相创造更大的附加价值。同时，针对环境、能源等社会性课题，解决这些课题的产业成为世界发展的新领域。由此，政府需要扩大职能，最大限度地利用市场功能，构建新的政府与民众的协作关系，这是在全球化大竞争时代获得胜利的必要条件。

二　“文化产业立国”的国家战略

迄今为止，日本经济主要以汽车、电子等一部分制造业为引领，这些制造业主要以欧美中产阶层为对象，具有高品质、高附加值。然而，当下，新兴国家市场成为大幅加快经济发展及扩大市场的中心，因此，日本着眼于架构“体现日本文化的产业群”，来助力发展经济与创造雇佣机会。

（一）为什么是“文化产业”来“立国”?

“文化”与“产业”的结合，早已成为世界各国关注的问题。以“文化”与“创造力”为关键词，改革产业结构、制定推动都市再生的都市政策，最早是由欧洲提出的，这是都市制造业衰退及空洞化背景下的产物。

20 世纪末，日本政府逐渐注重文化、知识产权与产业振兴之间的关联。1990 年代，日本大众文化的产业化获得了很大发展，这是高消费社会中以个体为对象的文化产业。但是，这些产业并非依靠国家的重点支援而获得发展的，而是以内发的生活文化为基础。然而，近年来情况发生了变化。数字技术的革新带来了新市场的发展，以互联网为市场的经济逐渐扩大，各种创意产品的需求也随之增大。另外，日本进入了人口减少的时代，出现“二战”以来人员“集体”退休的局面，新时代的日本人对文化服务的需求也愈发强烈。

因此，日本明确了文化及知识产权在产业振兴中的位置，并关注其他国家的产业振兴政策。韩国企业通过流行时尚与创意产业成为亚洲消费热潮的主要牵引力，这一动向波及了日本向来得意的汽车及电子工学产品的市场占有率。其实，日本文化和创意一直以来都很受世界各国的青睐，日本的既有文化资源不仅可以为相关商品及服务业出口作贡献，对吸引外国游客也是有利的资源。所以，如何将文化及生活方式融入新产品之中，通过设计唤起对感性及高附加值服务的追求便成为当下日本探讨的课题。

1. 未被充分利用的既有文化产业资源

日本的文化潜力可归纳为以下方面：成熟的消费生活方式的多样性；高雅的日本审美意识；善于吸收与革新的日本文化传统；心灵手巧的日本人民的气质；具有开拓最尖端技术和新生活方式的可能性；在亚洲购买层中具有安全、清洁、精致等印象。2004 年日本文化产业销售额约 45 兆日元，约占日本经济的 7%；事业所约 21 万所，占全国的 5%；从业人员约 215 万人，约占全国的 5%①。从数值上看，这是可与汽车、电子工学产业并立的全球化产业，但是这些资源没有获得充分利用。

2. 文化产业软实力的提升

所谓文化产业软实力的提升，并非特指一种产业的成长，而是更侧重其软实力对产业整体的海外发展与吸引海外顾客的推动作用。从海外发展来看，亚洲新兴国家的中产阶层将成为主要的消费人群。通过时尚、创意、设计、食文化等将日本生活模式的魅力渗透在方方面面，加深消费者对日本的良好印象，由此带动家电、汽车、日用品、化妆品等所有的消费产品的外需。同样，在国内，通过旅游、购物等方式拉动内需，可提升地域文化的活力。

案例：新兴国家市场中的日本文化产业的潜力

根据经济产业省“亚洲消费趋势研究会”的调查，“韩流”已经强烈地渗透到香港、曼谷、新加坡市场，充斥于 CD、DVD、电视剧、时尚服饰、食品、家具等广大领域。然而对日本文化，曼谷还停留于“阿信”的时代，新加坡也没有日本最新的流行信息，日本的流行服饰仅仅在零星的日本制作的电视节目中有

① 数据来源：《经济产业省委托调查 2004》。该数据中不含饮食及旅游业数据。

所展现。在印度的孟买，韩国企业具有很高的知名度，而全然没有日本企业的信息。然而，印度具有精致的审美意识，将成为日本文化致力于开拓的市场。

再如，日本富山县电视台与中国电视台联合，播放日本制作的动漫旅游节目。大约6亿中国人收看了节目，旅游宣传的收益很大。

对于日本产品，日本人自己、欧美人、亚洲人的评价并不尽同。比如日本人自认为“日本制造”的优势在于“高品质”，但这一点在欧美人的印象中并不深。综合下来，海外对日本产品最多的评价是“时髦”、“有个性”，这一点将成为改变附加价值的要素①。

3. 从不赚钱、赚人气的“日本文化”到以文化产业为“赚钱”支柱

文化产业与人们生活的衣食住行密切相关，它必将成为拉动内需、创造雇佣机会的重要领域。另外，事实上日本文化在欧美具有很高的人气，具有全球化发展的潜力。然而，这样的人气却一直没有与“经济”挂上钩。如何将文化的人气与经营连接，培育发展海外商业的人才，从而为日本创造效益，成为重要课题。

案例：不赚钱的日本文化

2009 年日本电影《入殓师》、《回忆积木小屋》获得了奥斯卡奖，2010 年寺岛しのぶ获得了柏林国际电影节最佳女演员奖。2010 年妹岛和氏、西泽力卫获得了建筑设计“The Pritzker Architecture Prize”奖。这证明了日本文化已被世界所认可。

然而，这些受欢迎的文化作品并没有与商业挂钩。涩谷 109、里原宿是女孩时尚的信息发源地，“卡哇伊”成为全世界时尚的通用语。在中国，*VIVI*、*MINA*、*EF*、*GLAMROUS* 等日本时尚杂志也极为抢手。然而，日本纤维产业的输出与输入的比率极端低下，2009 年仅为 1∶50（韩国为 1∶2，法国为 1∶2，意大利为 1∶0.67，德国 1∶2）②。再如，在食文化方面，虽然日本餐厅在世界市场上急剧增多，但大部分都不由日本人经营。比如在美国大约有 9000 家经营日本料理的餐厅，其中由日本人经营的不到 10%③。

---

① 资料来源：博报堂《グローバルHABIT 調査 2006 ~ 2009》。

② 资料来源：《繊維ハンドブック2009》。

③ 资料来源：农林水产省“海外日本食レストラン認証有識者会議”。

但是，海外利用日本文化的商业却获得了极大成功。比如巴黎每年都举办Japan EXPO（日本文化节），2009年有超过16万人入场，主办者是法国公司SEFA EVENT。基于日本作品改编的《The Ring》（《午夜凶铃》）的制作费高达45亿日元，但支付给日本的改编（re-make）权费仅仅1亿日元。美国的梦工厂在全世界获得的放映、DVD销售额超过了316亿日元。

4. 使文化产业成为“人才”活跃的基地

活跃在世界舞台上的人才不仅需要具备优秀的技术，还必须有创造新价值体系的“构想力”。尤其是文化产业涉及时尚、动漫、创意、家具、建筑设计、食文化、土特产品等日常生活的各个领域，日本如果能将其所具有的感性及创造性发挥出来的话，则在这些领域会对世界产生影响。一方面日本人才通过进军世界，与异文化接触，可发挥自我的创造性；另一方面日本可对来访日本的世界各地的人们展现地域文化的魅力，发挥地域的活力，这将会创造更多的雇佣机会。

（二）今后文化产业的重点开拓市场

针对今后文化产业的海外市场，日本经济产业省依据各潜在市场的规模及竞争优势，分析了日本在各个国家（地区）具有的潜力。

调查显示：日本在时尚方面，主要开拓中国市场；在媒体创意方面，主要开拓西欧及美国市场；在食文化方面，主要开拓韩国、俄国、西欧和美国市场。另外，香港和新加坡虽然市场规模比较小，但是作为亚洲区域信息的转发器，是值得日本期待的地区。基于此分析，日本将以已经流行的大众文化为起点，继续实施各种文化产业战略。

（三）以往文化产业中存在的问题

迄今，日本在向海外发展文化产业与向海外宣扬日本魅力两方面，可以说都没有充分发挥潜力。这是因为国家和企业双方存在没有规划好远景、缺乏战略、执行力薄弱的问题。具体而言，可以归纳为以下三点：第一，缺乏一个总括日本文化各领域特点的“概念”；第二，文化产业各领域之间的合作薄弱，没有发挥联动作用；第三，缺乏横向支援文化产业各领域的共同平台。

今后，日本企业方面将以10年为期限，制定世界市场攻略的远景规划，建

构新战略，调整资源分配，推进企业内部的全球化。日本政府在今后 10 年内，勾勒“文化产业立国”的远景，明确举国努力的志向；建构国家统合战略，重点支援民间推手，而当务之急在于整合推进体制。

三 文化产业政策的方向

（一）文化产业整体概念的确立与传播——“Cool Japan”

通过传统文化与科技变革、现代动漫、时尚、“卡哇伊”，重新认识日本文化的优秀之处，日本就可以创造能够让人感受到“日本性”的新价值，增加世界人民与日本文化产业的接触机会。所以，日本要想唤起世界对它的兴趣，就要生产出日本独有的信息并将之传播于外。

英国、韩国政府都制定了明确的战略，并取得了丰富的成果。日本也将制定以文化产业为“赚钱支柱”的战略目标。因此，日本确定了“Cool Japan”的概念，改善文化产业宣传、流通、创造的各条路径。遵循以下三个原则，制定长期规划：一，战略考虑，集中支援；二，构建日本与海外市场地区的 Win-Win 关系；三，不只是个别物件销售，而是将“日本整体生活方式”推销出去。

案例：构建与当地 Win-Win 关系的具体措施

所谓“Win-Win”关系，即双方互惠的意思。单纯宣传本国文化是不能充分地融入海外市场的，还会受到当地各种各样的限制，而难以实现将日本文化产业卖给别人的愿望。“亚洲·创意战略合作”就是一个追求互惠的措施。例如，中国政府对电影院放映的电影有一定规定，且对外资有很多限制。那么，如果想要突破进入中国市场的障碍，就必须与其达成互惠的合作关系。缔结相互之间放映动漫、电影的国际共同制作协议；协助中国动漫投稿网站制定互联网侵害对策；为推进亚洲区域的合作，通过统计信息的共有化、创意教育合作，深入“文化”交流。

文化产业想要获得国际开拓活动的成功，不能基于“将文化产业卖给新兴国家”的理念，而要基于“对新兴国家有利的市场整备”的长期视点。比如，呼应外国政府和产业界的需求，在此基础上互相合作，致力于当地市场的成熟化。这最终将为日本企业的进入提供良好的平台。“优秀设计奖”的海外开展就是其中一例。日本经济产业省接受泰国政府的要求，于2007年起支援在当地设立“设计奖”，确立了“优秀设计奖”和“共同制作制度”。于是，日本的建筑设计在泰国获得了很高的知名度。2010年日本接受了印度政府的邀请，开始支援在印度设立设计奖。在制定当地“优秀设计奖”的过程中，自然而然地渗透了日本文化的标准。

（二）加强各领域之间的横向合作

日本加强时尚、创意、设计、旅游、食文化等领域之间的横向合作，打造相互提升利益的战略，各级政府与地方自治体、相关企业积极展开合作。例如提升重要都市的魅力，使之成为亚洲游客旅游的目的地，如“时尚与美食的东京”、“历史、神社寺庙与传统艺能的京都”、“雪世界的北海道”、“温泉的草津”等。还有，例如设置都市之间的“旅游动线”，扩大旅游面及提升附加价值。比如建设东京和关西之间的旅游动线；以濑户内为艺术据点，京都、奈良为“传统日本”据点，东京为时尚、动漫、美食、艺术据点。另外，还制作有关日本生活方式的电影及电视剧，支持地方电视台向海外播放。

（三）日本文化的“产业化”——拉动内需、开拓海外市场

1. 以“文化”为关键词拉动内需

日本面临着今后人口长期减少的局面，并且在现在的年轻一代中出现了“厌消费”情绪。在这样的情况下，汽车、化妆品、电视机、信息产品等即便性能再优越，也不过像以往一样是单品销售，拉动内需的范围有限。然而，如果将“文化”所具有的“编辑力”发挥出来，将产品、服务与新居住形态、旅游形态融于一体销售，则将在衣、食、住、旅游等人们生活的方方面面创造出新的内需及雇佣机会。例如“设计的再编辑”，就是通过别致的设计，将日本纸、金箔、编织、漆涂、照明等传统工艺融入摩登的宾馆的家具设计中。这样的事例目前已经取得很多成果，这显示日本文化作为一种产业具有发展的潜力。日式家具结构简洁，将它与信息家电灵活组合后，可以形成适应每个人的居住样式，从而展示一种新生活方式。

2. 建设开拓海外市场的“实力团队”

具备国际商业经验的制造者的不足，是日本文化产业在海外发展缓慢的原因之一。因此，日本既要与海外优秀制造者进行合作，同时也要为本国人才提供活跃的机会与场所。在创意、时尚、饮食文化、住宅、土特产品这五个可以发挥日本软实力的领域内，结成制造者、创造者、风险资金合作的“实力团队”，并且由国家为其海外发展提供支持。

案例：住宅空间的海外综合提案

虽然日本国内的住宅建设经济一直停滞不前，但是日本住宅相关产业（建材、住宅设备）具有耐震、节能的优点，有很大的海外市场开拓潜力。比如中国近年来经济增长迅速，对此有很大的需求。2008 年中国新住宅竣工面积约 6 亿平方米（大约是日本的 6.4 倍）。在其“十一五”规划中，预计 2010 年新住宅建设的节能率高于 60%，减少 10% 的化工能源的消费量。今后，除了一般的都市住宅社区以外，高级别墅市场、都市高层住宅市场、新农村住宅市场都将扩大。所以日本首先会对这些市场的潜力进行调查。此外，住宅市场的开拓不仅是在中国等亚洲新兴市场展示样板房，还要在软件上，从住宅的工业化（安全、舒适、节能的优良建材，住宅的生产系统与科技）到体验居住、能源经济（隔热窗、隔热墙壁、节水卫生间）、家具组合等方面展示“整体居住生活空间”。

（四）“创造性”的发挥

1. 人才培养的必要性

文化产业竞争力的源泉在于个人的“独创性”与“创造力”。这并不只是一部分具有特殊才能的人群的能力，所谓“设计”就是“制造高品质生活方式的方法论”。日本人比较擅长将产品设计得更为完美，而优秀的创造者是从高度竞争及异文化交流之中诞生的，日本政府对此必须予以积极支持，一方面建立日本的海外留学与研修制度，另一方面打造接受海外高级人才的环境。

2. 知识产权保护的必要性

必须注意的是，时尚、创意等文化产业比起产品制造业来说更容易被模仿。现在亚洲出现了很多知识产权侵权案。然而，对于中小企业来说，在海外提出商标专利登记、提起诉讼、调查盗版产品具有很大的困难。因此，日本企业应当携手制定对策，以降低整体费用。例如在创意产业界，使用共同商标CJ，可以有效防止版权侵害。对于时尚界等其他文化产业，日本政府、相关机构和业界也必须制订统一对策。

3. 技术开发的必要性

技术开发是促进产业成长的动力。新技术所带来的潜力，成为促进新市场创造的转换点。近年，日本电子产业低迷，持续苦战，寄希望于尽快推进技术革新以获得在国际竞争环境中的平台。以3D技术为例，2010年被称为“3D产业革命”时代，3D电影《阿凡达》在世界放映的收益高达2000亿日元，位居史上第一。三星、松下开始销售3D录影带，Sony、夏普也预定销售。在这股潮流下，企业必然对3D音像制作系统的开发、标准化、商业程序自动化work flow、3D影像对人体健康影响的安全性检测等手段的开发进行投资。再比如电子出版业，欧美市场上早就有亚马逊、苹果、Sony等企业销售电子书籍阅读器。在日本国内，国会图书馆和31家出版社积极致力于书籍电子化。对此，日本总务省、文部科学省、经济产业省召开研讨会，讨论著作权制度、技术格式标准化等问题，拟将出台电子出版相关政策。

（五）推进体制的建构

法国拥有“艺术与文化之都”巴黎，美国拥有“迪斯尼”、好莱坞电影艺术文化产业，英国宣扬“Cool Britannia”，韩国金大中发表“文化大总统宣言”，各国政府都以文化产业振兴为目标开始了长期奋斗。日本以“文化产业立国”为目标，积极推进相关政策。

1. 观光立国与“日本品牌”战略

2004年11月小泉内阁召开“观光立国推进战略会议”，提出了“日本品牌”概念。例如，加强“东京发源·日本时尚周（JFW）”的海外宣传，设置“日本料理海外普及推进机构（JRO）”，在海外日本使馆开展日本食材的广告活动、设置食文化学科及讲座，支援各地区团体商标制度的实施与推广。2005年发表的《文化交流的和平国家》① 确立了要在世界范围内培养“日本动漫世代”的目标，

① 2005年7月“文化外交推进恳谈会”。

以此拓展世界对日本文化的关注。

2. 知识产权立国与“创意全球化”战略

知识产权、创意产业的振兴策略与文化创意产业密切相关。2002 年 2 月，日本小泉首相在施政方针演讲中提出了“知识产权立国”方针。正如“知识经济”所体现的那样，知识产生的独创性、革新性具有极其重要的价值。在各种各样的知识财产中，日本电影、动漫、游戏软件在世界上具有很高的声誉。日本经济产业省 2004 年 5 月出台《新产业创造战略》，2007 年 9 月制定了《创意全球化战略》。

3. “新日本样式”

在制造业领域，同样也出现了与知识财产相关的动向。伴随着激烈的全球市场竞争，日本通过确立“新日本样式”以提高设计上的附加价值。2005 年 5 月，经济产业省召开了“新日本样式、品牌推进恳谈会”，重新评价日本传统文化在现代生活中的作用，并使之与先进技术结合。2006 年 1 月，由 50 家企业、19 个团体、23 名个人参与，由经济产业省、国土交通省等监督的“新日本样式协议会”成立。该会以开发先进技术与传统工艺结合的产品、开拓新市场为目标，2006 年度选定 100 个产品，标以“J”商标进行销售。

4. “亚洲关口战略”与“日本文化产业战略”

2007 年安倍晋三内阁提出“亚洲关口战略”，梳理了文化产业政策的方向。为了获取亚洲等海外市场的成长活力，在人力、物力、资金、文化、信息流动领域里，日本力图成为亚洲与世界之间的桥梁。会议决定了 7 项重点措施，其中第一项就是“人流、物流 Big Bang”。这是基于使用者视角的航空、港湾、物流改革。比如推出开通国际航线的自由化协定、简化海关手续等措施，以加强国际物流功能。

小结　全球化下的“日本文化”产业群

1878 年日本从封建时代走进近代意义上的明治时代。其后的 100 多年间，日本为了成为西方诸国那样的国家孜孜不倦地致力于西方文明的引进，而忽略了日本固有文化的普及。最终，日本比较成功地实现了西方文明式的“文明开化”和产业化。这是日本经常受到批判的一个地方。

而当全球化席卷世界，国家、民族、语言的界限变得越来越模糊的时候，曾经被埋没的固有传统“文化”凸显了它的价值与意义。文化是属于特定民族与国家的东西，在国际交流中或许会获得极大的发展，而且，它不会被中和掉本土的独创性，仍维持着与其他文化不同的特质。这种特质成为推动不同文化共生共存的原动力，成为竞争力的根源。正如前一时代的“世界都市”向今天的“创造都市”转变一样，充分发挥人民的创造力，可以丰富文化与产业的创造性，建构出非生产型的都市体系。这也是解决全球化环境问题和地域社会课题的重要手段。

参考文献

1. 日本经济产业省：《産業機構審議会·産業競争力部会報告書》，2010 年 6 月。
2. （财团法人）福冈亚洲都市研究所：《「文化産業」振興における日中都市間協力に関する研究報告書》，2008 年 3 月。

B.19

从贸易到创意：文化政策助力香港经济转型

钱泽红*

摘　要： 香港是全球经济最发达和生活水准最高的城市之一，是亚洲重要的金融、航运和服务业中心，它以廉洁的政府、良好的治安、自由的经济体系以及完善的法治闻名于世。一百多年来，香港从中国南方的一个渔村起步，经历了通商港、世界工厂的变迁，如今成为有着“东方之珠”美誉的国际大都会。香港的经济，迄今经历了三次艰难的转型，特别是1997年回归以后，香港正经历着从单纯依赖转口贸易到发展知识经济的城市新变革。本文关注近五年以来香港的文化政策如何推动和促进城市经济的转型。

关键词： 香港　经济转型　文化政策　创意

香港具备独特的历史背景、优越的地理位置，是亚太地区最重要的金融中心，更是贸易、航运、资讯和服务业的枢纽。香港拥有国际大都会的软、硬件条件，包括先进的基础设施、灵活的金融系统、敏锐的商业触觉、严谨的法律制度、自由开放的政策、廉洁有效的公务员队伍、优越的低税制以及高度国际化等有利因素。从20世纪70年代至今40余年里，香港经济发生了三次转型，其中第三次转型，正在给本地区带来新的机遇和活力。

一　香港被动性的经济特质与三次经济转型

（一）香港经济的隐忧

1840年第一次鸦片战争爆发，随后英国相继强行霸占香港、九龙和新界，

* 钱泽红，博士，上海社会科学院文学所助理研究员，主要从事中国古代文学、当代文化研究。

宣布香港为自由港，并吸引大批欧美商人前来经商，至1860年，香港成为英国商人“黑色贸易”① 的大本营。此后的80年间，由于自由经济政策的推行，香港逐步成为亚洲重要的转口贸易港之一，同时金融、航运、房地产、制造业也初具规模。第二次世界大战之后，英国在世界殖民体系趋于瓦解的大背景下，为了维持在香港的利益，取消了种族隔离政策，对企业采取积极不干预政策，使香港在战后的废墟上迅速崛起，成为国际贸易、金融、航运和资讯中心，实现了城市的飞速发展，创造了经济持续高速增长的奇迹。

从第一次鸦片战争到香港回归之前的150余年间，在经济方面，香港实行的是英国古典学派倡导的自由经济政策。150多年的历史证明，这种政策总体上有利于香港经济的发展：“自由经济政策使香港许许多多的经营者（从早期的李升到今天的李嘉诚）能够充分发挥自己的聪明才智开基立业，并且吸引了数不清的海外商人在没有贸易壁垒（后期也没有外汇管制）的宽松状态下来港投资经商。对于香港这样的土地狭小、资源匮乏但地理位置优越的港口城市来说，面向国际市场是必然的选择，而自由经济政策则是对海外商人和投资者最有吸引力的政策。”② 但是，不能忽视，自由经济政策也导致了“香港的经济虽然繁荣，但存在着宏观调控机制不够健全有力，经济的敏感性强，波动性大，科学技术相对滞后，‘泡沫’经济比较严重等问题，成为香港经济的隐忧。”③

（二）香港历史上的三次经济转型

香港是在历次经济转型升级中实现持续快速发展的。经济转型是指一个国家或地区的经济制度或经济结构在一定时期内发生的根本变化，是资源配置和经济发展方式的转变。具体地讲，经济转型包括经济体制的更新、经济增长方式的转变、经济结构的调整、支柱产业的替换等，是国民经济体制和结构发生的一个由量变到质变的过程。经济转型的意义在于：“一方面经济转型可以使资源达到最优的配置，人尽其岗，物尽其用，极大地提高全要素生产率；另一方面，一个经

① “黑色贸易”是对鸦片和劳工贸易的鄙称。

② 卢受采、卢冬青：《香港经济史》，人民出版社，2004，第69~70页。

③ 卢受采、卢冬青：《香港经济史》，人民出版社，2004，第2页。

济体所面临的内外部环境是不断变化着的，这必然要求要素的组织方式不断进行调整以适应新的环境，只有这样才能保持持续的活力和竞争力，进而提高一国或一个地区的创新力。因此其意义不仅仅是经济结构趋向合理化转变，更大意义上是整体经济环境的改善和社会活力的提升。”①

香港自1841年至今，经济发展总体上经历了三次大规模转型。

从1841年至20世纪70年代的一百多年里，香港一直是以转口贸易为主的自由港。20世纪50年代至70年代，由于受到朝鲜战争和联合国对华禁运的影响，香港与其经济腹地——中国内地相互隔离，并因此失去了长期以来赖以生存的转口港的地位，被迫走上工业化发展道路，实现了经济的第一次转型。这次经济转型的方向是发展劳动密集型的加工制造业，逐步形成了原料依赖进口、产品到国外市场销售的“两头在外”的出口加工型工业。

从20世纪70年代末至1997年香港回归，中国内地的改革开放，为香港经济发展带来了新的机遇，香港经济实现了第二次转型。劳动密集型的制造业开始向内地，特别是珠江三角洲地区转移，内地廉价的土地和劳动力资源维持了香港制造业的成本优势，同时，产品通过香港港口转销到世界各地，带动了本地航运、物流、资本市场以及服务业的发展。但是，香港在绝大部分制造业内迁的同时，却没有完成本地制造业的升级换代，导致制造业出现了空洞化倾向。

国世平在《香港经济的转型及未来繁荣》一书中概括香港两次经济转型的特点：“特点之一，香港没有新技术革命，因而也没有发生制造业的大面积技术改造和产业升级”，“特点二，香港的经济转型不是香港经济自身发展的结果，而是由外部因素促成，服务业的高速发展促使了制造业的外移和萎缩。”②

与西方发达国家依靠新技术革命带动制造业升级和劳动生产率提高的转型模式不同，香港的经济转型，本质上是一种先天不足的转型。所谓先天不足，根源在于1841年以后香港经济的发展，是中国传统的农业文明和近代西方工业文明近距离碰撞和融合的结果。1840年以前，香港的经济模式是中国传统的乡村经

---

① 游士兵、赵慧：《香港经济转型理论与对策分析》，见陈广汉、袁持平主编《全球化和区域经济一体化中的香港经济》，中山大学出版社，2006，第224～225页。

② 国世平：《香港经济的转型及未来繁荣》，人民出版社，1999，第273～274页。

济，其支柱产业是农业、渔业、制盐业、采珠业和航运。鸦片战争后，香港被卷入了资本主义市场经济大潮，香港经济更多地表现出被动的特质。每一次香港的经济转型都是在遭遇危机或面临巨大挑战时被迫完成的，因而转型所要付出的代价往往也是巨大的。

1997年，亚洲金融危机爆发，香港受到剧烈冲击；与此同时，国际投机资本的强攻，更加剧了香港金融市场的动荡，使香港陷入40年来最严重的经济衰退。亚洲金融危机引发香港金融体系濒于崩溃，一方面经济全球化、信息化以及周边国家、地区和中国内地经济的发展，使香港面临的国际竞争压力越来越大；另一方面源于香港本身以股市、房地产业拉动的经济泡沫已经破灭，靠炒房、炒股求生存、求发展已经不可能，长期以来资产价格上升带动经济增长的旧模式难以为继。香港一直以来奉行的自由经济政策的弊端此时日益暴露出来："香港长期实行的自由主义经济政策，对香港经济特别是早期经济的发展起了积极的作用。但片面强调'自由放任'、'积极不干预'的结果，却使香港宏观调控与金融监管的机制和工具都不够健全。……香港的债券市场比较细小，也难以发挥公开市场运作的威力；加上对资金进出缺乏必要的统计制度，金融管理当局更无法对整体金融状况做出准确的判断与监督。"①

经历过惊心动魄的金融风暴之后，港人不得不思考，对于香港这样一个对外依存度较高的经济体而言，到底应该靠什么维持经济长期稳定的增长？香港的经济结构应当如何调整，才能赶上世界经济发展的潮流？在重重压力和困境下，香港第三次经济转型迫在眉睫。

（三）走上发展知识经济的道路

1998年2月，香港特区政府汲取了曾经泡沫经济严重、宏观调控乏力、产业转型迟缓的教训，尝试进行大胆变革。时任香港特区行政长官的董建华成立了策略发展委员会，集中香港一批精英人士，共同研究香港长远发展方向。

1998年10月，在题为《群策群力　转危为机》的1998年施政报告中，董建华提出"创新与科技是促进经济增长的主要动力。在一个以知识为本的全球经济体系里，创新和科技对于增值活动、提高生产力，以及增强竞争力都极为

① 卢受采、卢冬青：《香港经济史》，人民出版社，2004，第275页。

重要。”① 同年，香港成立了由美籍华人科学家田长霖为主席的创新科技委员会，根据该委员会提交的报告，特区政府在1999年拨款50亿港元设立了创新科技基金，主要用于提高现有制造业和服务业的科技水平。

2000年2月，香港特区政府公布了由政府、工商界、学术界等各界翘楚合力制定的《共瞻远景　齐创未来——香港长远发展及目标》。这份香港的发展策略大纲提出了“新经济体系将建基于知识为本的行业”，确定了香港今后将致力于发展创新科技和知识型经济，希望以此推动香港成为亚洲国际大都会。

发展创新科技和知识型经济，是香港第三次经济转型的核心。这一轮经济转型包括两个方面：第一，致力于提升服务业素质，以提高金融、商贸、航运、旅游和专业服务的国际竞争力；第二，推动产业向多元化发展，包括推动高科技和高增值制造业发展，以此拓宽香港经济结构的基础。

值得注意的是，在2000年香港发展策略大纲中，还特别肯定了文化对于树立良好的城市形象、促进城市长远目标实现的价值和意义，首次提出对祖国历史、文化和传统价值观的认识，对中国和西方的知识和经验的积累和学习，可有助于增强香港人的公民意识，可有助于香港实现长远的发展目标。香港经济的第三次转型，与前两次相比，最大的不同在于，它固然包含着经济结构本身的转变和调整，但更意识到为了实现这种转变，应从更广阔的社会层面，特别是在文化方面作出相应的调整。

经济转型毫无疑问是一项系统的工程，需要各经济主体和政府的共同努力，唯其如此，经济转型才能在一种和谐的局面中展开，并焕发出更多的活力和创造力。问题在于，在经济转型和调整时期，政府和民间力量，各自应充当何种角色？承担何种责任？

二　政府角色与香港的文化政策

（一）政府的角色定位：“大市场，小政府”

2003年，香港遭遇了罕见的困境，主要表现在：经济出现了连续50个月、

① 《群策群力　转危为机（一九九八年施政报告）》，文本见香港政府网站：http：//www.policyaddress.gov.hk/pa98/chinese/indexc.htm。

累积高达13%的通缩；由于资产价格下跌，市民财富萎缩，部分市民陷入负资产的困境；经济转型导致就业结构变化，使失业率不断攀升，引起社会强烈关注；政府收入大幅度减少，财政连续数年出现赤字，财政储备急降，影响到信用评级。在如此不利的环境下，在题为《善用香港优势　共同振兴经济》的第二届特区政府首份施政报告中，行政长官董建华在分析香港传统优势的基础上，提出了香港未来发展的方向和定位是“背靠内地，面向世界，建立香港为亚洲的国际都会，巩固和发展香港的国际金融中心、工商业支援服务、信息、物流和旅游中心的地位，运用新知识、新技术，提供高增值服务，推动新的增长。”① 为了实现这一目标，他强调香港政府的角色定位是“大市场，小政府”。

2007年，在第三届特区政府首份施政报告《香港新方向二零零七至零八施政报告》中，特首曾荫权明确指出：“对于政府的角色，我认为主要是创造一个有利于持续发展的政策环境，令每个市民都有机会享受繁荣进步的成果。政府需要平衡社会上不同利益团体的政治、经济及社会诉求，在稳定中求进步。在某些政策层面，政府应扮演牵头角色，例如在推动香港与内地经济融合、推动跨界基建及共建大都会等领域。”② 在此基础上，他再次重申：“特区政府奉行‘大市场、小政府’的理念，并坚持公共开支维持在本地生产总值20%以下的原则。”在此后连续五年的政府施政报告中，都不断重复着政府角色定位为“大市场，小政府”。

“大市场，小政府”的概念，源于夏鼎基爵士（Sir Charles Philip Haddon-Cave）提倡的“积极不干预政策”。夏鼎基是香港金融体系的奠定者，“积极不干预政策”确定了香港政府在经济问题上的基本角色是量入为出，为市场提供一个有效运作架构，但减少对市场的干预，只在市场运作明显失调时适当采取行动。

“大市场，小政府”这一坚持了五十年的理念，是建立在自由市场经济的基础之上的。在回归后，香港自由市场经济的属性一直没有改变。香港是现代化的国际城市，拥有成熟的资本主义市场经济体系，多年来一直被美国传统基金会和费沙尔学会评定为全球最自由的经济体。“大市场”体现了对于香港高度外向型

① 见香港政府网站：http：//www. policyaddress. gov. hk/pa03/chi/。

② 见香港政府网站：http：//www. policyaddress. gov. hk/07－08/sim/policy. html，下同。

的经济体系而言，政府必须尊重市场规律，时刻关注、响应市场的变化；“小政府”，则体现着对政府的约束，即以公共开支占本地生产总值的一定比例来监控政府的规模，防止因政府部门无止境地占有社会资源而削弱市场对国际经济环境的应变能力。

尊重市场并不意味着时时处于被动。对于香港这样一个开放度很高的经济体而言，运用货币和财政手段推动经济增长的作用十分有限，政府的角色是为社会整体提供合适的平台，以好的政策支持经济发展的环境，助力企业灵活应付外在的经济挑战。

（二）香港政府促进经济转型的重要文化政策

近五年来，在“大市场，小政府”的框架下，香港特区政府的文化政策着重于以下几个方面。

1. 关注教育，大力投资高等教育事业

在义务教育方面，从2008～2009学年起，香港政府推出“十二年免费教育计划”，全面资助就读公立中学的学生完成高中学业。以2009～2010学年开始实行的高中三年学制计算，政府提供十二年免费教育；为就读旧学制的中学生提供十三年免费教育。十二年免费教育计划是香港教育一个重要的里程碑，旨在促进学生的全面发展及终身学习。

香港政府尤其重视高等教育。2009年设立180亿港元的研究基金，为高等院校的学术研究提供长期资助。在基金支持下，特别推出“主题研究计划”，资助与香港长远利益相关的研究。几年来，香港在多个领域的研究工作已达到国际水平，香港的大学跻身亚洲地区及国际知名学府之列。2011年，特区行政长官曾荫权建议向研究基金注资50亿港元，其中30亿港元由自资高等教育院校参与竞逐研究拨款，推动香港的学术和研究发展。其余20亿港元为大学教育资助委员会（以下简称教资会）资助的院校提供稳定的经费来源。

2010年，特区政府建议设立总额高达25亿港元的“自资专上教育基金”，支持自费专上教育的发展。该基金将为修读自费专上课程的学生提供奖学金，并支持相关院校提升教学质量。同时，政府建议由2012～2013学年开始，把公费资助第一年学士学位课程名额增加至每年15000个。此外，特区政府在参考教资会意见的基础上，建议逐步把高年级收生名额增加一倍至每年4000个，为副学位毕业生提供更多升学衔接机会。建议的新增学额将涉及每年约10亿港元的额外开支。以上建议全面落实后，适龄人口中将会有超过三成的青年有机会修读自费或公费资助学位课程。连同副学位学额，修读本地专上课程的青少年约达六成半，相对于十年前增幅超过一倍。

2011年，香港特区政府还将扩大原有的“开办课程贷款”计划，支援拥有学位颁授权的自资院校兴建学生宿舍，并将该计划的总经费增加20亿港元。

香港政府还推出一系列措施增加在港就读的非本地学生名额，并进一步研究放宽相关规定，逐步允许内地学生来港修读学位课程。目前在香港就读的非本地学生人数已经超过9200名，增加非本地学生人数，会为本地学生提供更国际化的校园环境，令他们的视野更为广阔。①

对高等教育的投资，并不是可以立竿见影看到经济效益的，但是，大学教育却是一种长远的投资——对于人的投资。教育不仅仅是学习知识，青年人从大学教育中得到的最大收获在于思考的能力和意志的力量。对于个人而言，用这样的能力武装起来是更容易成功的；对于社会而言，拥有了高素质的青年，就有可能拥有更乐观的未来。香港向知识经济转型，尤其需要高素质的人力资源。大力投资高等教育事业，可提高整个社会的文化素质，为香港迈向多元化、国际化奠定坚实基础，更是巩固香港的区域枢纽地位、提高香港综合竞争力的重要保障。

2. 设立相应机构，保障文化及其产业发展

（1）文物保育专员办事处

从2007年起，香港政府连续五年全力开展文物保护工作。为了集中统筹各项行动、方便公众参与，香港政府在发展局建立文物保育专员办事处，从而确认文物保护工作将成为政府长期的责任。香港特区政府在基本工程储备基金中预留10亿港元，为非政府机构提供财政支持，运用创意，将历史建筑物转化为独特的文化地标。政府还通过文物保育专员办事处，着手为拥有古迹和历史建筑的业主提供经济支持，资助业主维修、保护历史文物。同时，香港政府规定，涉及历史文物建筑的所有公共工程项目，必须进行文物影响评估，并着力发挥它们的经

① 以上数据分别来自：《群策创新天（2009～10施政报告）》，文本见香港政府网站：http：//www. policyaddress. gov. hk/09－10/；《民心我心　同舟共济　繁容共享（2010－11施政报告）》，文本见香港政府网站：http：//www. policyaddress. gov. hk/10－11/chi/。

济效益和社会效益。

在香港这样的寸土寸金之地，保护历史建筑，特别是私人拥有的历史建筑，可谓困难重重。香港的文物保育政策的核心是保护香港的文化环境——“将历史传统（lived heritage）融入现代生活，变成活着的传统（living heritage）”。[①] 为文物保护工作设立专门的办事处，有助于培育香港市民的文化荣誉感和城市认同感，并且配合城市规划和文化旅游等其他领域，创造新的发展机会和经济效益，为香港的可持续发展播下有生命力的种子。

（2）“创意香港”办公室

2008 年，为推动创意产业发展，商务及经济发展局着手整合及调配当时分属影视及娱乐事务管理处、创新科技署、政府信息科技总监办公室及工业贸易署的资源，成立专门负责创意产业的办公室，以统筹政府在创意产业方面的政策和工作，集中政府相关资源，与企业界紧密合作，携手推动创意产业发展。

“创意香港”办公室于2009 年6 月正式成立，承担着把香港发展成为亚洲创意之都的使命，其具体职能包括：培育创意人才；促进创意企业成立和发展；扩大创意产业的本地市场规模；在内地和海外推广香港创意产业，协助业界开拓外地市场；在社会上营造创意氛围；在本土凝聚创意产业群组，以产生合作效应并促进交流。

在 2009 ~2010 财政年度香港财政预算案中，政府预留 3 亿港元设立“创意智优计划”，以支持创意产业领域未来三年的发展。设立“创意智优计划”的目的，是资助在电影发展基金、电影贷款保证基金或“设计智优计划”以外，又无法从其他政府财政资源获得资助的创意产业项目，该计划得到了香港业界的积极响应。“创意香港”办公室使政府内部推动创意产业发展的工作更加协调，更有效了解创意产业界的需求，为香港文化创意产业提供了良好的一站式服务，是推动创意产业发展的一个重要举措。

（3）经济机遇委员会

为了应对全球金融海啸，香港特首曾荫权在 2008 ~2009 年施政报告中宣布成立一个由他本人主持的特别委员会——经济机遇委员会（以下简称经机会）。

① 何志平、陈云根：《文化政策与香港传承：何志平五年的雪泥鸿爪》，中华书局，2008，第 109 页。

该委员会的成立目的是对全球各大市场及本地市场作不断监察和滚动评估，及时判断金融海啸对香港经济和主要产业造成的影响，并研究及提出具体的应对方法，供政府和企业参考，协助香港发掘新的商机和提升香港的竞争力。

2009 年 6 月 22 日，曾荫权主持了经济机遇委员会的最后一次会议，会议期间委员会成员就推动“六大产业”[①] 发展提出了建议措施，其中，就文化创意产业提出如下措施：

①即时措施：

·加强培育香港人（特别是年青新一代）对文化艺术的兴趣和鉴赏能力。

·研究引入政策措施，加速未能物尽其用的工厂大厦改装或重建，为文化、创意产业及其他适合的产业提供更多楼面及土地。

·透过电影发展基金，资助在新高中视觉艺术课程中加入电影及动画元素，令中学生可以在更早时间接触这些课程，让他们早日对创意产业产生兴趣，为业界培育人才。

·香港可以主办更多大型创意产业活动，包括影视娱乐博览、设计营商周等，并将这些活动发展成为区内盛事，以巩固、提升香港创意之都的地位。

②中期措施：

·在《内地与香港关于建立更紧密经贸关系的安排》下，香港特区政府应继续为业内界别（如网上游戏、动漫及数码娱乐）争取更多开放措施，帮助业界打入内地市场。

·政府应检讨公共计划的采购政策，更着重创意元素，并鼓励具备创意专长的中小型企业（中小企）参与。

·加强在海外及内地推广本港的创意产品，并协助中小企/个人在内地及海外市场拓展本港品牌。[②]

从上述措施不难发现，在 2008 年全球金融风暴之际，经机委关注文化创意产业“研发——生产——开拓市场”这一完整产业链，并提出了建设性意见。其中即时措施主要针对研发和生产环节，中期措施着眼于开拓市场环节。如

---

① 2009 年香港特区政府在原有四大支柱产业基础上，提出发展包括教育、医疗、检测与认证、环保、创新科技、文化创意产业在内的六项优势产业，简称“六大产业”。

② 上述文本来自“经济机遇委员会就推动六项优势产业的建议措施”会议文件，文件编号：TFEC-INFO－13。

今，经机会已经完成使命，其为香港文化经济发展提供的政策建议，正在付诸实施。

（三）改善文化创意产业发展条件

2009年，特区政府采纳了经机会提出的未来香港发展六项优势产业的建议，并着手研究具体措施。在“大市场，小政府”的原则下，香港特区政府采取“拆墙松绑”的策略，意在扫清产业发展的障碍，协助企业开拓新局面。

土地空间对产业发展至关重要。香港很多旧工业大厦因制造业向内地转移而长期处于空置状态，由于受到现有制度和政策的限制，这些楼宇资源没有物尽其用。香港政府出台了“活化工业大厦”一揽子方案，鼓励业主重建、改装旧工厦，释放工业大厦的潜力。具体政策包括：①降低强制售卖非工业区的工厦作重建的门槛，方便业主整合业权；②容许“按实补价”，即业主只需按重建后的实际发展密度缴付土地补价；③若修订土地契约作重建的土地补价超过二千万元，业主可选择定息分五年分期缴付；④若业主选择不重建而改装整幢旧工厦，只要符合楼龄要求和得到规划许可，政府会免收更改土地用途的“豁免费用”。①

以上第二、第三及第四款，从2010年4月1日起三年内有效，而获批准的重建项目须于五年内完成，整幢改装项目则须在三年内完成。上述措施使旧工业建筑获得了新生，减少了社会资源的浪费，更使工厦的小业主从中获益。

“活化工业大厦”的工作进展令人鼓舞。截至2011年9月底，地政总署已核准35宗申请，涉及拆卸重建9幢工厦和整幢改装26幢工厦，提供总共38万平方米楼宇面积作非工业用途，另有23宗正在处理中。香港政府决定把活化工厦的措施延长三年。② 此外，为了给改装工厦提供创意空间，政府容许小规模改动建筑物的现有结构，并鼓励改装工厦申请参与绿色建筑评估。

“活化工业大厦”政策按照“方便营商”的宗旨在为旧工业建筑增值的同时，更创造着新的经济动力和就业机会。但是该政策也引起了有识之士的质疑，

① 《群策创新天（2009～10施政报告）》，文本见香港政府网站：http：//www.policyaddress.gov.hk/09～10/。

② 《继往开来（2011～12施政报告）》，文本见香港政府网站：http：//www.policyaddress.gov.hk/11～12/index.html。

担心部分业主借老建筑改造之机加租，变相压缩文化艺术家的创业空间；工厦还有可能通过改建变身为商业地产项目。[①] “活化工业大厦”整体上是对路的，但政府还须考虑相应的配套举措，以保证该项目不会变质。

2011 年，香港政府推出了“艺能发展资助计划”，每年发放约 3000 万港元，为有潜质的艺术团体及艺术工作者策划的大型和长期活动提供资助。“艺能发展资助计划”鼓励各界捐助艺术团体、支持文化建设，希望促进政府、艺术团体、私人三方共同支持文化产业发展。另外，政府向艺术发展局拨款，资助艺术工作者租用活化的工厂大厦从事艺术创造和创作。“艺能发展资助计划”在扶持艺术团体的同时，也是对“活化工业大厦”政策的完善和补充。

2011 年，为支持香港企业拓展内地市场，政府建议拨款 10 亿港元设立专项基金，鼓励企业朝高增值方向发展，并结合本地设计的优势发展品牌。政府还承诺投入更多资源，支持香港成为设计中心。2012 年已经被确定为“香港设计年”，届时将举办多项设计界的盛事，以巩固提升香港亚洲创意之都的地位。

综上所述，在经济转型时，政府的责任是反省原有的社会资源是否能跟上新经济结构的变化，以免生产要素被不合时宜的政策与旧经济结构限制，导致发展受阻。香港政府在“大市场，小政府”的基本原则下，通过大力投资教育、设置辅助性文化机构、改善企业经商条件等政策，培育与未来城市发展匹配的人力资源，营造公平开放的环境，协助商界开拓市场，促进有限的社会资源发挥最大效能。

三　民间力量：文化创意产业的活力之源

文化创意产业是香港为实现经济转型而重点发展的六大优势产业之一，这一新兴产业是伴随社会经济的迅猛发展和全球化时代的要求应运而生的。最早明确提出文化创意产业的国家是英国。为振兴经济，1997 年 5 月，英国首相布莱尔提议成立了创意产业特别工作小组。在 1998 年出台的《英国创意产业路径文

---

① 林健锋：《六大产业政策有待认真落实》，见经济导报社编纂《香港经济年鉴 2010》，香港经济导报社，2010，第 40 ~41 页。

件》中，特别工作小组指出，所谓创意产业，就是指那些从个人的创造力、技能和天分中获取发展动力的企业，以及那些通过对知识产权的开发创造潜在财富和就业机会的活动。《英国创意产业路径文件》将广告、建筑、艺术和文物交易、工艺品、设计、时装设计、电影、互动休闲软件、音乐、表演艺术、出版、软件、电视广播等13个行业确认为创意产业。英国文化创意产业发展的特点是由准官方组织来经营文化机构，虽然英国政府对文化产业有资金支持，但是政府只起到引导的作用，管理的职责由准官方组织承担，而大多数文化机构，不论是全国性的还是地方性的，都采取自负盈亏、自主经营的方式创收。

英国创意产业特别工作小组罗列了十三项任务，尤其引起关注的是最后三项：

• 认同公费资助的行业和商业经营行为之间的协同效应，打通创意产业和总体文化事业的交流，推动英国多元、活跃的文化生活。

• 既要鼓励业务增长的企业精神，也要保护消费者、雇员和环境，两者取得平衡。

• 与有关行业代表定期会面，建立政府与业界的伙伴关系，以掌握发展机遇。①

从上述表述中，人们惊讶地发现，公立与私营机构合作；营利与社会公义并重；政府与企业合作，这些看似矛盾的要素，竟然统一在创意产业的旗下。曾任香港艺术发展局主席的何志平认为："这些貌似冲突的原则，正是'第三道路'的主张。简单而言，'第三道路'是在撒切尔夫人（Margaret Thatcher）的新自由主义之后，工党的一批知识分子的新思维，藉促进自由市场和经济增长，达致有社会公义的市场经济。"② 由此不难看出，创意产业不仅是一种新兴的产业形态，同时也代表着一种新思维——创意产业是文化政策和产业政策的结合，通过文化创意产业，政府意在谋求公民社会、社区重生和经济增长的综合效益。

在《善用香港优势　共同振兴经济——2003年施政报告》中，香港政府明

---

① 转引自何志平、陈云根著《文化政策与香港传承：何志平五年的雪泥鸿爪》，中华书局，2008，第153页。

② 何志平、陈云根：《文化政策与香港传承：何志平五年的雪泥鸿爪》，中华书局，2008，第153～154页。

确提出："创意产业是文化艺术创意和商品生产的结合，包括表演艺术、电影电视、出版、艺术品及古董市场、音乐、建筑、广告、数码娱乐、计算机软件开发、动画制作、时装及产品设计等行业。"① 香港对文化创意产业的管理模式与英国比较接近，都是由政府提供引导和资金支持，企业自主经营、自负盈亏。

文化创意产业把经济、技术、文化、服务等融为一体，实现了各行业之间的渗透，从而拓展了城市产业的发展空间。而创意成果不仅仅具备产业价值，更可能具备某种文化价值或精神价值，成为城市市民文化认同的载体。香港文化及创意产业与香港整体经济发展的关联度正在不断增强，它把大量的文化及创意附加值提供给其他产业，在与其他产业的共同发展中获得自己的回报，在这个过程中，助推城市经济的转型，也实现社会进步。

王辑慈在《文化创意产业形成有其自身发展规律》② 一文中概括了文化创意产业发展的三个必备条件：第一，文化创意产业的发展来自人的创造力以及与技术、经济、文化的交融；第二，创新城市才能发展文化创意产业；第三，文化创意产业的发展并不仅是个人和单个企业的行为，而是需要集体的互动和企业的地理集聚，这就是集群的环境。

由此可见，文化创意产业不是单纯的产业，而是创造力和产业的结合。就产业而言，的确需要政府政策和资金的支持；就创造力而言，它更多地取决于艺术家和企业的素质和活力。文化创意产业是创意者生活和工作结合、文化产品生产和消费结合的产物，对于一个城市而言，培育文化创意产业，一方面要有基本保障条件，包括高品质的大学、高素质的人才、风险投资及知识产权保护等法律法规；另一方面，还要有良好的创意氛围，包括宽松、自由、开放的社会环境、独特的地域文化特质。上述两个方面，恰恰是香港的优势。

文化创意产业的上述特点，决定了它的发展不可能单纯依靠政府推动。政府的职责是在认清优势的基础上确立文化创意产业发展的方向，创造有利于创意产业发展的条件，起到助力的作用。但政府不是万能的，在城市经济转型背景下，文化创意产业的发展，不可能靠政府大包大揽，更有赖于民间力量包括

---

① 文本见香港政府网站：http：//www. policyaddress. gov. hk/pa03/chi/。

② 王辑慈：《文化创意产业形成有其自身发展规律》，见《中国高新区》2008 年第 3 期。

企业和公众的参与。政府可以提供政策保障，却难以直接提供创意。企业和公众才是文化创意产业的活力之源。政府与民间的真诚合作，是文化创意产业蓬勃发展的关键。香港是一个多元、稳定、进步的城市，它既有自由的市场，又有重视社会责任的企业；既有现代的价值观，又有传统文化的张力；既有成熟的民主和法律意识，又能容纳个人自由、独立的思想，它是一个中国城市，更是世界都会。香港这种无与伦比的魅力，是发展文化创意产业、实现经济转型的真正活力之源。

附　录

Appendix

B.20

2010年上海文化发展统计数据

本统计数据引自上海市统计局、中共上海市委宣传部编《上海文化统计概览 2011》，感谢上海市统计局、中共上海市委宣传部的大力支持。

一　文化产业

附表1　2004～2010年文化产业主要行业增加值

单位：亿元

分　类	2004年	2005年	2006年	2007年	2008年	2009年	2010年
文化服务业	268.83	307.85	360.88	434.44	479.52	549.18	703.29
核心层	71.65	84.04	98.55	105.63	116.85	131.80	169.68
新闻服务	0.08	0.08	0.09	0.20	0.21	0.47	0.50
出版发行和版权服务	38.69	42.08	49.45	52.79	54.54	65.21	89.44
广播、电视、电影服务	19.05	24.17	29.54	31.67	40.63	43.41	53.22
文化艺术服务	13.83	17.71	19.46	20.97	21.48	22.71	26.52
外围层	197.18	223.78	262.33	328.81	362.67	417.38	533.61
网络文化服务	47.25	58.19	69.87	84.19	108.14	130.29	150.16
文化休闲娱乐服务	74.09	82.26	100.11	125.12	127.53	149.00	170.71
其他文化服务	75.84	83.34	92.35	119.49	127.00	138.09	212.74
相关层	172.57	201.41	225.05	266.16	303.02	298.10	270.28
文化用品、设备及相关文化产品生产	124.71	148.48	165.45	192.07	212.45	189.76	146.58
文化用品、设备及相关文化产品销售	47.86	52.93	59.59	74.08	90.56	108.35	123.70
总　计	441.40	509.23	585.93	700.60	782.54	847.29	973.57

附表 2　2004～2010 年文化产业增加值基本情况

年　份	文化产业总产出（亿元）	文化产业增加值（亿元）	文化产业增加值占地区生产总值比重(%)
2004	1493.26	441.40	5.47
2005	1686.99	509.23	5.51
2006	1904.65	585.93	5.54
2007	2348.84	700.60	5.61
2008	2687.64	782.54	5.56
2009	2882.44	847.29	5.63
2010	3335.44	973.57	5.67

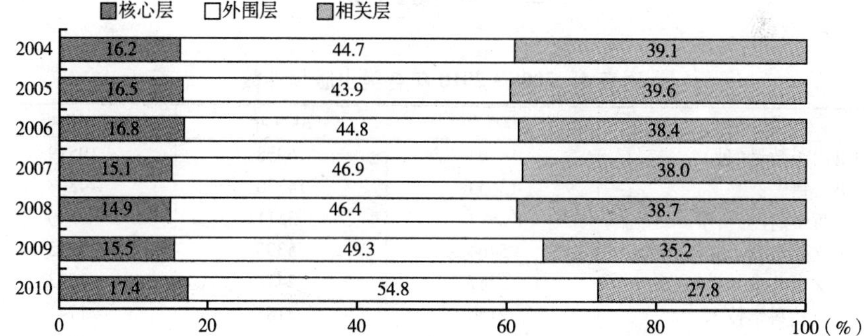

附图 1　2004～2010 年文化产业增加值分层构成

附表 3　2010 年文化产业分行业增加值情况

类　别	增加值(亿元)	比上年增长(%)
文化产业总计	973.57	10.5
文化服务业	703.29	22.9
新闻服务、出版发行和版权服务	89.94	31.5
广播、电视、电影服务	53.22	17.7
文化艺术服务	26.52	12.1
网络文化服务	150.16	10.6
文化休闲娱乐服务	170.71	10.0
其他文化服务	212.74	47.9
文化相关产业	270.28	-12.4
文化用品、设备及相关文化产品生产	146.58	-24.9
文化用品、设备及相关文化产品销售	123.70	9.6

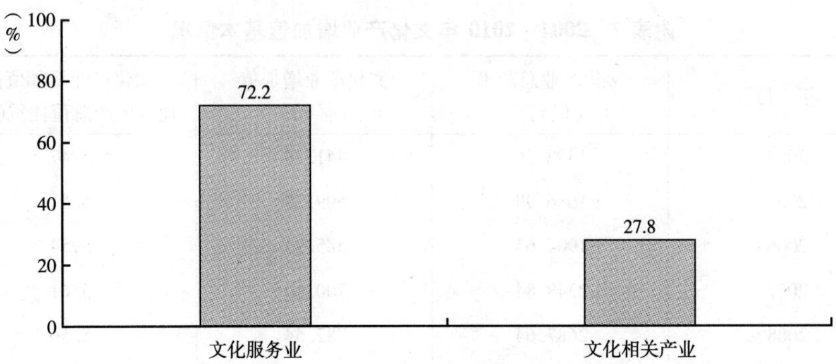

附图 2　2010 年文化产业增加值构成

二　新闻出版

附表 4　2005～2010 年各类出版物种数

类　别	2005 年	2009 年	2010 年
图书出版数量(种)	16504	16958	19519
书　籍	13653	14230	14898
哲学、社会科学	2974	3511	3340
文化教育	5464	5395	5195
文学艺术	2387	2478	3573
自然科学技术	2160	2183	1741
少年儿童读物	668	663	1049
课　本	2566	2557	4567
大专课本	887	769	2660
中专、技校教材	73	64	136
中学课本	650	537	632
小学课本	446	442	397
业余教育课本	53	65	119
教学用书	457	680	623
图　片	285	171	54
期刊出版数量(种)	612	624	632
综　合	9	11	14
哲学、社会科学	114	124	123
自然科学技术	360	359	364
文化教育	79	78	77
文学艺术	34	33	32
少年儿童读物	15	18	21
画　刊	1	1	1
报纸出版数量(种)	102	101	100
综合报	14	18	12
专业报	88	83	88

附表 5　2010 年引进和输出版权情况

单位：项

类　别	引进版权	输出版权	类　别	引进版权	输出版权
按类别分			加拿大	12	55
图　书	1133	263	新加坡	25	146
录音制品	325	—	日　本	260	15
录像制品	4	2	韩　国	78	11
按国家和地区分	—		中国香港	296	191
美　国	895	803	中国澳门	24	3
英　国	770	2	中国台湾	318	257
德　国	54	—	其　他	229	342
法　国	221	1	合　计	3193	1826
俄罗斯	11	—			

附表 6　2010 年图书进口情况

类　别	品种(万种)	数量(万套/册)	金额(万美元)
日　本	13725	3.10	59.02
新 加 坡	5897	3.99	124.17
中国香港	6531	5.42	197.09
中国台湾	2437	0.27	7.21
美　国	51071	45.29	881.49
英　国	30054	46.33	855.69
法　国	748	2.49	37.13
德　国	4960	2.04	95.20
图书进口合计	117980	111.31	2310.15

注：进口出版物金额是指国内销售额。出版物包括图书、报刊、电子出版物。

附表 7　2010 年图书出口情况

类　别	品种(万种)	数量(万册)	金额(万美元)
日　本	4582	8.79	50.58
新 加 坡	15774	14.27	51.02
马来西亚	8661	6.69	15.63
中国香港	1441	1.80	12.08
中国台湾	48477	17.10	181.88
美　国	18701	9.70	48.20
图书出口合计	131053	84.53	448.75

三 广播电视

附表 8 2010 年广播、电视公共节目情况

类 别	公共节目套数(套)	全年公共节目播出时间(小时)	全年制作节目(小时)
广播电台	21	131433	85262
市级广播电台	11	74808	70626
区县级广播电台	10	56625	14636
电视台	25	175304	49507
市级电视台	16	124882	44253
上海教育电视台	1	6935	1184
区县级电视台	9	50422	5254

附表 9 2010 年各类广播节目播出情况

类 别	全年公共节目播出时间(小时)		
		市级人民广播电台	区县级人民广播电台
新闻资讯	36630	19402	17228
专题服务	26143	17967	8176
综 艺 类	45360	26377	18983
广 播 剧	6118	1156	4962
广 告	15113	9711	5402
其 他	2069	195	1874
总 计	131433	74808	56625

附表 10 2010 年各类电视节目播出情况

类 别	全年公共节目播出时间(小时)			
		市级电视台	上海教育电视台	区县级电视台
新闻资讯节目	28411	21204	565	7207
专题服务节目	37403	30198	1820	7205
综艺类节目	8809	7103	547	1706
影视剧类节目	67416	42661	2156	24754
广告类节目	19430	11648	575	7782
其他类节目	13835	12068	1272	1768
总 计	175304	124882	6935	50422

附表 11　2010 年电视节目进出口情况

指　标	合　计	欧洲	美国	日本	韩国
电视节目进出口总量(小时)	4300	1826	996	276	45
进口量	2815	1801	619	264	
出口量	1485	25	377	12	45
电视节目进出口总额(万元)	4096	668	1047	174	50
进口额	3206	480	999	166	
出口额	890	188	48	8	50

四　电影

附表 12　主要年份电影综合情况

指　标	1990 年	1995 年	2000 年	2005 年	2009 年	2010 年
机构数(个)	594	467	460	281	234	152
电影发行	12	10	13	17	4	4
电影摄制	5	5	5	12	4	4
电影放映	577	452	445	252	226	152
电影院	132	67	57	60	64	70
影剧院	59	177	185	138	105	66
制作情况						
故事片(部)	16	17	10	13	11	19
译制片(本)	340	266	438	183	284	151
科教片(本)	142	22	12	—	—	—
美术片(本)	47	37	20	—	9	—
发行放映情况						
放映场次(万场)	38	23	18	28	45	55
观众人次数(万人次)	19351.00	4419.37	1793.69	1509.31	1938.20	2287.84
放映收入(万元)	8248.00	24500.00	13030.47	27192.03	66737.00	93875.11
平均每一放映场次的观众人数(人)	510	194	100	55	44	42
平均每一放映场次的放映收入(元)	218	1076	729	985	1500	1718
日均放映场次(场)	1039	624	490	756	1219	1497
日均观众人次(万人次)	53.02	12.11	4.91	4.14	5.31	6.27

注：2010 年电影放映机构经过清理整顿，数量有所减少。

附表 13　2010 年电影放映基本情况

类　别	机构数(个)	放映场次(万场)	观众人次数(万人次)	放映收入(万元)
电影院	70	51.72	2052.62	89302.91
影剧院	66	2.19	121.33	2697.84
开放礼堂、俱乐部	7	0.68	55.99	1807.88
放映队	7		1.67	17.12
对内礼堂俱乐部	2	0.04	56.23	49.36
总　计	152	54.63	2287.84	93875.11

五　文物保护

附表 14　2010 年博物馆、纪念馆基本情况

类　别	机构数(个)	馆内藏品(万件)	#一至三级	展览活动(个)	参观人次(万人次)
综合类	15	2.49	1.42	82	205
历史类	17	9.56	2.34	28	127
艺术类	6	100.86	13.31	24	142
科学类	3	27.07	0.39	4	339
人物类	18	11.91	2.19	45	96
行业类	43	135.20	—	29	195
高校类	12	6.04	—	7	10
总　计	114	293.14	19.65	219	1114

附表 15　2010 年上海历史文物保护基本情况

类　别	合计(个)	全国重点保护	市重点保护	区县重点保护
古遗址	29	1	14	14
古墓葬	10	1	5	4
古建筑	193	4	27	162
石窟寺及石刻	9	1		8
近现代重要史迹及代表性建筑	356	12	117	227
其他	4			4
总　计	601	19	163	419

附表16　上海市非物质文化遗产名录

批　次	数　量	时　间
一、国家级		
1. 第一批国家级非物质文化遗产名录	9项	2006年5月20日公布
2. 第二批国家级非物质文化遗产名录和第一批国家级非物质文化遗产扩展项目名录	24项	2008年6月7日公布
3. 第三批国家级非物质文化遗产名录和国家级非物质文化遗产扩展项目名录	17项	2011年5月23日公布
4. 第一批国家级非物质文化遗产项目代表性传承人名单	2名	2007年6月5日公布
5. 第二批国家级非物质文化遗产项目代表性传承人名单	27名	2008年1月26日公布
6. 第三批国家级非物质文化遗产项目代表性传承人名单	32名	2009年5月26日公布
二、市级		
1. 第一批上海市非物质文化遗产名录	83项	2007年6月5日
其中:(1)民间音乐9项;(2)民间舞蹈3项;(3)传统戏剧8项;(4)曲艺5项;(5)民间文学5项;(6)杂技与竞技4项;(7)民间美术13项;(8)传统手工技艺27项;(9)传统医药1项;(10)民俗8项		
2. 第二批上海市非物质文化遗产名录	45项	2009年6月22日
其中:(1)民间音乐1项;(2)民间舞蹈2项;(3)传统戏剧2项;(4)曲艺无;(5)民间文学1项;(6)杂技与竞技4项;(7)民间美术7项;(8)传统手工技艺19项;(9)传统医药5项;(10)民俗4项		
3. 第三批上海市非物质文化遗产名录	29项	
其中:(1)民间音乐(传统音乐)3项;(2)民间舞蹈(传统舞蹈)3项;(3)传统戏剧无;(4)曲艺1项;(5)民间文学2项;(6)杂技与竞技(传统体育、游艺与杂技)2项;(7)民间美术(传统美术)7项;(8)传统手工技艺(传统技艺)8项;(9)传统医药3项;(10)民俗无		

续表

批　次	数　量	时　间
4. 第一批上海市非物质文化遗产扩展项目名录	5项	2009年6月22日公布
其中:(1)民间音乐1项;(2)民间舞蹈无;(3)传统戏剧1项;(4)曲艺1项;(5)民间文学无;(6)杂技与竞技无;(7)民间美术1项;(8)传统手工技艺1项;(9)传统医药无;(10)民俗无		
5. 第一批、第二批上海市非物质文化遗产扩展项目名录	8项	
其中:(1)民间音乐(传统音乐)无;(2)民间舞蹈(传统舞蹈)无;(3)传统戏剧无;(4)曲艺无;(5)民间文学无;(6)杂技与竞技(传统体育、游艺与杂技)1项;(7)民间美术(传统美术)2项;(8)传统手工技艺(传统技艺)2项;(9)传统医药2项;(10)民俗1项		
6. 第一批上海市非物质文化遗产项目代表性传承人名单	211名	2009年2月23日公布
其中:(1)民间音乐25名;(2)民间舞蹈3名;(3)传统戏剧69名;(4)曲艺20名;(5)民间文学3名;(6)杂技与竞技8名;(7)民间美术39名;(8)传统手工技艺39名;(9)传统医药1名;(10)民俗4名		
7. 第二批上海市非物质文化遗产项目代表性传承人名单	130名	2010年6月10日公布
其中:(1)民间音乐11名;(2)民间舞蹈4名;(3)传统戏剧31名;(4)曲艺19名;(5)民间文学3名;(6)杂技与竞技14名;(7)民间美术26名;(8)传统手工技艺13名;(9)传统医药6名;(10)民俗3名		
8. 第一批上海市非物质文化遗产项目传承基地的名录	8个	2008年9月10日(截至2011年6月)
三、区(县)级	319项各区(县)分别公布	
(1)黄浦区	44项(第一批40项,第二批4项)	

续表

批　次	数　量	时　间
(2)卢湾区	11项(第一批10项,第二批1项)	
(3)徐汇区	17项(第一批13项,第二批1项,第三批1项,第四批2项)	
(4)长宁区	24项(第一批20项,第二批4项)	
(5)静安区	10项(第一批10项)	
(6)闸北区	12项(第一批11项,第二批1项)	
(7)虹口区	5项(第一批3项,第二批2项)	
(8)杨浦区	23项(第一批14项,第二批9项)	
(9)普陀区	13项(第一批5项,第二批8项)	
(10)浦东新区	23项(第一批11项,第二批5项,第三批7项)	
(11)宝山区	10项(第一批5项,第二批4项,第三批1项)	
(12)闵行区	31项(第一批8项,第二批10项,第三批10项,第四批3项)	
(13)嘉定区	20项(第一批13项,第二批4项,第三批3项)	
(14)金山区	7项(第一批5项,第二批2项)	
(15)松江区	11项(第一批5项,第二批3项,第三批3项)	
(16)青浦区	15项(第一批5项,第二批5项,第三批5项)	
(17)原南汇区	16项(第一批11项,第二批5项)	
(18)奉贤区	15项(第一批14项,第二批1项)	
(19)崇明区	12项(第一批5项,第二批3项,第三批4项)	

六　群众文化

附表 17　2005～2010 年社区文化活动中心、社区学校、东方讲坛建设情况

指　标	2005 年	2006 年	2007 年	2008 年	2009 年	2010 年
社区文化活动中心(个)	50	80	108	136	167	204
建筑面积(万平方米)	24.43	40.03	53.50	65.10	80.80	103.50
累计建设投资金额(亿元)	10.46	18.59	25.19	30.49	38.42	49.93
社区学校(所)	205	220	220	220	215	215
东方讲坛讲座点(个)	182	281	309	335	335	335
东方讲坛举办讲座场次(场)	1841	1820	2753	1941	2891	2001

附表 18　2005～2010 年社区信息苑建设和活动情况

指　标	2005 年	2006 年	2007 年	2008 年	2009 年	2010 年
社区信息中心苑(个)	77	105	130	160	178	198
社区信息小区苑(个)	123	165	170	170	171	171
农村信息苑(个)	—	—	600	1423	1669	1669
实际使用面积(平方米)	22212.36	28595.56	32422.66	35724.16	38606.06	41768.66
配置计算机(台)	4724	7180	8840	11622	13485	14323
累计建设投资金额(万元)	10229.00	13939.00	17604.80	23898.51	26974.20	28439.55
参加活动人次(万人次)	599.94	1468.93	2374.04	3728.21	5123.07	6589.51

附表 19　2010 年群众艺术馆和文化馆（站）情况

指　标	合　计	群众艺术馆	文化馆	文化站
机构数(个)	240	1	26	213
从业人员(人)	4702	53	1139	3510
藏书(万册)	647.6	0.3	29.2	618.1
组织各类理论研讨活动和讲座(次)	355	110	245	
组织文艺活动次数(次)	35600	161	4807	30632
举办训练班				
班次(次)	21078	118	2204	18756
结业人次(万人次)	116.36	0.38	4.26	111.72
举办展览个数(个)	2403	5	241	2157
总收入(万元)	72594	4398	22461	45735
事业收入	5477	637	2458	2382
经营收入	2182		300	1882
总支出(万元)	70650	4330	21515	44805
年末固定资产原值(万元)	86199	567	44147	41485
建筑面积(万平方米)	111.64	1.90	20.08	89.66
业务用房	73.09	1.70	9.73	61.66

七　网络文化

附表 20　2001～2010 年信息化基础设施情况

指　标	2001 年	2002 年	2003 年	2004 年	2005 年	2009 年	2010 年
长途光缆线路总长度(公里)	1790	2767	2981	4603	5141	4297	4670
信息通信管线长度(沟公里)	550	860	1010	1255	1621	5354	5821
卫星站点(个)	460	837	906	917	915	772	770
本地信息交互流量(万亿字节)	102.8	501.0	1000	1330	1300	2950	2900
国际互联网用户(万户)	310	420	432	633	803	1250	1560
互联网用户普及率(%)	18.9	25.0	25.2	37.0	45.2	65.1	68.1
家庭宽带接入用户(万户)				142.94	222.66	470.32	517.40
家庭宽带接入用户普及率(%)				23.4	33.8	60.6	61.8
城市居民人均电信费支出(元)	331	423	499	576	654	878	969

注：国际化联网用户普及率和家庭宽带接入用户普及率按常住人口计算。

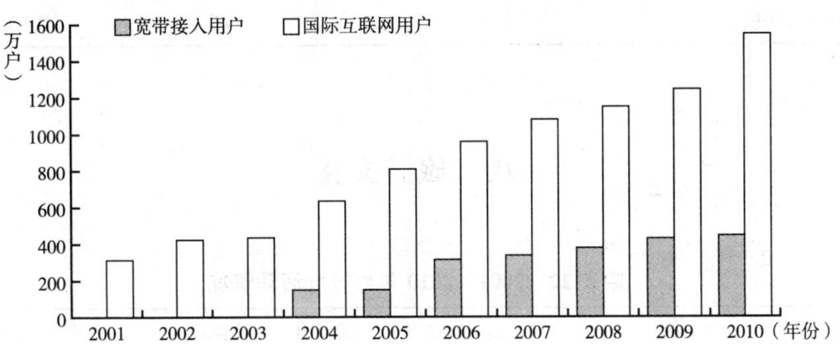

附图 3　2001～2010 年国际互联网和宽带接入用户情况

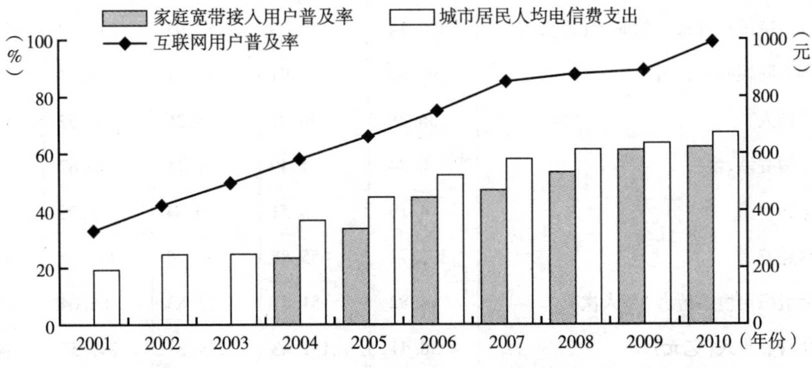

附图 4　2001～2010 年国际互联网和宽带接入用户情况

附表 21　2010 年网络文化经营机构基本情况

指　标	合　计	网络游戏经营单位	网络音乐经营单位
机构数(个)	118	110	2
从业人员(人)	11920	11146	33
上网注册用户数(亿人次)	4.56	4.49	
访问量(万次)	2589	2517	1.1
自主研发网络游戏(个)	225	221	
资产总计(亿元)	90.58	82.07	4.39
#固定资产原值	16.10	15.19	0.05
营业收入(亿元)	113.35	111.05	0.01
#主营业务收入	111.06	109.36	0.01
营业利润(亿元)	32.30	32.04	
经营面积(万平方米)	17.32	16.69	0.03

八　旅游文化

附表 22　2001～2010 年旅行社活动情况

指　标	2001 年	2005 年	2008 年	2009 年	2010 年
旅行社(个)	548	763	901	923	1037
从业人员(人)	9990	13495	16699	17038	20241
旅行社接待境内外来沪旅游者(万人次)	400.14	750.89	853.95	885.92	1239.28
中国大陆境外旅游者	97.42	95.01	90.21	88.44	158.25
外国人	86.88	90.01	88.26	86.52	147.79
中国香港、澳门	6.44	1.49	1.11	0.67	4.55
中国台湾	4.10	3.51	0.84	1.25	5.91
境内旅游者	302.72	655.88	763.75	797.48	1081.03
旅行社组织出境旅游者(万人次)	14.82	51.21	73.83	86.04	116.86
旅行社营业收入(亿元)	58.47	132.43	234.52	247.57	341.88
旅行社利润总额(亿元)	0.86	1.61	1.70	1.95	4.02

九　娱乐文化

附表 23　主要年份文化娱乐机构基本情况

指　标	1995 年	2000 年	2005 年	2008 年	2009 年	2010 年
机构数(个)	3120	2770	4211	3999	3977	4297
歌舞娱乐场所	2277	2117	1778	1494	1436	1717
游戏电子游艺经营场所	334	193	417	506	667	587
其他娱乐场所	438	222	548	456	337	420
网　吧	—	—	1400	1462	1448	1455
经营性互联网文化单位	—	—	49	81	89	118
其　他	71	238	19	—	—	—
从业人员(万人)	3.09	6.33	6.47	5.81	5.18	5.61
主营营业收入(亿元)	29.90	34.79	61.05	115.23	150.50	150.50
主营业务利润(亿元)	70.83	6.81	22.80	41.49	52.30	39.29
年末固定资产原值(亿元)	56.10	86.58	94.47	75.75	74.90	78.06
房屋建筑面积(万平方米)	80.6	199.2	357.3	176.5	326.1	292.0

十　文化市场

附表 24　2010 年文化市场经营机构基本情况

类　别	机构数(个)	从业人员(人)	主营营业收入(亿元)	主营业务利润(亿元)
按部门分				
文化部门	63	698	0.27	0.04
非文化部门	4584	59660	162.94	41.18
按经营范围分				
演出经纪机构	244	2621	7.91	0.96
娱乐场所	2724	36482	34.41	5.39
网络文化经营机构	118	11920	111.06	32.30
互联网上网服务营业场所(网吧)	1455	7708	4.98	1.60
艺术品经营机构	93	971	3.98	0.74
音像制品批发、零售、出租机构	13	656	0.87	0.22
总　计	4647	60358	163.21	41.22

附表 25　2010 年艺术品经营机构基本情况

类　别	机构数(个)	从业人员(人)	主营营业收入(万元)	主营业务利润(万元)
画廊、画店	78	869	36478	6860
艺术品展览机构	4	21	157	72
其他	11	81	3152	477
总　计	93	971	39787	7409

十一　广告与会展

附表 26　2010 年广告业机构基本情况

类　别	机构数(个)	从业人员(万人)	营业收入(亿元)
广告公司	20083	8.77	287.64
兼营广告企业	26209	11.93	13.08
电视台	14	0.02	44.81
广播电台	4	0.01	4.59
报社	61	0.12	17.14
杂志社	287	0.19	3.74
经营广告的网站	664	0.42	4.97
其　他	241	0.08	2.11
总　计	47563	21.52	378.08

附表 27　2010 年会议及展览服务机构基本情况

类　别	机构数(个)	从业人员(万人)	营业收入(亿元)
国　有	53	0.38	109.07
集　体	13	0.02	0.56
股份制	90	0.18	8.47
私　营	1534	1.33	33.33
港澳台和外商投资	142	0.31	34.21
其　他	4		0.02
总　计	1836	2.22	185.66

附表 28　国际会展基本情况

指　标	2005 年	2009 年	2010 年
举办国际会展项目(个)	276	243	232
1～5 万平方米	105	108	105
5 万平方米以上	15	31	33
国际会展展出总面积(万平方米)	376.00	560.44	577.50

续表

指　标	2005年	2009年	2010年
平均每次国际会展面积(万平方米)	1.36	2.31	2.49
参展商总数(万个)	17.62	15.10	15.98
境外参展商	4.21	3.26	3.49
参观总人次数(万人次)	759.85	774.00	812.50
境外参观人次数	45.54	56.48	59.94

十二　文化消费

附表29　主要年份文化消费品零售和居民消费情况

指　标	1990年	1995年	2000年	2005年	2009年	2010年
文化消费品销售额(亿元)						
体育、娱乐用品	—	—	24.60	60.34	101.56	99.04
书报、杂志	—	—	67.86	97.83	149.39	162.60
电子出版物及音像制品	—	—	—	34.56	65.87	78.60
文化、办公用品	—	—	135.51	371.86	1017.01	1331.44
通信器材	—	—	108.48	265.38	385.69	413.74
城市居民人均文化娱乐支出(元)	208	332	702	1137	1948	2195
文化娱乐服务	10	85	147	490	990	1139
文化娱乐用品	198	247	555	647	958	1056
#家用电脑	—	—	197	206	305	289
书报杂志	22	37	73	72	76	76
农村居民人均文化、娱乐用品及服务支出(元)	—	—	559	936	943	1012

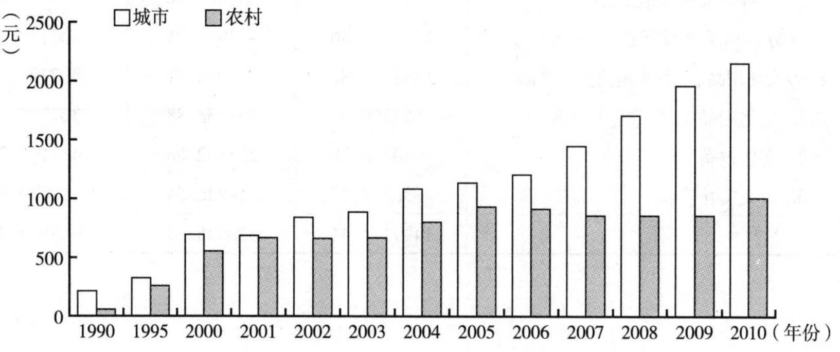

附图5　主要年份居民人均文化娱乐支出

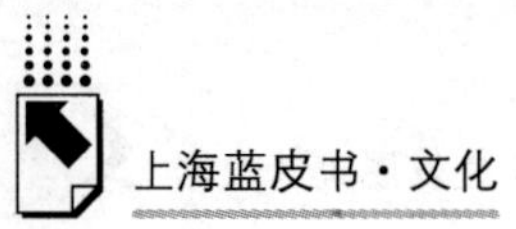

十三　文化进出口

附表 30　2010 年上海市文化进出口情况

单位：万美元

类　别	进出口总额	进口额	出口额
第一部分　文化服务	246407.55	84397.13	162010.42
（一）新闻服务	—	—	—
（二）出版物和版权服务	29865.62	11219.85	18645.77
1 书、报、刊出版物	26291.70	8606.39	17685.31
2. 音像及电子出版物	2857.66	1975.12	882.54
3. 版权服务	716.26	638.34	77.92
（三）广播、电视、电影服务	731.51	450.83	280.68
1. 广播、电视服务	—	—	—
2. 电影服务	731.51	450.83	280.68
（四）文化艺术服务	1075.95	1000.68	75.28
1. 文艺创作、表演及演出场所	335.85	274.13	61.71
2. 文化保护和文化设施服务	740.11	726.54	13.57
3. 其他文化艺术服务	—	—	—
（五）网络文化服务	3760.69	3712.97	47.72
（六）文化休闲娱乐服务	36966.77	23668.63	13298.15
1. 旅游文化服务	36966.77	23668.63	13298.15
2. 娱乐文化服务	—	—	—
（七）其他文化服务	174007.00	44344.18	129662.83
1. 文化艺术商务代理服务	706.92	322.02	384.90
2. 广告和会展文化服务	173300.09	44022.16	129277.93
第二部分　相关文化服务	1252736.86	444938.01	807798.86
（八）文化用品、设备及相关文化产品	1252736.86	444938.01	807798.86
1. 文化用品	564260.91	197038.88	367222.03
2. 文化设备	650258.78	233152.58	417106.20
3. 相关文化产品	38217.17	14746.54	23470.63
合　计	1499144.41	529335.13	969809.28

B.21
后 记

本书是上海社会科学院新智库建设重大研究项目的成果。这一项目每年以上海文化发展过程中的重大问题作为研究主题，以年度研究报告的形式发表成果，从2000年以来，已连续出版12本，本书为第13本。

《上海文化发展报告（2012）》以“转型发展与上海文化建设”为主题，聚焦上海文化建设与“创新驱动、转型发展”这一重大战略任务的内在关联，深入解读“创新驱动、转型发展”为上海文化发展带来的新机遇、新挑战、新要求，在准确把握2011年上海文化发展态势的基础上，分析总结上海文化建设中的新经验和新问题，预测展望上海文化发展的未来趋势，进而指出文化建设对上海转型发展各个层面的助推作用，以及上海文化科学发展的路径和方向。全书内容分为四大部分：总报告、转型发展的文化驱动、上海文化的科学发展、个案分析，同时还附录了2010年上海文化发展的主要统计数据。

上海社科院、云南社科院、复旦大学、同济大学、上海师范大学、上海市文广局和上海浦东文化传媒有限公司的有关专家和研究人员参加了《上海文化发展报告（2012）》的研究和编撰工作。本书目录及中文提要由任明英译、任一鸣审校。

在课题的总体设计、选题、调研、撰稿过程中，得到了上海市委宣传部、上海社会科学院领导、上海社科院科研处和有关政府部门的大力支持，上海社科院文学所的科研人员张炼红、钱泽红、贾艳艳、李艳丽参与了最后的统稿工作，在此谨致以诚挚的感谢。

编委会

2011年11月15日

皮书系列

“皮书”起源于十七八世纪的英国，主要指官方或社会组织正式发表的重要文件或报告，并多以白皮书命名。在中国，“皮书”这一概念被社会广泛接受，并被成功运作、发展成为一种全新的出版形态，则源于中国社会科学院社会科学文献出版社。

皮书是对中国与世界发展状况和热点问题进行年度监测，以专家和学术的视角，针对某一领域或区域现状与发展态势展开分析和预测，具备权威性、前沿性、原创性、实证性、时效性等特点的连续性公开出版物，由一系列权威研究报告组成。皮书系列是社会科学文献出版社编辑出版的蓝皮书、绿皮书、黄皮书等的统称。

皮书系列的作者以中国社会科学院、著名高校、地方社会科学院的研究人员为主，多为国内一流研究机构的权威专家学者，他们的看法和观点代表了学界对中国与世界的现实和未来最高水平的解读与分析。

自20世纪90年代末推出以经济蓝皮书为开端的皮书系列以来，至今已出版皮书近800部，内容涵盖经济、社会、政法、文化传媒、行业、地方发展、国际形势等领域。皮书系列已成为社会科学文献出版社的著名图书品牌和中国社会科学院的知名学术品牌。

皮书系列在数字出版和国际出版方面也是成就斐然。皮书数据库被评为“2008～2009年度数字出版知名品牌”；经济蓝皮书、社会蓝皮书等十几种皮书每年还由国外知名学术出版机构出版英文版、俄文版、韩文版和日文版，面向全球发行。

法律声明

“皮书系列”（含蓝皮书、绿皮书、黄皮书）由社会科学文献出版社最早使用并对外推广，现已成为中国图书市场上流行的品牌，是社会科学文献出版社的品牌图书。社会科学文献出版社拥有该系列图书的专有出版权和网络传播权，其LOGO（ ）与“经济蓝皮书”、“社会蓝皮书”等皮书名称已在中华人民共和国工商行政管理总局商标局登记注册，社会科学文献出版社合法拥有其商标专用权。

未经社会科学文献出版社的授权和许可，任何复制、模仿或以其他方式侵害“皮书系列”和（ ）、“经济蓝皮书”、“社会蓝皮书”等皮书名称商标专用权的行为均属于侵权行为，社会科学文献出版社将采取法律手段追究其法律责任，维护合法权益。

欢迎社会各界人士对侵犯社会科学文献出版社上述权利的违法行为进行举报。电话：010-59367121，电子邮箱：fawubu@ssap.cn。

社会科学文献出版社